W0412968

Landolf Scherzer · Bom dia, weißer Bruder

Landolf Scherzer

Bom dia, weißer Bruder

Erlebnisse am Sambesi

Greifenverlag zu Rudolstadt

© Greifenverlag zu Rudolstadt 1984
2., durchgesehene Auflage 1986
Lizenz-Nr. 384-220/30/86
LSV 7002
Gesamtgestaltung: Werner Haferkorn
Printed in the German Democratic Republic
Gesamtherstellung: Karl-Marx-Werk Pößneck V 15/30
Gesetzt aus der Korpus Times-Antiqua
Bestell-Nr. 525 311 6

ISBN 3-7352-0031-1

01200

Wer andere Länder besucht, sollte seine Augen öffnen, nicht den Mund

„Läufst schon drei Tage und drei Nächte in Afrika herum und hast Afrika noch nicht gesehen“, sagte mir Acácio eines Abends, nachdem ich mich pflastermüde zu ihm gesetzt hatte.

Acácio saß wie an den Tagen zuvor barfüßig auf dem Bürgersteig der Avenida Tomás Nduda unter einer grell brennenden Straßenlaterne. Der schnurrbärtige, etwa dreißigjährige Moçambiquaner las, laut buchstabierend, in der ABC-Fibel. O AVO – der Großvater, O OVO – das Ei, O POVO – das Volk . . . Neben ihm hockte auf einem kunstvoll gedrechselten Bänkchen aus Schwarzholz Elias, der grauhaarige Schuhputzer, zeit- und zahnlos alt. Er wartete an dieser Stelle – nur dreihundert Meter neben dem Haus, in dem ich seit meiner Ankunft in Maputo bei Rolf, dem FDJ-Beauftragten, wohnte – schon vormittags und nachmittags auf Kundschaft. Acácio dagegen kam wie viele Afrikaner erst, wenn es dunkel geworden war, mit dem Buch in der Hand zum Stammplatz unter seiner Laterne.

1974, als die Portugiesen nach fast 500 Jahren Kolonialherrschaft aus Moçambique verschwinden mußten, arbeitete das Elektrizitätswerk der Hauptstadt zwar noch, aber niemals hatte ein Portugiese den afrikanischen Arbeitern gezeigt, wie im Land das Licht angeschaltet wird.

Damals brannten in Maputo keine Straßenlaternen.

Und wo saßen die Lesenden?

Schon an meinem ersten Abend in Maputo hatte ich Acácio über die Schulter hinweg in seine Fibel geschaut, er war nicht beleidigt gewesen, hatte gegrüßt und mir das Alphabetisierungs-Lehrheft gezeigt.

1975 herausgegeben. Abgegriffen, im wahrsten Sinne des Wortes zerlesen. Es war eines der ersten Bücher, das im freien Moçambique – nur fünf Prozent der Einwohner konnten schreiben und lesen – gedruckt worden war. Nach dieser Begegnung hatte ich Acácio jedesmal, wenn ich abends aus der Stadt zurückgekommen war, „boa noite" gewünscht und von meinen Erlebnissen erzählt. Und er hatte schweigend zugehört, seine wulstigen Lippen nur zu einem spöttischen Grienen geschürzt – und nun behauptete er lächelnd: „Du hast Afrika noch nicht gesehen." Und als ich etwas zu meiner Verteidigung sagen wollte, wies er mich zurecht: „Wer andere Länder besucht, sollte seine Augen öffnen, nicht den Mund."

Elias palaverte inzwischen ununterbrochen mit einem Kunden, redete auf ihn ein, als müsse er ihn vor dem Fegefeuer bewahren. Jener trug schwarze Schuhe, die zu putzen waren, aber Elias hatte nur braune Wichse vom schwarzen Markt. Nach zehn Minuten gab der Spaziergänger auf, ließ sich davon überzeugen, daß die braune Creme den schwarzen Schuhen auf keinen Fall schaden könne. „Das ist genauso mit der braunen Hautfarbe der Mulatten, Senhor, sie verträgt sich mit unserer, weil die Urmutter aller Afrikaner nun mal nicht braun, sondern schwarz war."

Und hast Afrika noch nicht gesehen!

Dabei hatte ich doch seit dem Abflug in Berlin nichts sehnsüchtiger erwartet, als Afrika zu sehen.

Und wie sieht man Afrika?

Mein Freund Alfiado Jaime, er montierte mit 180 moçambiquanischen Kollegen im Suhler Fahrzeug- und Jagdwaffenwerk Kleinkrafträder, hatte mir vor meiner Fünf-Monate-Reise gesagt: „Du mußt dich verwandeln können und in Moçambique wie ein Moçambiquaner denken." Leider hatte ich vergessen, Alfiado zu fragen: Was hast du gedacht, als du 1980 in der DDR – vier Jahre Fremde vor dir – angekommen bist? Ich meine nicht die oberflächlichen, für Interviews sofort abrufbaren Gedanken, sondern die tiefer sitzenden, die bohrenden, die ängstigenden, die hoffnungsvollen?

•

In unserer IL 62 flogen auch zehn junge Moçambiquaner von Berlin zurück nach Hause. Anzug. Weißes Hemd. Einige trugen sogar

Schlips. Ihre Jacken waren dekoriert: Artur-Becker-Medaille. Aktivistenabzeichen. Schneekristall. Symbol der BRD-Atomwaffengegner. Sportleistungsabzeichen. 1.-Mai-Plakette. Ehrennadel der DSF ...

Mein Vordermann, den ich gefragt hatte, wie lange er in der DDR gewesen sei, sagte mir, daß er und seine Freunde ein Jahr an der Jugendhochschule „Wilhelm Pieck" studiert hätten. „Endlich fliegen wir wieder in die Heimat, die Sehnsucht ist groß, und Arbeit im Jugendverband gibt es mehr, als ein Bauer Hirsekörner ernten kann."

Er klappte seinen Sessel ab und schlief. Ich konnte nicht schlafen, denn ich wollte die Sonnenaufgangspremiere über Afrika nicht verpassen. Endlich, gegen sechs Uhr, wuchs leuchtendes Rot aus dem Schwarz, und ungewöhnlich schnell öffnete sich das Rot, die Sonne tauchte auf. In weniger als drei Minuten war es hell. Ich drückte mir die Nase platt, um unter mir endlich Afrika zu entdecken. Ich sah grüne Flächen mit braun-gelben Flecken und braun-gelbe Flächen mit grünen Flecken. Manchmal auch Straßen und Flüsse. Dünn und filigran wie die Lebenslinien auf der Handfläche eines Kindes. Aufgeregt rüttelte ich meinen moçambiquanischen Vordermann, bis er erschrokken aufwachte.

„Amigo! Afrika! Hier unten ist Afrika! Ihr seid wieder zu Hause!"

Doch er schaute nur auf die Uhr und nicht aus dem Fenster, guckte mich unfreundlich an und sagte, alle Wörter sehr deutlich und langsam aussprechend, als wolle er sie mir einzeln ins Hirn träufeln: „Bis wir Moçambique sehen können, werden mindestens noch sieben Stunden vergehen!" Und schlief weiter.

Seine Reaktion verwirrte mich, schließlich überlegte ich, ob ich, in umgekehrter Richtung fliegend, beim ersten Anblick von Sizilien einen Schweden geweckt und ihm euphorisch mitgeteilt hätte: „Europa! Hier unten ist Europa. Du bist wieder zu Hause!"

Aber weshalb hatte ich gedacht, daß die Moçambiquaner, noch Tausende Kilometer von Moçambique entfernt, irgendein Stück Afrika jubelnd als ihre Heimat begrüßen würden?

Die Länder Europas und Amerikas genauso ordentlich wie ein Gedicht von Becher oder Brecht aufzusagen, hatte man mir schon in der Grundschule beigebracht. Wenn ich allerdings ein Land in Afrika suchte, zum Beispiel für das Lösen von Kreuzworträtseln, mußte ich manchmal noch als Dreißigjähriger den Atlas zu Hilfe nehmen. Afrika, das war der „schwarze Erdteil". Ein alles umfassender Begriff. Staatenlos. Ohne nationale Verschiedenheiten. In der Schule behandelten wir die Geschichte Afrikas erst nach dem 15. Jahrhundert, als die Spanier, Portugiesen, Franzosen, Holländer, Engländer ihnen „Geschichte gebracht hatten" – den Kolonialismus.

Und die Menschen in Afrika? „Schwarze". Hätte uns jemand den Unterschied zwischen Kongolesen und Sudanesen erklären können?

Bei unserer Zwischenlandung in Lagos regnete es. Die Konturen der Palmen zerflossen vor dem Bullauge. Kaum stand die Maschine, drängelte ich zum Ausgang. Der bedeutsame Augenblick: Ich würde zum ersten Mal afrikanischen Boden betreten!

Doch vor der Tür erwartete uns keine Gangway, sondern das Ende eines überdimensionalen Elefantenrüssels, der zu uns herüber ausgefahren worden war und in den wir hineintappen mußten, um in das Flughafengebäude zu gelangen. Nichts mit afrikanischem Boden. Kein Blick ins Freie, Neonlicht. Unser Rüssel – wie ich später merkte, war das Gebäude ein Märchenelefant, denn er hatte viele Rüssel – endete im Transitraum. Rolltreppen hinauf und hinunter. Rollsteige zum Durchqueren der Hallen. Shops. Aus Elfenbein geschnitzte Souvenirs. Nigerianische Beamte in maßgeschneiderten Uniformen. Ledersessel. Schwarze Marmorwände. Kalte Luft aus Klimaanlagen. Wir zogen die Jacken enger zusammen. Nach einer Stunde liefen wir durch den Rüssel wieder in unser Flugzeug.

Ich mußte mich noch einmal sechs Stunden gedulden, bis ich Afrika betreten konnte.

Nachdem das letzte aufgewärmte Interflugmenü serviert worden war, begannen sich die Moçambiquaner an den Bullaugen zu drängen. Mein Vordermann rief als erster: „Amigos! Der Sambesi! Wir sind zu Hause! Nosso Rio Zambeze."

Der zweitlängste afrikanische Strom sah wie eine sehr dicke, grauhäutige, sandbankgelb gefleckte Schlange aus. Sie schien wie jene, die Saint-Exupéry im Buch vom kleinen Prinzen gemalt hatte, mit Vorliebe Elefanten zu fressen, denn an vielen Stellen war ihr Körper so wulstig gebläht, als müsse er gleich platzen.

Nachdem wir den Sambesi überflogen hatten, zogen sich Wattewolken zu einem dichten Nebel zusammen. Bis Maputo sah ich nichts mehr vom Land. Erst während des Landemanövers durchbrach die IL 62 die Wolken.

Afrika raste auf mich zu.

Hochhäuser. Palmen. Hütten. Rotbraune Erde.

Diesmal eine Gangway.

Der bedeutsame Moment!

Doch mir blieb keine Zeit zur Andacht, ein Stempel im Gesundheitspaß war undeutlich, und ohne ordentlich beglaubigte Tropenimpfung darf niemand den Boden Afrikas betreten.

Erst nach einer Stunde Wartezeit entließ mich der moçambiquanische Gesundheitsposten – „ich habe in Dresden im Laboratorium gelernt" – zur Paß- und Zollkontrolle. Der Zollbeamte, ein schon sehr alter Afrikaner, trug keine Uniform. Er lächelte freundlich und bedeutete, daß ich Koffer und Taschen nicht auspacken sollte.

Endlich raus aus dem Flughafen und erneuter Versuch zur Andacht. Doch vor dem Gebäude standen die zehn jungen Moçambiquaner. Nach einem Jahr wieder zu Hause! Aber niemand von der OJM-Leitung, der Leitung des moçambiquanischen Jugendverbandes, hatte die Abzeichen- und Ordengeschmückten abgeholt. Kein Quartier. Kein Geld. Kein Essen.

„Die Kader reichen nicht", sagte mein Flugvordermann. „Bei uns klappt es noch nicht, weil wir zu wenig Kader haben, und anderswo", er grinste mich an, „klappt es manchmal nicht mehr, weil sie zu viele Kader haben."

So war ich angekommen in Moçambique.

Rolf, im Blauhemd, einen DDR-Diplomatenkoffer tragend, hatte auf mich gewartet. Während der Fahrt im „Wartburg" mußte ich mich in jeder Kurve beherrschen, um ihm nicht ins Lenkrad zu greifen, denn man fährt hier links und überholt rechts. An beiden Seiten der Asphaltstraße standen Palmen, und dahinter sah ich Schilfhütten und Wellblechbehausungen auf dem rotbraunen Lehmboden. „Cidade de caniço – die Schilfstadt, hier lebt noch über die Hälfte der Einwohner von Maputo", sagte Rolf. Kinder in Lumpen, mit geblähten Bäuchen, liefen am Straßenrand. Durch das offene Autofenster roch ich den beißenden Rauch von brennendem Müll.

Übergangslos dann Eukalyptushaine, Betonhäuser, Neonlichtreklamen, weiße Villen, meterhohe Kakteen, Boulevardcafés, Apfelsinenbäumchen. Ich war in Afrika angekommen! Rolf wohnte in der City, in einem zehnstöckigen Hochhaus. Im Treppenaufgang roch es unangenehm nach tranigem Fisch, weißen Bohnen und Knoblauch. Guckloch an der Wohnungstür. Dreifaches Schloß. Surrende Klimaanlage. Schrankwand aus Hellerau. Rolf stellte mir Witali, den Vertreter des Komsomol, und Alf, den Chef der FDJ-Erntebrigade im Reisanbaugebiet Chókwé, vor. Wir aßen zusammen Abendbrot. Rolf brachte ungarische Salami auf Zwiebelmustertellern. Nach dem Essen tranken wir Whisky, und Alf schlug vor, Domino zu spielen. Ich kann kein Domino, ich ging auf die Straße. Dort traf ich zum ersten Mal den lesenden Acácio unter der Laterne.

Nach einer Stunde holte mich Rolf, denn ich sollte meinen Einstand geben. Nordhäuser Korn. Auf gute Tage in Afrika! Alf – zum dritten Mal für drei Monate bei der Reisernte in Moçambique – trank sein Glas auf ex. „Die letzten 20 Tage für meine Jungs."

Im Reisanbaugebiet überfallen die konterrevolutionären bandidos seit Monaten Dörfer und Versorgungslager. „20 Kilometer von unserem Camp entfernt haben sie in der vorigen Woche Genossenschaftsmitgliedern Ohren und Brüste abgeschnitten!" Er flunkerte nicht, legte eine Zeitung mit Fotos auf den Tisch.

Rolf holte noch eine Zweiliterflasche schottischen Whisky aus dem Kühlschrank. Ich konnte wegen der ungewohnten Hitze nicht mehr trinken.

Acácio saß immer noch auf dem Bürgersteig. Er lächelte, als er den Alkohol roch. „Kaffee?" Ich nickte und wollte in das Espresso neben dem Laternenplatz gehen, doch Acácio sagte: „Hier im Italiener-Café sitzen die Weißen und Mulatten, es war schon früher der Treffpunkt für Bessergestellte. Wir gehen ins Tirol."

Ich war der einzige Weiße dort.

„Die alten Übel sind wie ein Affenbrotbaum, auch ihn kann man nicht mit einem Hieb fällen", erklärte mir Acácio. „Oder wie die Narbe sagt: Ich war früher eine Wunde, heute bin ich geheilt, und die Fliegen sind fortgeflogen, aber eine Narbe werde ich noch lange sein."

Wir stießen mit Kaffee an.

Am Morgen nach dem Willkommenstrunk suchte ich das Meer. Ich ging in die Richtung, aus der es, wie ich mir einbildete, nach Salzwasser roch, und fand dabei den wohl verschlungensten, steilsten, verschwiegensten und romantischsten Weg von Maputo, der zwischen Kakteen, meterhohen Bäumen, an denen Hunderte roter Weihnachtssterne blühten, und feinblättrigen Sträuchern von der Villenoberstadt zur Uferpromenade hinunterführte. Rua de amor – Straße der Verliebten. Die Bänke waren von jungen Afrikanern besetzt. Aber nur zwei saßen eng umschlungen. War das hier anstößig? Sie, eine junge zierliche Afrikanerin, er, ein seriöser, ziemlich beleibter, schwarzhaariger Weißer. Ich hielt ihn für einen Italiener. Sie fiel ihm mit schöner Regelmäßigkeit lachend um den Hals. Er nahm ihr ein Fieberthermometer aus der Hand, schüttelte es, rieb es an seinem nackten Unterarm, gab es ihr; sie schaute sehr lange, dann sagte sie zögernd: „38,1 Grad." Er nickte. Sie lachte und umarmte ihn.

Ich fragte, ob er aus Maputo sei. „Nein. Plovdiv. Bulgaria." Schon vier Monate sei er in Moçambique. Josina, die bei der Aufnahmeprüfung zum Lehrgang für Krankenschwestern durchgefallen sei, habe er zuerst das Zählen und Rechnen beigebracht. Und nun könne sie schon Tabletten und Tropfen ausgeben, das Fieberthermometer ablesen. (1973 lebten in der Kolonie Moçambique – die 30000 portugiesischen Soldaten nicht mitgerechnet – rund 200000 weiße Kranfahrer, Bewässerungsspezialisten, Ärzte, Autoschlosser, Farmer, Buschauffeure, Architekten, Fluglotsen, Bankdirektoren, Eisenbahner, Fabrikbosse, Ladenbesitzer ... Nach der Unabhängigkeit verließen davon 190000 das Land. Inzwischen sind rund 4000 Weiße in die Volksrepublik gekommen, um moçambiquanische Kranfahrer, Bewässerungsspezialisten, Ärzte, Autoschlosser ... auszubilden.)

Die Straße der Verliebten endete in einem Garten Eden. Palmen. Segeljachthafen. Blumenrabatten. Lauer Wind. Glatte See. Dreißig Grad im Schatten. Niemand badete. Einer der Arbeiter, die Blumen und Rasen sprengten, sagte, es sei doch Juli, Winterzeit in Afrika. Außerdem hätte es die Stadtverwaltung hier verboten. Typhus- und Choleragefahr! „Die meisten Abwässer und Fäkalien der Hauptstadt fließen ungeklärt in den Indischen Ozean. Riechst du es nicht?" Ich schnupperte. Und nun, da ich es wußte, roch ich es auch.

Wahrlich, sie haben alle Übel der vergangenen und gegenwärtigen Menschheitsgeschichte auf einmal zu überwinden. Sie müssen noch schreiben und rechnen, das Fieberthermometer ablesen lernen. Und sie müssen auch schon das Meer vor der Verschmutzung bewahren.

Auf dem Rückweg vom Strand in das Stadtzentrum schaute ich mir die jungen Frauen von Maputo an. Viele Gertenschlanke, gut Gebaute, mit jedem Schritt, jeder Bewegung des elastischen Körpers, das gesamte Arsenal an erotischen Zeichen Signalisierende. Klassische Gesichtszüge wie Nofretete, dazu volle Lippen, strahlend weiße Zähne. Und die Brüste ... Ich brauchte viel Zeit, um festzustellen, was für feste, aufregend geformte Brüste die jungen Afrikanerinnen haben. Denn zuerst hatte ich jedes Mal sofort verlegen zur Seite geschaut, wenn eine schwarze Schönheit auf der Straße oder im Geschäft ihr Baby stillte und die Brust auch dann nicht zurücksteckte, wenn das Kind schon wieder satt und zufrieden schlummerte. Dabei hätte ich gern länger und genauer hingeschaut.

Sie finden es die natürlichste Sache der Welt, ihre Brüste auf der Straße zu zeigen, wenn das Kind trinken will. Aber unsereiner findet es noch nicht einmal die natürlichste Sache der Welt, öffentlich zu gukken, wenn einem danach zumute ist.

Verlaufen kann man sich nicht in Maputo. Die Portugiesen haben die Stadt nach einem übersichtlichen System angelegt. Fünf Hauptstraßen liegen parallel zueinander und sind durch rechtwinklig einmündende Nebenstraßen miteinander verbunden – ein ordentliches System von Planquadraten. Ich fand beim ersten Erkundungsgang mühelos zu meinem Orientierungspunkt zurück, dem architektonisch modernen, weitläufigen Krankenhauskomplex, fünf Minuten von Rolfs Wohnung entfernt. An dem Seiteneingang zum Krankenhaus standen vier Kinder in kurzen, zerlumpten Hosen vor einer weißgetünchten Mauer. Sie hielten Farbtöpfe und Pinsel und bemalten die Wand mit roten Blumen und dicken, Grimassen schneidenden Menschen, die von Elefanten zu Boden getrampelt werden. Auf die Bäuche der Elefanten schrieben sie mit großen blauen Buchstaben „FRELIMO“ und unter die Gemälde offensichtlich selbstverfaßte Losungen: „Bandidos – die Elefanten werden euch zertrampeln und zuscheißen!“ Und: „Alle Imperialisten sind Hyänen.“

Ein Polizist kam auf einer 750er „Honda“ angebraust, hielt an, stieg ab, beschaute sich alles, nahm den Pinsel und verbesserte mit blauer Farbe elefandes in elefantes.

Die Sonne stieg sehr schnell. Trotz Winterzeit brannte sie erbarmungslos. Zur Mittagsstunde fand ich glücklicherweise die schattenspendende Kirche des St. António. Ein großer Zuckerhut aus Beton. Mit Fenstern aus bunten Glasbausteinen. Die Sonne malte farbige Diademe auf den Steinfußboden. Ich saß allein in dem Tausenden Gläubigen Platz bietenden Raum. Eine dicke Altarkerze brannte. Ich blieb, bis mich Lärm vor der Kirche aufschreckte. Etwa fünfzig Leute hatten sich dort versammelt, und es kamen immer noch Neugierige. Ellenbogen und Schultern gebrauchend, gelang es mir, mich zum Kern der Ansammlung vorzukämpfen. Eine korpulente, ältere Frau schüttelte einen schmächtigen, ebenfalls nicht mehr jungen Mann. Sie schrie ihn an, lachte ihn aus und spuckte ihm vor die Füße. Darauf hielt sie der Menge eine Rede, die Leute klatschten Beifall, reckten geballte Fäuste, lachten, amüsierten sich. Ich verstand nichts, denn die dicke Afrikanerin redete in ihrer Stammessprache. Ein junger Mann machte mir in einem Kauderwelsch aus Portugiesisch und internationaler Fingersprache klar, worum es ging. Zuerst deutete er auf den Mann, formte dann mit Daumen und Zeigefinger das Kreiszeichen für Frau, signalisierte eine vier, steckte den Daumen grinsend zwischen Mittel- und Zeigefinger, beschrieb mit dem reibenden Daumen die Handlung des Bezahlens, packte den Mann dann symbolisch am Kragen, legte die gespreizten Finger seiner Hände zu einem Gitter zusammen. Acácio deutete es so: Der Mann hätte sich in Maputo zu seinen drei Frauen noch eine vierte gekauft, wahrscheinlich wäre die erste Frau nicht einverstanden gewesen, würde ihn vor den Richter des Volkstribunals bringen und sich scheiden lassen.

Am darauffolgenden Tag lief ich von früh bis abends durch Maputo; durch die Villenviertel neuerer Art, in denen Phantasiehäuser stehen, umgeben von Swimmingpools und gepflegten Rasenflächen, und durch die Villenviertel älterer Art, wo die Häuschen noch im Kolonialstil, das heißt mit umlaufenden Holzgalerien erbaut worden sind. Ich schaute mir die Geschäftsviertel mit ihren Betonhochhäusern an und bummelte durch die Hafengegend, wo sich viele kleine Läden der indischen Händler aneinanderreihten. Ich wollte Maputo ökonomisch – indem ich mir die vertretenen Firmen und Geschäfte aufschrieb, politisch – indem ich die Straßennamen studierte, und sozial – indem ich mir an einer Kreuzung die Autotypen und die Insassen dieser Fahrzeuge anschaute – erkunden.

Ich fand an Häuserwänden, in metergroßen Buchstaben gemalt, in Neon leuchtend oder als solide Kupfertafel: Firestone, Toshiba, Agfa, Shell, Haig-Whisky, Telefunken, Geotécnica brasil, Sapataria Paris, Palmar Virginia, Coca-Cola, Moda oriental und andere ausländische Unternehmen. Aber die meisten hatten die Stahlrollos hinter den verstaubten Bürofenstern heruntergelassen. Das gleiche Bild bei vielen Geschäften. Nur die Boutiquen der Inder waren geöffnet, sie boten Hemden aus Taiwan und Tanga-Slips, „jede Größe gleicher Preis", aus Moçambique an, Hochzeitskleider für 16000 Meticais – ein ungelernter Maurer verdient 2400 Meticais im Monat –, unförmige Schuhe, Hosen aus Original-Jeansstoff, die hier im Land genäht worden waren, Tinte, Papier, Postkarten, Goldschmuck, Schlipse, Basttaschen ... Nach Lebensmitteln stand man in zwei Reihen vor den staatlichen Kooperationsläden und Supermärkten an, eine Schlange für Männer, eine für Frauen. Man wartete geduldig von früh bis abends vor der verschlossenen Ladentür, weil, wie es sich auch ohne Buschtrommel in Windeseile herumgesprochen hatte, Maismehl, Zucker oder Seife eintreffen sollten. – Durch das Rationierungssystem hat seit 1981 jeder, auch der letzte in der Schlange, Anspruch auf eine minimale Zuteilung. – Allmählich begriff ich, daß es möglich ist, gleichzeitig vor zwei bis drei Geschäften anzustehen und sogar zwischendurch noch Essen zu kochen und Besorgungen zu machen, denn jeder Wartende hatte seine Stellvertreter: Steine, Kartons und Flaschen. Diese Utensilien legte man in seiner Reihe auf die Erde, sie garantierten nach zwei oder drei Stunden Abwesenheit den gleichen Platz in der Schlange. Vor dem Supermarkt in der Avenida Eduardo Mondlane zählte ich früh um 10 Uhr in der Männerreihe 47 Stellvertreter und 17 leibhaftig Wartende. In der Frauenschlange 28 Steine, Flaschen, Kartons und 103 Frauen. Am Supermarkt gegenüber vom Kino „Charlott" standen keine Schlangen. Ich wollte den Laden erkunden. An seiner Rückfront gelangte ich durch die Autoeinfahrt in eine große Entladehalle. Nur leere Kästen und Kartons standen herum. Die Tür mit dem Schild „armazém" – Lager – war unverschlossen. Die erstaunten Arbeiter riefen den Chef. Ob ich mich umschauen dürfte. Der junge Mann, weißes Hemd, Sakko, Schlips, zeigte mir die Regalreihen. Kartons hatte man ordentlich gestapelt. Der Fußboden war sauber wie in einer Arztpraxis.

Ja, mit seinen Leuten sei er zufrieden. Er rief einen kleinen, verlegen auf seine nackten Füße schauenden Mann. „Unser Erfinder." Im zentralen Warenlager hätte es nach dem Weggehen der Portugiesen keine Waagen mehr gegeben, es konnte kein Zucker und kein Mehl für die neugeschaffenen Volksläden abgewogen und ausgeliefert werden. „Damals erfand die Dynamisatorengruppe der Lagerarbeiter einen Abfülltrichter mit verschiedenen Markierungen für einen Zentner Zukker, einen Zentner Mehl. Man konnte ohne Waage arbeiten."

Nicht alle Schwierigkeiten würden sich allerdings so einfach lösen lassen, sagte der Chef und zeigte mir einen Bestellkatalog aus dem Jahre 1971. Angeboten wurden unter anderem portugiesische Ölsardinen, portugiesische Luxusseife, portugiesische Hemden . . . Während der Kolonialzeit mußten die Moçambiquaner ihren Fisch, ihre Pflanzenöle und ihre Baumwolle billig nach Portugal liefern. Dort machte man Fischkonserven, Luxusseife und Hemden daraus, die die Portugiesen anschließend zu Überpreisen in Moçambique verkauften. Und sie hüteten sich wie der Affe vor der Kobra, in Moçambique Fabriken zu bauen, in denen Ölsardinen, Luxusseife oder Baumwollstoffe hätten hergestellt werden können. Das müssen die Moçambiquaner jetzt tun.

Der Chef öffnete einige Säcke und Kartons. Kehrschaufeln. Hergestellt in der VR Moçambique. Taschenlampen. Made in China. Tomatenmark. Hergestellt in der VR Moçambique. Früchte in Gelee. Hergestellt in der VR Moçambique. Holzbausteine für Kinder. Made in Czechoslovakia. Verschiedene Sorten schwarzen Tees. Hergestellt in der VR Moçambique. Hautcreme. Made in GDR. Löffel aus Plaste. Hergestellt in der VR Moçambique. Ebenso Unmengen von Rattenfallen – auch im Lager seien zwei aufgestellt, denn trotz Sauberkeit fange man jeden Monat ein gutes Dutzend Ratten. Flüssige Seife. Hergestellt in der VR Moçambique. Laurentina-Bier. Toilettenpapier. Haarpomade.

„Alles in moçambiquanischen Betrieben hergestellt.“

Er sagte es so stolz wie ich, wenn ich den Gästen zu Hause keine gewöhnliche, in der Konservenfabrik eingekochte Marmelade, sondern selbstgemachte anbiete.

Als ich mich im Warenlager verabschiedete, standen vor der Ladentür zwei lange Schlangen. Der Chef bestätigte, daß abends ein Lkw mit Zucker ankomme. Woher die Leute das wüßten? „Bei uns hört jeder den Löwen schon brüllen, bevor er gebrüllt hat – wie sollte man sich sonst im Busch verstecken?“

Nach dieser ökonomischen Stippvisite begann ich mit meinen politischen Recherchen. Sie waren auf den ersten Blick unkomplizierter. Zur Kolonialzeit hatte man die Straßennamen von Maputo – damals hieß die Stadt noch Lourenço Marques, benannt nach dem portugiesischen Eroberer, der 1503 von seinem Schiff aus eine tausendköpfige Menschenmenge am Strand von Sansibar mit Kanonen beschießen ließ – auf Marmortafeln „für die Ewigkeit“ festgehalten. Für die Ewigkeit: Der faschistische Diktator Salazar. Der portugiesische Kolonialgouverneur Enes, der die Moçambiquaner „Arbeitspaviane, denen man die Haut vom Hintern prügeln muß,“ nannte. General Albuquerque, der von 1895 bis 1898 das letzte traditionelle moçambiquanische Königreich, das Königreich Gaza, durch einen erbarmungslosen Terrorkrieg gegen Frauen und Kinder niederwarf. Der Entdecker und Eroberer Vasco da Gama . . .

Vasco da Gama, der 1498 auf der Jungfernfahrt von Portugal nach Indien als erster Europäer das heutige Moçambique betrat, hatte für seinen König Manuel I. aus Ostafrika und Indien den Beinamen „der Glückliche“, den offiziellen Titel „Herr der Eroberung und Schiffahrt von Äthiopien, Arabien, Persien und Indien“ sowie vier Schiffsladungen Gold, Silber, Edelsteine, Elfenbein und seltene Gewürze – der Gewinn überstieg das Sechsfache der Expeditionskosten! – mitgebracht.

Die reichen, blühenden Küstenstädte Ostafrikas meinend, dort betrieben die Araber seit Jahrhunderten den Handel zwischen Ostafrika und Asien, gab er dem König den Rat: „Wir hoffen mit Gottes Hilfe, daß der umfangreiche Handel, der jetzt noch die in jenen Gebieten lebenden Mauren bereichert, durch deren Hände er ohne die Zwischenschaltung irgendwelcher anderer Leute und Völker geht, zufolge unserer neuen Dispositionen in Zukunft auf die Staatsbürger und Schiffe unseres eigenen Königreiches umgeleitet wird."

Und das geschah nicht nur mit Gottes Hilfe!

Waren es 1497 vier Schiffe – das dreimastige Flaggschiff schon mit 20 (!) Geschützen – und 148 Mann Besatzung (unter ihnen zwölf zum Tode verurteilte Portugiesen, die „begnadigt" wurden, weil sie bereit waren, an unbekannten Küsten als erste an Land zu gehen), so brach Vasco da Gama, der „Admiral des Indischen Ozeans", 1502 in Lissabon mit einem Geschwader von 15 Schiffen nach Afrika und Indien auf. Er ließ die ostafrikanischen Städte, die ihn und seine Seeleute gastfreundlich mit geschlachteten Hühnern und Ziegen, mit Zuckerrohr, Zitronen und Apfelsinen empfangen hatten, einäschern, arabische Handelsschiffe mitsamt ihren Besatzungen verbrennen, Fischern die Hände und Füße abhacken und sie an den Rahen aufhängen.

Das war der Anfang des portugiesischen Kolonialreiches. Nachdem die mit dem Christenkreuz auf dem Segel gekennzeichneten portugiesischen Geschwader die ostafrikanischen Küstenstädte erobert hatten, zogen 1607 eintausend portugiesische Kolonisatoren in das Landesinnere, um das sagenumwobene Reich des Afrikanerkönigs Monomotapa (das sich etwa im heutigen Simbabwe befand) mit seinen Gold- und Kupferbergwerken zu „zivilisieren". Zur gleichen Zeit pferchte man täglich Tausende afrikanische Sklaven – für jeden, den ein Pfaffe zuvor noch taufte, erhielt er ein Kopfgeld – in die Laderäume dickbäuchiger portugiesischer Segler und verfrachtete sie in die portugiesische Kolonie Brasilien, wo erstmals afrikanische Sklaven in großer Zahl von europäischen Kolonisten eingesetzt wurden. Von 1580 bis 1680 über eine Million aus dem Gebiet des heutigen Moçambique. Die restlichen Schwarzen wurden von portugiesischen Farmern mit der Peitsche zur Zwangsarbeit auf Zuckerrohrplantagen getrieben.

Nach Vasco da Gama sind zur Kolonialzeit nicht nur Straßen benannt worden, in Inhambane, an der Stelle, wo er zum ersten Mal moçambiquanischen Boden betreten hatte, goß man ihm ein Denkmal aus Bronze. Heute steht dort ein Steinsockel, Hacke, Zahnrad, Buch und Gewehr tragend, – das neue Wappen der Volksrepublik Moçambique.

Auch die marmornen Straßentafeln sind inzwischen zerklopft worden, und die neuen Straßennamen in Maputo kann man heute an den

Kanten der Gehwege lesen: Avenida Ho-chi-Minh, Av. Karl Marx, Av. Wladimir I. Lenin, Praça dos Trabalhadores (Platz der Arbeiter), Av. Sékou Touré, Av. Salvador Allende, Av. da Guerra Popular (Straße des Volksbefreiungskrieges), Av. F. Engels. Die heutigen Gehweginschriften spiegeln im gewissen Sinne auch die vielfältigen Beziehungen des um seine Unabhängigkeit kämpfenden Landes wider. Denn die wichtigsten Straßen von Maputo sind beispielsweise nach Eduardo Mondlane (dem ersten Präsidenten der FRELIMO), Agostinho Neto, Patrice Lumumba und nach Mao Tse-tung benannt.

Interessante Informationen dazu fand ich in einem kleinen Büchlein, herausgegeben vom Außenministerium der VR Moçambique: „Anschriften der ausländischen Botschaften und Verzeichnis der Akkreditierungen". – Als erster wurde am 27. 6. 1975 um 11.10 Uhr der Botschafter Tansanias akkreditiert. – Vom Gebiet Tansanias aus konnte die FRELIMO den Befreiungskampf in Moçambique organisieren. – Am gleichen Tag um 11.35 Uhr Sambia. Einen Tag später, um 9.35 Uhr, Guinea. Um 9.50 Uhr Kongo. 9.55 Uhr Zaïre. 10.00 Uhr Ägypten. Als siebenter und erster nichtafrikanischer Staat, war – so erzählt man sich in diplomatischen Kreisen – die DDR, das Land, das der FRELIMO seit ihrer Gründung politische und ökonomische Hilfe erwiesen hatte, vorgemerkt. Demzufolge – die Autonummern der einzelnen Botschaften sind in der Reihenfolge der Akkreditierung beziffert – müßten die DDR-Wagen in Maputo mit 007 gekennzeichnet sein. Auf ihren Schildern jedoch steht 008. Folgendes sei passiert: Der DDR-Botschafter sei zwar pünktlich, aber nicht überpünktlich erschienen, und deshalb habe der chinesische Botschafter bereits die Klinke in der Hand gehabt. Im Büchlein nachzulesen: 7. China 10.20 Uhr. 8. DDR 10.25 Uhr. Bis 12 Uhr wurden noch die KDVR, Kampuchea, Portugal, Schweden, Dänemark, Norwegen und Indien akkreditiert. Die USA hielten sich bis zum 16. April 1976 zurück, erschienen dann aber (hatten sie Bange, der Zug würde ohne sie abfahren?) zu so früher Stunde – um 8.45 Uhr – wie vordem oder hinterher kein anderes Land. Über ein Jahr nach der DDR, am 23. 7. 76, erkannte die BRD als 43. Land das revolutionäre Moçambique an.

Um 14 Uhr begann ich mein soziales Experiment. Ich stellte mich an die Avenida Agostinho Neto und notierte die vorbeifahrenden Autos.

Das hatte ich oft als Kind geübt. Nach der Schule – wir wohnten in der Sächsischen Schweiz an der Durchgangsstraße zur Bastei – setzte ich mich ans Fenster und schrieb in ein Rechenheft, geordnet nach Pkw, Lkw, Bus und Motorrad, die polizeilichen Kennzeichen der vorbeisausenden Fahrzeuge. Es gab Zeiten, da machten das fast alle Schüler unserer Klasse. Und je mehr Bezirke der DDR in unseren Heften standen, um so stolzer waren wir auf unser Dorf. Auf der Avenida Agostinho Neto in Maputo spielte ich nun das gleiche Spiel. „Saviem", ein Lkw von Renault, mit Mehlsäcken und vielleicht 40 Leuten samt ihren Kisten und Bündeln beladen. Ein „Mercedes", klappernd vor Altersschwäche, sehr finster dreinschauende FRELIMO-Soldaten auf der Ladefläche. Ein „Ford Cortina GT" mit Plüschtieren im Rückfenster. Ein Miniauto „Honda 600", am Steuer eine ungeheuer dicke „Mamã africana". Ein „Suzuki"-Jeep, an der Windschutzscheibe der Olympiabär von Moskau. Die Polizei im „Fiat 131". Ein „Triumph Herald 1200", zum Traktor umgebaut. Ein roter „VW Käfer" – Nonne am Steuer. Ein „Datsun de luxe" mit sieben weiß gekleideten Indern. Ein „VW Passat Diesel", afrikanische Beamte in schwarzen Anzügen, weißen Hemden mit leuchtend roten Schlipsen. Ein „Toyota Cressida", dessen eingeschlagene Fensterscheiben der Fahrer durch Pappen mit kleinen Gucklöchern ersetzt hatte ... Nach einer halben Stunde gab ich das Mitschreiben auf. In Maputo fuhr offensichtlich die Hälfte aller auf der Welt existierenden Autotypen herum.

Wer reparierte sie? Woher bekam man die Ersatzteile? In der Av. das Forças Populares de Libertação de Moçambique fand ich eine Autowerkstatt. Der Meister Teodoro Simão sprach mit mir jedoch zunächst nicht über Autos, sondern über Fußball. Er kannte jeden Spieler von Benfica Lissabon. Er sei der Onkel von Superstar Eusébio. Als Beweis dafür zeigte er mir einen Brief des moçambiquanischen Fußballers, der auch nach der Befreiung im Gegensatz zu Coluna nicht nach Hause zurückgekehrt ist, und ein Geschenk des Profis, den vor der Werkstatt stehenden Peugeot 404.

Und damit waren wir vom Thema Fußball doch zum Thema Auto gekommen.

„Die Autos sind ein Fluch für Moçambique geworden!" stöhnte der Meister. Zur Kolonialzeit hätten die Autos fast ausschließlich Portugiesen, Indern und anderen Ausländern gehört, die so reich waren, daß sie sich Ersatzteile direkt aus den USA, Japan oder der BRD kommen ließen. „Heute haben wir kaum noch eine Schraube für die Cadillacs und Mercedesse. Wir schlachten sie aus und verwenden die Karosserien als Notbehausungen. Manchmal machen wir aus einem Opel, einem Taunus und einem Ford auch noch ein Auto, das wieder fährt . . ."

Und woher kommen die neuen Autos?

„Als die Portugiesen gingen, brach fast der gesamte Lkw-Transport in Moçambique zusammen. Ein europäischer Autokonzern versprach: Wir liefern 100 Lkws zum Aufbau des Transportwesens und 500 Pkws – alles gegen einen zinslosen Kredit. Nach zwei Jahren mußten die Autos generalüberholt werden. Aber wir hatten keine Ersatzteile. Ihr könnt neue Lkws und Pkws bekommen, sagte der Konzern, aber diesmal natürlich nicht mit zinslosem Kredit. Doch vor der Tür stand schon ein anderer Konzern und offerierte: 100 Lkws und 500 Pkws zum Aufbau der moçambiquanischen Wirtschaft mit zinslosem Kredit. Jeder wollte hier einsteigen. Und der Autofriedhof des Landes wurde immer größer."

Die Regierung sei schlauer geworden. Man werde sich in Zukunft auf sechs oder sieben Firmen beschränken. „Manche meckern nun: Weniger Automarken – mit uns geht es bergab! Aber sie sollten lieber fragen: Wann haben sich in Moçambique moçambiquanische Autoschlosser schon einmal Gedanken gemacht, was besser für das Land ist – mehr Autos oder weniger Autos? Wenn du mich fragst – wir sollten uns nicht zehn supermoderne Lkws, die vielleicht eine Million Dollar kosten, kaufen, solange wir noch gar nicht in der Lage sind, sie technisch zu warten und zu reparieren. Nach drei Jahren fahren bestenfalls noch zwei oder drei davon. Für die eine Million Dollar könnten wir einen Betrieb zur Herstellung gummibereifter Pritschenwagen aufbauen und die Bauern aus den Dörfern müßten ihr Mehl, nicht mehr auf dem Kopf tragend, in die Stadt bringen und könnten auch Pflüge und Dünger nach Hause fahren . . ."

Und Teodoro Simão, der Onkel von Eusébio, begann aus alten Lederflicken Manschetten für Luftpumpen herauszuschneiden.

Es war inzwischen dunkel geworden. Im Park, an der Av. Mao Tse-tung, begegnete ich einer der vielen Maputoer Menschenansammlungen. Ich brauchte mich nicht neugierig vorzudrängeln, denn das Knäuel löste sich beim Näherkommen in tanzende, stampfende, schwingende Leute auf. Ein alter Mann entlockte mit zwei Knochenstöcken einem xylophonähnlichen Instrument laute Klimpertöne. Dazu schlug ein Junge auf einer alten Blechtonne den Takt. Jeder tanzte für sich allein, und doch tanzten alle miteinander.

Ich ging wieder in das Dunkel des Parkes zurück.

Am Stadion vorbei, in dem moçambiquanische Leichtathleten unter Flutlicht trainierten, spazierte ich pflastermüde zur Avenida Tomás Nduda. Acácio saß schon unter der Laterne. Er hörte sich meine Schilderungen geduldig an und kommentierte sie mit der Behauptung, ich wäre drei Tage in Afrika herumgelaufen, hätte aber Afrika noch immer nicht gesehen.

„Weshalb habe ich Afrika noch nicht gesehen?"

„Weil du nicht in der Schilfstadt warst."

„Woher weißt du das?"

„Ich habe jeden Abend dein Gesicht studiert; wärst du in der Schilfstadt gewesen, hätte ich es dir angesehen. Das hier, das Zentrum von Maputo, die cidade de cimento, die Steinstadt der Portugiesen – das ist Europa. Afrika beginnt erst in der cidade de caniço, der Schilfstadt!"

Die Schilfstadt.

Ich war, vom Flugplatz kommend, mit dem Auto vorbeigefahren. An den vom Wind zerfransten Schilfhütten und Blechbehausungen, vor denen Mütter mit ihren Babys saßen, an den Abfallhaufen, in denen unterernährte Kinder wühlten. Ich hätte Rolf anhalten lassen können. Ihm sagen: Warte, ich will mir das genauer anschauen! So, wie ich das zu Hause sofort getan hätte.

Ich sah im Vorbeifahren hin und sah doch nicht hin. Weshalb hatte ich nicht anhalten lassen?

„Ich wohne auch im caniço", sagte Acácio.

„Eine Wasserleitung und einen Kooperativladen haben wir schon im Viertel. Und im nächsten Jahr sollen wir auch die Elektrizität bekommen. Solange werde ich abends mit meinem Buch noch hier unter der Laterne sitzen."

Schwarze Weisheiten (I)

Eine Kuh, die langsam ins Wasser geht,
trinkt gründlicher als eine, die schnell ins Wasser geht.

Zwei Flüsse kreuzen sich nicht.

Der Leckerbissen, den man zu lange im Munde behält,
schmeckt fade

Man kann zwar das Ächzen bei der Arbeit vortäuschen,
aber man kann keinen Schweiß fließen lassen.

Der Hintern sagt nicht zu seinem Herrn: Steh auf! –
aber wenn dieser aufsteht, so folgt der Hintern.

Beschimpft man den Leoparden,
so muß man auch den Ziegenhirten schelten.

Im Haus des Mutigen gibt es Tränen,
im Haus des Feiglings wird nicht geweint.

Wer dir kein Obdach bei Regen gab,
gibt dir auch keins nach dem Regen.

Der Kuhschwanz hält rechts und links Wache.

Wer noch nie ein Unglück hatte und zum ersten Mal Weinen hört, hält es für Gesang.

Die Hoffnung ist die Stütze der Welthütte.

Man kann nicht in ein fremdes Dorf gehen
und den Einheimischen sofort ihre eigene Geschichte erzählen.

Wer lügt, der fürchtet jemanden.

Wer sich alle seine Wünsche erfüllt, verliert seine Ehre.

Wenn mehrere Kinder um den Topf sitzen,
wird der Maisbrei nicht kalt.

Die Schildkröte will keinen Streit,
deshalb trägt sie ihr Haus auf dem Rücken.

Der Krieg ist eine magere Kuh,
die zwischen Dornen gemolken wird.

Harte Worte zerbrechen keine Knochen.

Streite dich nicht mit der Matte, auf der du schlafen willst.

Wer den Speer zu früh wirft,
erlebt seinen zweiten Wurf nicht mehr.

Ein großer Regen kann ein Land mehr verändern
als ein großer Häuptling.

Wer mit einem schlechten Ruf stirbt,
bringt die in schlechten Ruf, die ihn begraben.

Wer Unrat macht, vergißt es, aber nicht,
wer ihn wegräumen muß.

Wer alles erzählen will, lügt.

FRONTBERICHTE (I)

Afrikaner über Kolonisatoren

Am 1. Februar 1877 begegnete Henry Morton Stanley auf der Reise vom Victoriasee zur Kongomündung dem Volk des Häuptlings Mojimba. Stanley war der erste Weiße, den diese Afrikaner zu Gesicht bekamen. Mojimba berichtete über diese Begegnung: „Als wir hörten, daß der Mann mit dem weißen Fleisch den Lulaba hinunter unterwegs sei, waren wir sehr erstaunt. Während der ganzen Nacht verbreiteten die Trommeln diese eigenartige Nachricht – ein Mann mit weißem Fleisch! Dieser Mann, sagten wir uns, hat eine weiße Haut. Er muß sie vom Flußreich erhalten haben. Er muß einer unserer ertrunkenen Brüder sein ... Jetzt kommt er zu uns zurück, er kommt wieder nach Hause ...

Wir werden ihm ein Fest bereiten, so beschloß ich, wir werden unserem Bruder entgegengehen und ihn dann zurück ins Dorf geleiten. Wir zogen uns die festlichen Kleider an. Wir versammelten die großen Kanus ...

Wir eilten ihm entgegenn – mein Kanu an der Spitze, die anderen dicht hinten nach – mit Freudengesang und Tänzen, dem ersten weißen Mann zu Ehren, den wir sehen sollten. Aber als wir uns seinen Kanus näherten, hörten wir lautes Knallen – bang – bang! Und Feuerstäbe spien Eisenstücke auf uns. Wir waren vor Angst gelähmt, uns blieb der Mund offen. Hier ereignete sich etwas, das wir nie gesehen, nie gehört und auch nie geträumt hatten. Es war das Werk von bösen Geistern! Mehrere meiner Männer tauchten ins Wasser, andere stürzten in die Kanus zurück, einige schrien furchtbar, andere wurden still – sie waren tot, und Blut floß aus kleinen Löchern in ihren Körpern. „Krieg, dies ist Krieg!“ schrie ich, „kommt zurück!“ Das war kein Bruder! Das war der schlimmste Feind, den man je in unserem Land angetroffen hatte. Und immer noch knallte es; die langen Stäbe spien immer noch Feuer, fliegende Eisenstücke pfiffen uns um die Ohren, fielen mit einem zischenden Geräusch ins Wasser, und unsere Brüder stürzten weiterhin. Wir flüchteten in unser Dorf – sie kamen hinterher. Wir flohen in den Wald und warfen uns zu Boden. Als wir am Abend zurückkehrten, bot sich uns ein schlimmer Anblick: unsere Brüder tot, blutend, unser Dorf geplündert und abgebrannt, lauter Leichen im Wasser . . ."

Nach: „Das war kein weißer Bruder", Basel 1982.

In einem Lied singt der Chopi-Stamm von einer Forderung der Weißen: „Lauscht dem Lied vom Dorf Chigombe: Es ist ermüdend, immerzu bom dia sagen zu müssen. Macarite und Babuane sind im Gefängnis, weil sie nicht bom dia sagten. Sie mußten nach Quissico gehen, um bom dia zu sagen."

Ferdinand Oyono erzählt in seinem Buch „Une vie de Boy", das 1956 in Paris erschienen ist: „Ich traf den Gefängnisdirektor, wie er gerade dabei war, zwei Schwarzen Lebensart beizubringen.

In Gegenwart des Patrons des Europäischen Zirkels peitschte Herr Moreau, mit Hilfe einer Wache, meine Landsleute aus. Sie waren nackt bis auf die Lenden. Die Nilpferdpeitsche bearbeitete ihr Fleisch, und jedes Han! zerriß mir die Eingeweide. Los, gesteht, ihr Banditen! schrie Herr Moreau. Ein Schlag mit dem Kolben, Ndjangual!

Der große Sara lief herbei, erhob seine Waffe und versetzte den Verdächtigen einen gehörigen Schlag mit dem Kolben.

Nicht auf den Kopf schlagen, Ndjangual, die haben einen harten Kopf . . . In die Nieren!

Ndjangual schlug mit dem Kolben in die Nieren. Die Schwarzen brachen zusammen. Sie hatten das Bewußtsein verloren.

Wir haben wirklich einen harten Schädel, wie Herr Moreau sagte. Ich fürchtete ständig, die Köpfe meiner Landsmänner würden beim ersten Schlag von Ndjangual in Stücke zerschmettert. Man kann dies alles nicht sehen, ohne zu zittern. Es ist schrecklich.

Ich denke an alle diese Priester, diese Pastoren, alle diese Weißen, die unsere Seelen retten wollen und die uns die Nächstenliebe predigen. Ist dem Weißen nur ein Weißer der Nächste? Ich frage mich angesichts solcher Grausamkeiten, wer denn noch so dumm sein kann, daß er an die Versprechungen glaubt, die man uns in Kirchen und im Tempel vorleiert . . ."

Nach: „Das war kein weißer Bruder", Basel 1982.

Josina Muthemba: „Die weißen Kolonialisten wollten uns mit dem, was sie uns lehrten, betrügen. Sie unterrichteten uns nur in Geschichte und Geographie Portugals ... Wir konnten nicht offen dagegen auftreten, aber wir wußten, daß sie logen. Wir wußten, daß das, was sie sagten, falsch war; daß wir Moçambiquaner waren und niemals Portugiesen sein konnten."

Nach: Eduardo Mondlane „Kampf um Moçambique", Berlin 1973.

In einem Leitartikel aus „O Brado Africano" (Der Afrikanische Schrei) vom 27. 2. 1932 heißt es: „Genug jetzt! Wir mußten euch ertragen, die furchtbaren Folgen eurer unsinnigen Handlungen, eure Forderungen erdulden ... Wir weigern uns fortan, noch größere und noch sinnlosere Opfer zu bringen ... Wir wollen so behandelt werden, wie ihr behandelt werdet. Wir trachten nicht nach dem Luxus, mit dem ihr euch umgebt – dank unserer Kraft und Stärke ... Wir trachten ... schon gar nicht nach eurem Leben, das von dem Gedanken beherrscht ist, den eigenen Bruder zu berauben. Wir streben nach unserem Zustand der Barbarei, der doch eure Mäuler und Taschen füllt ..."

Nach: Eduardo Mondlane „Kampf um Moçambique", Berlin 1973.

Peter Abraham schreibt in „Tell Freedom", einem autobiographischen Bericht, erschienen 1954 in London: „Ich überlege mir angesichts meines Daseins in Südafrika, welches der Sinn dieses Lebens ist. Von meiner Geburt an wurde jeder Tag, einer wie der andere, durch folgende drei Worte, die oft unsichtbar, aber stets vorhanden sind, beherrscht: Nur für Weiße.

Wegen dieser drei Worte bin ich in Schmutz und Elend der Slums geboren, wegen dieser drei Worte haben viele Generationen, eine nach der anderen, in diesem gleichen Schmutz der Hütten gelebt; die Rachitis hat meinen Körper gezeichnet, und ich war nur einer von Millionen. Ich habe Geld verdienen müssen, bevor ich zur Schule ging. Die kostenlose und obligatorische Schulbildung war nur für Weiße, alles, was es Gutes und Schönes auf der Erde gab, war nur für Weiße. Die Welt von heute gehört ihnen ganz.

Durch meine Kontakte mit ihnen haben mich die Weißen spüren lassen, daß sie die allmächtigen Herren sind und daß das Universum mit seinen Reichtümern ihnen allein gehört. Und weil ich nie frei war, meine wirklichen Gefühle zu zeigen und mich offen zu äußern, war meine Unterwerfung voller Zorn und Bitterkeit. In Südafrika existieren 10 Millionen unterdrückte Menschen in Zorn und Bitterkeit. Zwei Millionen Weiße werden nicht immer als allmächtige Herren über zehn Millionen Farbige herrschen ..."

Kolonisatoren über Afrikaner

António Enes, Königlicher Portugiesischer Bevollmächtigter für Moçambique 1894/95: „Ich fühle sogar eine innere Sympathie für den Neger, dieses große Kind, das wie alle Kinder – mögen mir alle Mütter vergeben! – instinktiv – böse, doch gefügig – und aufrichtig ist. Ich betrachte ihn nicht als etwas, was im Interesse der Expansion der weißen Rasse ausgerottet werden müßte, wenngleich ich an seine natürliche Unterlegenheit glaube ... Nicht nur als Herrscher über halbbarbarische Völker, sondern auch als Wahrer sozialer Macht sollte der Staat keine Skrupel haben, diese ungebildeten Neger in Afrika, diese unwissenden Parias in Asien, diese einfältigen Wilden in Ozeanien zur Arbeit anzuhalten und – wenn nötig – zu zwingen ..."

Nach: Eduardo Mondlane „Kampf um Moçambique", Berlin 1973.

Hauptmann Wangenheim an den Gouverneur von Deutsch-Ostafrika (heute Tansania), Graf von Götzen 1906: „Meiner Ansicht nach können nur Hunger und Entbehrungen eine endgültige Unterwerfung (des ostafrikanischen Volkes, L. S.) bewirken ...

Das Volk wird erst dann gezwungen werden, seinen Widerstand gänzlich aufzugeben, wenn die zur Zeit zugänglichen Lebensmittel verbraucht, die Häuser durch ständige Angriffe zerstört und die Menschen der Möglichkeit beraubt sind, neue Äcker zu bestellen."

Nach: Bengt Sjögren „Afrika neu entdeckt", Leipzig 1977.

Der schwedische Ethnograph Gerhard Lindblom: „Sie waren trotzig und herausfordernd in ihrem Auftreten, und da ich der Achtung, die sie dem weißen Mann schulden, keinen Abbruch tun wollte, kam es zu mehreren Szenen ... Wenn ich ... auf den schmalen Pfaden herrischen Negerhäuptlingen begegnete, habe ich entrüstet mit ansehen müssen, daß sie kaum Anstalten trafen, zur Seite zu treten, wenn ein weißer Mann vorüberging. Erst eine drohende Geste mit der stets griffbereiten Peitsche vermochte sie dazu zu bequemen."

Nach: Bengt Sjögren „Afrika neu entdeckt", Leipzig 1977.

General Kaulza de Arriaga, seit 1970 Kommandant der portugiesischen Truppen in Moçambique: „Wir können nicht zulassen, daß die Zahl der ausgebildeten Schwarzen diejenigen der Weißen in Moçambique übersteigt ... Denn zur Subversion braucht es eine gewisse Intelligenz ... Wir haben nichts gegen Schwarze, die weiterhin ungebildet in Stammesgemeinschaften leben."

Nach: „Moçambique", Arbeitsgruppe 3. Welt, Bern 1974.

Monsignore Custódio Alvim Pereira, Hilfsbischof von Lourenço Marques: „Unabhängigkeit ist für das Wohl des Menschen unerheblich ... Die eingeborene Bevölkerung Afrikas muß den Kolonisatoren für alle Segnungen, die ihr von ihnen zuteil werden, dankbar sein. Die Gebildeten müssen jene, die weniger gebildet sind, von allen Illusionen über Unabhängigkeit befreien." Aus einem Rundschreiben an alle katholischen Kirchen in Moçambique 1970.

Nach: Peter Meyns „Moçambique im Jahre 2 der Unabhängigkeit", Berlin 1977.

Nur einer tötet den Elefanten, aber das ganze Volk ißt ihn

Eines Morgens bin ich mit dem Müllauto durch Maputo gefahren. Ich saß vorn neben Rufino Langa, nicht hinten auf dem Trittbrett, wo sich seine sechs Kollegen wie Ballettänzer an der Haltestange ausbalancieren müssen, wenn der „Scania“ mit 50 Stundenkilometern durch die Stadt braust.

Die Müllfahrer von Maputo sind Müllfahrer – keine Aschefahrer. Öfen zum Heizen braucht man bei moçambiquanischen Temperaturen nicht und gekocht wird, zumindest in der Steinstadt, mit Propangas. Nur wenn die Gasabfüllanlage kein Propan hat, brennen auf den Balkons mancher Hochhäuser kleine Holzkohlefeuer, über denen sich die Afrikaner ihren Brei, ihre massa, kochen. Auch Aschetonnen gibt es nicht wegen der fehlenden Asche. Die Leute schütten den Müll des Abends auf dem Bürgersteig zuhauf, nachts wird er dann abgeholt, und an jedem Morgen sehen die Hauptstraßen von Maputo wieder sauber aus.

Die Nachtarbeiter, die grau vermummten Mülleute, hatte ich vor meiner Fahrt mit Rufino nur einmal gesehen – als ich nach einer camarões-Fete zu früher Morgenstunde die Abfälle auf die Straße gebracht hatte ...

Zur Feier in Rolfs Wohnung waren David und Teodoro, zwei Mitarbeiter der OJM, gekommen. David, klein, agil wie sein biblischer Namensbruder, und Teodoro, ein langer, schlaksiger Bursche. Teodoro ist der Sekretär für Freiwilligenarbeit des Jugendverbandes (OJM). Sein Vorgänger wurde übrigens wegen Kadermangels als Direktor der einzigen „Verhüterlifabrik“ in Moçambique eingesetzt.

David und Teodoro hatten uns für die Feier eine Überraschung versprochen. Als sie mit zwei jungen Afrikanerinnen vor der Tür standen, erklärten sie, nein nicht Maria und Isabela, sondern das, was die beiden mitgebracht hätten, sei die Überraschung: eine große Plastetüte mit krebsähnlichen, fingerlangen und daumendicken camarões. Diese Tierchen, die vor der Küste von Moçambique – auch von DDR-Schiffen – gefangen werden, sind eine Delikatesse, die in den besten europäischen, asiatischen und amerikanischen Hotels serviert wird, aber in Moçambique, wie David sagte, nur durch Beziehungen zu einem Fischer oder einem Restaurantleiter zu bekommen wäre.

Maria und Isabela wuschen die mit ihren langen, krakligen Beinen, den vorstehenden Augen und den scharfen Scheren unappetitlich aussehenden Schalentiere und schnitten dann den harten Panzer des Hinterteils, unter dem sich das Fleisch befindet, mit einem Messer auf. Bevor sie die Garnelen in das siedende Öl legten, salzten sie die Tierchen, beträufelten sie mit Zitrone und zum Schluß mit Piri-Piri-Soße. Schon während des Bratens verströmten die Garnelen solche Wohlgerüche, daß ich immer wieder in die Küche rannte und mich kaum an den Gesprächen beteiligte.

David erzählte, wie ihn die FRELIMO von der Mittelschule weg zu „Rádio Moçambique" geholt hatte, wo er Nachrichten sprechen mußte. Zuerst stotternd. Als er nicht mehr stotterte, brauchte man bei der OJM Leute. Das politische ABC hatte ihm seine Schwester, Offizier der FRELIMO, beigebracht.

„Nein, die camarões sind immer noch nicht fertig, camarada Landolf, deine Eßlust ist wahrhaftig eine Ziege, man muß sie festbinden!"

Gespräch über Maria und Isabela. Neunzehn und zwanzig Jahre, Sekretärinnen bei Intermetall, beide haben ein Kind, verheiratet sind sie nicht. Alimente? Nein, dafür gibt es in Moçambique noch kein Gesetz.

„Ja, camarada Landolf, jetzt kannst du die Teller bringen!"

Zuerst versuchte ich, die Garnelen mit Messer und Gabel zu verspeisen. Doch nach ein paar Minuten ließ ich alle Höflichkeit beiseite und aß mit den Fingern, zerbrach die Garnelen und polkte gierig schmatzend das Fleisch heraus.

„Camarões sind wie Frauen", sagte David, „man muß ihre harte

Schale aufbrechen, ihr köstliches Inneres genießen und die Schalen wegschmeißen."

Zu den köstlichen Krustentieren aßen wir Toastbrot aus Südafrika und tranken Bier aus Holland. Solches Brot und Bier konnte man nur im „Interfranka"-Shop kaufen, der in Maputo für Ausländer eingerichtet worden war, damit sie im ausgeplünderten, an Konsumgütern noch bettelarmen Moçambique auf keine ihrer heimatlichen Eßgewohnheiten verzichten mußten. Dort konnte man auch für konvertierbares Geld unter anderem Schweizer Apfel-Käsecreme, schottisches Himbeergelee, englische Lavendelseife, BRD-Blutorangensaft – aus welchem afrikanischen Land stammen die Billig-Früchte? –, australisches Milchpulver und dänische Butter kaufen.

Nach dem Essen wollte ich flirten. Doch beide Mädchen hatten, obwohl ich, verglichen mit Rolf, wie ein Adonis aussah, lediglich Augen für den beleibten, schon doppelkinngezierten FDJ-Beauftragten.

„Mach dir nichts draus", sagte Teodoro. „Nur dicke Männer garantieren den Frauen Wohlstand! Wenn eine moçambiquanische, im Dorf lebende Frau wählen könnte, ob sie einen schönen, hungerdürren oder einen häßlichen, aber gut genährten Mann nimmt, entscheidet sie sich garantiert für den Dicken."

Ich brachte den Eimer mit Garnelenschalen und Interfranka-Wohlstandsmüll hinunter. Besser jetzt spät in der Nacht, dachte ich. Einmal, als ich ihn am frühen Abend ausgeschüttet hatte, sah ich, wie sich Kinder, noch ehe ich wieder im Haus war, aus meinem Abfall Kartoffelschalen und Speisereste heraussuchten.

Aber auch nachts um zwei Uhr war die Straße nicht menschenleer. Noch im Hausflur stehend, hörte ich von der Straße metallisches Rattern und Klappern, Motorengebrumm und schrille Pfiffe. Die „Mao Tse-tung" entlang fuhr im Schrittempo ein Müllauto. Aus seinem Schatten huschten, gespenstisch anzuschauen, sechs Männer. Graue Mützen mit Ohrenklappen. Graue Leinenjacken. Graue Leinenhosen. Sie rannten schneller, als das Auto fuhr, noch im Laufen bückten sie sich nach dem Abfall, lasen Pappe, Papier und Büchsen so unwirklich flink und geschickt auf, als wären sie wirklich Gespenster. Gespenster, hinter denen ein Aufseherteufel mit seiner Lederpeitsche stand! Bücken. Greifen. Aufrichten. Rennen. Ausschütten. Rennen. Bücken ... Ich hätte meinen Eimer auf den kleiner werdenden Haufen kippen können. Aber ich stand und schaute nur. In zwei oder drei Minuten war der Spuk zu Ende. Pfiffe. Das Müllauto fuhr schneller. Nach hundert Metern wieder das Rennen, das Bücken, das Greifen der grauen Müllgespenster. Wer trieb sie?

Die Stelle, an der der Abfall gelegen hatte, war nun papierfetzenlos sauber. Ich schüttete meinen Müll nicht aus. Ich trug ihn wieder hinauf in die Wohnung ...

Die Bekanntschaft Rufino Langas, des fünfundvierzig Jahre alten Müllfahrers, machte ich während eines Informationsabends der DDR-Liga für Völkerfreundschaft in Maputo.

„Frühmorgens fahren wir noch einmal nachstoppeln und zum Müllaufladen in die Lager der Warenhäuser. Da rennt man nicht mehr wie nachts, da störst du niemanden bei der Arbeit und siehst auch was von der Stadt. Wenn du vormittags mitfahren willst, das läßt sich einrichten", hatte er mir gesagt.

Rufino war pünktlich. Seine sechs Kollegen im grauen, ordentlich geflickten Leinenzeug begrüßten mich so, als sei es üblich, auf ihrem „Scania"-Müllauto Stadtrundfahrten zu machen. Alfredo, Elias, Chakope, Fernando, Armando und Paulino waren zwischen zwanzig und dreißig, alle schon verheiratet, und alle hatten schon Kinder. Sie arbeiteten in Schichten, verdienten rund 2500 Meticais. Rufino trug keine graue Arbeitskluft. Er hatte eine schwarze Kordhose, ein hellblaues Hemd und blitzblanke helle Halbschuhe an. In seinem Fahrerhaus gab es bequeme Sitze. Dunkelrote und violette Trockenblumen, ähnlich unseren Wicken, standen in einer Vase. Knöpfe und Hebel für die Hydraulik. Kein Staub. Als ich saß, kam noch ein Mitfahrer, Rufino stellte ihn vor. „Ein Bekannter, Sekretär beim Volksgericht." Er müsse Akten von einer Dienststelle zur anderen bringen, und das sei im Müllauto bequemer und weniger zeitaufwendig als im Omnibus.

Während wir in Richtung der Avenida 24. de Julho fuhren, erzählte mir Rufino, daß 1300 Kollegen bei der Stadtreinigung beschäftigt seien, daß sie auch Bäume pflanzten und die Latrinen auspumpten, daß eine Mülltruppe – sieben Mann – in einer Nacht bis zu 120 Kilometer Bürgersteig vom Müll säuberte. Bücken. Greifen. Aufrichten. Rennen. Ausschütten. Rennen. Bücken ... Pfiffe. Weiterfahrt ...

„Einhundertundzwanzig – cento-e-vinte – Kilometer?" fragte ich.

„Ja, einhundertzwanzig", sagte Rufino.

In der Avenida Salvador Allende lagen noch Müllhaufen. Pappe. Bauschutt. Blätter. Keine Flaschen. Keine Büchsen. Keine Kartons. Auf einem der Haufen fand Paulino eine Zeitung. Er glättete sie sorgfältig und steckte sie in die Tasche der müllgrauen Jacke.

„Paulino lernt wie fast alle Mülleute jetzt lesen und schreiben", sagte Rufino.

Rufino, eins von dreizehn Kindern, konnten die Eltern nicht zur Schule schicken. Er ging zur Sklavenarbeit in die Goldminen von Südafrika. Später Lkw-Fahrer. Anstellung bei der Müllabfuhr. Das war ein Privileg, denn die Portugiesen rekrutierten dafür nur Angehörige des Chopi-Stammes aus der Gegend von Inhambane. Die Müllfahrer waren neben den Eisenbahnbauern und den Hafenleuten die ersten Proletarier der Hauptstadt! Man achtete streng darauf, daß nur Chopi – deren Stammeshäuptlinge mit den Kolonialherren zusammenarbeiteten – für diesen Job eingestellt wurden. Damit wollten die Portugiesen verhindern, daß Fremde die Gruppe der Müllfahrer mit revolutionären Gedanken infizierten, so daß diese vielleicht fragten, weshalb der Müll nur in der Steinstadt der Weißen und nicht auch in der Schilfstadt der Afrikaner abgefahren wurde.

Wir hielten vor einer Snackbar. Der Abfall war in großen containerähnlichen Gitterkörben gestapelt. Es roch nach Urin. Als die Arbeiter die Körbe zur Seite rückten, rannten Ratten aus ihren Schlupfwinkeln. Aber Paulino und seine camaradas schleppten den Müll nicht in den Körben bis zum Auto, sondern schütteten die Körbe erst aus. Flink wie die Tauben – die guten ins Säckchen, die schlechten auf die große Trageplane – sortierten sie Flaschen und Büchsen und Gläser heraus. Jeder der sechs hatte für diese Schätze einen Sack am Müllauto hängen. Am begehrtesten waren blecherne Konservendosen. Blaue, mit dem Bild eines satten, dicken weißen Babys. Trockenmilch. Danach griff jeder zuerst. Streit gab es keinen. Paulino fand einen Bonbon. Er steckte ihn in den Mund.

Auf der Avenida Mondlane hatte ein Lkw eine Kiste Toilettenpapier verloren. Die Papierschlangen begannen bei jedem vorbeifahrenden Auto einen neuen Tanz, sanken kraftlos zusammen, wurden wieder hochgerissen, zerfetzt, aber auch die abgerissenen Stücke wirbelten noch im Tanzrhythmus. Rufino hielt, und ohne daß er eine Anweisung gab, sprangen seine Müllmänner zwischen die Tanzenden, wichen geschickt den Autos aus, rannten und sprangen, rafften das Papier zusammen, als stände ein Dompteur mit der Peitsche hinter ihnen. Tanzende Schlangen und ihre Beschwörer.

Rufino sagte: „Maputo war noch an keinem Morgen schmutzig. Auch als in den ersten Monaten nach der Befreiung viele Arbeiter streikten, haben wir gearbeitet ..."

Es war für die portugiesischen und für die anderen weißen Kapitalisten, die nach dem Ende der Kolonialherrschaft ihre Fabriken in Moçambique noch besaßen, nicht schwer, die afrikanischen Arbeiter zur Arbeitsbummelei und zum Streik zu überreden.

Eure FRELIMO hat die Zwangsarbeit abgeschafft, den Zwang zur Arbeit, also braucht ihr endlich nicht mehr zu arbeiten!

Eure FRELIMO hat euch auch das Streikrecht gegeben, also könnt ihr nun auch für höhere Löhne streiken!

Als die Betriebe dann völlig verschuldet waren, niemand mehr die erstreikten höheren Löhne bezahlen konnte, nahmen die Fabrikbesitzer ihren Hut, die Technologien, die Facharbeiter und die Bankkonten und sagten der revolutionären moçambiquanischen Regierung: Nehmt sie, die Betriebe! Ihr sollt an ihnen krepieren!

„Aber bei euch hat keiner für höhere Löhne gegen die FRELIMO gestreikt", fragte ich Rufino. „Nein, Alfredo ist in der FRELIMO, Elias ist in der FRELIMO, Chakope ist in der FRELIMO, Fernando ist in der FRELIMO, Armando ist in der FRELIMO, Paulino ist in der FRELIMO, und ich bin auch Mitglied der FRELIMO. In manchen Betrieben sind von 1 000 Arbeitern nur 30 oder 40 bei der FRELIMO, wir aber sind die stärkste Parteiorganisation von Maputo."

Vielleicht war es doch ein Fehler der Portugiesen, daß sie nur Arbeiter aus einem Stamm einstellten, vielleicht war es dadurch leichter, sich zu organisieren?

Keine Schlange tanzte mehr.

Die Avenida Mondlane war wieder sauber. Pfiffe. Wir fuhren weiter.

Rufino erzählte mir, daß er schon 1965, während des Befreiungskrieges, zur FRELIMO gehört hatte. Damals war er ein müllfahrender Spion.

„Ein Müllfahrer sieht zuerst, in welchen Häusern neue Leute wohnen. Ich wußte, wer sie sind, denn ich wußte, was sie essen, kannte ihre Abfälle. Ein Müllfahrer weiß auch, was die Schiffe im Hafen geladen haben. Ich wußte, woher die Fabriken ihr Material bekamen. Und manchmal fand ich im Papiermüll auch Geschäftsbriefe ..."

Damals gründeten viele ausländische Firmen Niederlassungen in Moçambique, denn das Kapitel der „alteingesessenen" Konzerne, vor allem aus Großbritannien, Belgien und Portugal, reichte weder für größere neue Investitionen noch für die militärische Unterstützung der Kolonialmacht Portugal. Die Kolonialregierung bot Arbeitskräfte so billig wie nirgends in der alten Welt, zehn Jahre Steuerfreiheit für ausländische Unternehmen ... Die Sumitomo Gruppe aus Japan erwarb die Erschließungsrechte für Eisenerz, Südafrika baute eine Zuckerfabrik in der Nähe von Beira, „Nestle" eine Milchverarbeitungsfabrik in Lourenço Marques, der US-Konzern „Firestone" ein Zweigwerk in Beira, Messerschmidt-Bölkow-Blohm plante den Bau einer Flugzeugfabrik, die Gulf Oil Corporation begann nach Öl zu bohren.

Die faschistische Regierung in Portugal rechnete sehr einfach: Wenn große Unternehmen aus den USA, der BRD, Südafrika und anderen Ländern Fabriken in Moçambique bauen, ihr Geld anlegen, werden sie auch Waffen und Militärberater schicken, damit Ruhe und Ordnung in der Kolonie wiederhergestellt werden können. 1967 konnte Portugal aus den Einnahmen durch die neuen Industrien in Moçambique die Militärausgaben um 20 Prozent erhöhen!

Aber die FRELIMO, die Befreiungsorganisation, wußte Bescheid über jede geplante Fabrik ausländischer Monopole in der Hauptstadt, über jeden neuen Generalvertreter von Shell und Firestone und Telefunken.

Ich vergaß, Rufino zu fragen, weshalb er Mitglied der FRELIMO wurde. Wahrscheinlich aus dem gleichen Grund wie der frühere Hausangestellte des portugiesischen Kolonialsekretärs, der eines Abends neben Acácio unter der Laterne gesessen und Rechenaufgaben gelöst hatte: 85 Kilo Mehl weniger 35 Kilo Mehl – wieviel Mehl bleibt im

Sack? Er erzählte mir, daß er im neuen Speisehaus des Maputoer Hafens für die Arbeiter Reis und Bohnen koche. „Früher habe ich für einen portugiesischen Handelssekretär Kalbsmedaillons mit Spargel, Kartoffelbällchen und Trüffelpasteten zubereitet. Die Kartoffelschalen durfte ich mit nach Hause in die Schilfstadt nehmen; für meine 14 Geschwister, von denen inzwischen acht gestorben sind. Ich wurde Sympathisant der FRELIMO, weil ich wußte, was die Portugiesen essen."

Und Rufino wußte, was sie wegwarfen.

„Ich habe mit hungrigem Magen vor den Villen der Weißen Spaghettischachteln, leere Corned beef-Büchsen, Ölsardinendosen, Weinkartons, Brasil-Zigarrenkisten und Marmeladengläser – darin konnte man noch süßes Wasser für die Kinder panschen – aufgelesen. Müll ist bewußtseinsbildend!"

Wir bogen in die Avenida Julius Nyerere ein, fuhren am Meer entlang. Rufino hielt.

„Das Meer ist eine Mutter. Es wäscht den Staub und den Geruch von Müll aus der letzten Pore."

Während wir noch ausstiegen, liefen die sechs Mülleute schon zum Strand, legten sich mit ihrem festen Leinenzeug in den heißen Sand. Atemholen im Gleichmaß mit den Wellen. Stille, bis ich Rufino fragte: „Weshalb rennt ihr bei der Arbeit, als stände immer noch der Portugiese mit der Peitsche hinter euch?"

„Die Fußsohlen können nicht philosophieren und träumen. Sie müssen laufen, sonst wäre Maputo schon verdreckt", sagte Rufino.

Ähnlich hatte es mir ein FRELIMO-Funktionär aus dem Planungsministerium gesagt: „In manchen Betrieben befreite man sich nach der Befreiung auch von dem, was uns die Portugiesen zwar mit der Peitsche lehrten, was aber nicht nur ihrer Macht diente, sondern nun Voraussetzung für unsere Macht ist – die Disziplin bei der Arbeit."

Vom Meer fuhren wir zur Mülldeponie. Eine kaum überschaubare, zur Hälfte schon eingeebnete Schlucht. Schwelende Feuer. Sich unter dem Wind und der heißen Sonne duckender, dick quellender, stickiger Rauch. Es stank wie überall auf Müllhalden. Und doch schien hier etwas völlig anders zu sein als auf den Deponien zu Hause. Ich stand, beobachtete und fand nicht das Andersartige. Festgewalzter Boden. Er sah fruchtbar aus, als könnte man Mais darauf säen. Rufino und seine Kollegen standen unbeteiligt daneben, während die Hydraulik die 16 Kubikmeter Müll aus dem Bauch des „Scania“ preßte. Vier alte, nicht mit Leinenzeug, sondern nur mit Lumpen ihre Blöße verbergende Deponiearbeiter harkten den Müll auseinander. In der Hand hielt jeder ein Säckchen. Doch das Bücken lohnte nicht, sie fanden keine Flasche, keine Konservendose und kein Stück Brot. Die Kinder von Maputo und die Crew von Rufinos Müllauto hatten herausgelesen, was zu gebrauchen war.

Ich schaute mich suchend um und wußte plötzlich, was anders war auf dieser Deponie. Nirgendwo saßen schwarze, dicke, scharrende, pickende Krähen, die, aufgescheucht in Schwärmen, die Sonne verdunkeln können. Auch keine anderen Vögel.

„Es gibt nichts Verwertbares mehr auf der Müllkippe von Maputo“, sagte ich zu Rufino.

Er schüttelte den Kopf.

„Steig ein!“ Wir fuhren die Schlucht hinunter.

Hunderte Autowracks standen dort. Kräne und Traktoren. Maschinenteile. Fast neue Bagger ohne Eimer. Und Raupen ohne Ketten. So viel Schrott hatte ich noch nirgendwo gesehen.

„Manchmal holen wir uns aus den Motoren oder der Hydraulik wenigstens das Öl.“ Rufino, der Müllfahrer, knirschte mit den Zähnen. „Das sind Millionen, das ist unser Geld!“

Als wir am Meer entlang zurück in die Stadt fuhren, sagte er: „Oben am Sambesi liegt Eisen nicht sehr tief unter der Erde, dort sollten wir ein Stahlwerk bauen, mit kleinen Lastkähnen wieder auf dem Sambesi fahren und den Schrott auf dem Meer und den Fluß entlang dorthin transportieren.“

Rufino, der Müllfahrer, der schon 15 Jahre Mitglied der FRELIMO war, lenkte den „Scania“ mit einer Hand, die andere legte er mir auf die Schulter: „Der Traum macht einen froh, camarada, aber er allein macht noch nicht satt.“

Was es in den staatlichen Volksläden von Maputo zu kaufen gab, hatte ich mir schon angeschaut. Nach der Fahrt mit Rufino suchte ich nun den Basar, den Afrikanermarkt, im Stadtteil Xipamanine.

Stände unter freiem Himmel. Getrocknete schwarze Raupen. Körbe mit Elefantengras. Straußeneier – das Stück zu 1 000 Meticais. Spinatblätter. Wandzeitung „Stimme des Volkes“: „Gefängnis für Händler, die auf dem Markt Düngemittel als Salz verkauft haben ...“ Schildkrötenpanzer, so groß wie eine Waschschüssel. Nadeln und Knöpfe. Kleinfingerlange, stinkende Trockenfische. Plastetüten, mit Hilfe glühenden Metalls zusammengeschweißt. Krokodilshäute. Muscheln, noch lebend. Spiegelsplitter. Holzkämme. Trommeln unter Wellblechdach – hier tanzen am Sonnabend die Händler und Käufer. Maismehl. Aus Sandelholz geschnitzte Figuren und Dämonenmasken. Bücher einer Schweizer Sekte im Shangana-Dialekt: „Gott wird euch Brot geben.“ ...

Außerhalb der Umzäunung begann der wilde Markt – dort traf ich Rufino wieder. Er brachte einen Sack, gefüllt mit Flaschen und Konservendosen, in eine kleine, windschiefe Hütte, eine der vielen „Werkstätten für Müllverarbeitung“ am Rande des Marktes. Auf den Regalen standen grüne, dickwandige Trinkgläser – hergestellt aus Flaschen, denen man mit glühenden Drähten die Hälse abgeschnitten hatte. Daneben Tassen – kleine Blechdosen mit einem angelöteten Henkel. Siebe – durchlöcherte Konservendosen. Eßtöpfe – das waren die blauen Konservenbüchsen mit dem dicken weißen Baby; ein Draht diente als Tragebügel.

„Nun erst weißt du fast alles vom Müll in Maputo“, sagte Rufino.

Vom Müll, vom Ende aller Waren, hatte ich einiges kapiert, aber vom Anfang aller Waren, wie man nämlich in Maputo produzierte, hatte ich noch nichts gesehen. Doch schneller, als ich Rufinos Lehrvortrag über den Müll gedanklich ganz verarbeitet hatte, bot sich eine Gelegenheit, in einen moçambiquanischen Betrieb, in die Waggonfabrik Cometal-Mometal, zu fahren. In dieser Fabrik helfen Spezialisten aus der DDR die dringend benötigten Waggons zu bauen. Während der ersten Wochen ihres Aufenthaltes hatten die DDR-Leute mit den Afrikanern in der Betriebsküche gegessen. Einen Tag gab es Reis mit gekochtem Fisch und grünen, spinatähnlichen Brei. Am anderen Tag gab es Reis mit grüner Soße und gebratenem Fisch. Am nächsten Tag Reis mit gedünstetem Fisch und grünem Salat aus spinatähnlichen Blättern . . . Da holten die DDR-Leute ihr Mittagessen aus der Botschaftsküche und verspeisten die Schnitzel – es war ihnen unangenehm vor den Augen der moçambiquanischen Kollegen – im Haus eines DDR-Arbeiters. Doch dann sagte die neue moçambiquanische Generaldirektorin – zum ersten Mal hatte eine Frau diesen Posten inne –, die frühere Buchhalterin des Betriebes: „Eßt euer Fleisch im Speiseraum! Unterschiede zwischen Arbeitern und Vorgesetzten, zwischen Fremden und Einheimischen hat es immer gegeben, das stört niemanden." Das einzige, woran sich die Leitung des Betriebes störte: die Diplomingenieure aus der DDR saßen mit den Facharbeitern aus der DDR an einem Tisch! Jahrhunderte hatten die Portugiesen den Moçambiquanern vorgelebt: Man sitzt nur mit seinesgleichen am Tisch. Der Vorgesetzte, der zusammen mit den Arbeitern ißt, untergräbt die Autorität der Leitung. An dieses Prinzip halten sich auch die vom Staat eingesetzten moçambiquanischen Direktoren von Cometal-Mometal . . .

Ich fuhr von der DDR-Botschaftsküche mit den Essenholern zur Waggonfabrik. Im B 1000 roch es nach Sauerkraut und Beefsteak. Der Chauffeur sagte, ich solle den Kübel mit Gurkensalat festhalten. Doch das war leichter gesagt als getan, denn wir rasten wie Samora Machels Armeejeep die Avenida E. Mondlane entlang. Aber für uns waren die Ampeln nicht grün geschaltet, und das Anfahren glich jedesmal einem Raketenstart. – Und selbst trainierte Kosmonauten müssen keine Essenkübel mit Gurkensalat vor dem Überschwappen bewahren.

Endlich der kreuzungsfreie Stadtrand.

Cidade de caniço – die Schilfstadt.

Vor einigen Hütten brannten kleine Feuer. Frauen zerstampften mit Holzstößeln, die größer waren als sie selbst, Maiskörner im Mörser. Mädchen brachten Wasser. Balanceakt mit gefüllten 20-Liter-Behältnissen auf Kinderköpfen. Es wurde noch nicht gekocht. Acácio hatte mir gesagt, in der Schilfstadt essen die Frauen und Kinder nur früh, wenn die Männer zur Arbeit gehen, und nachmittags, wenn die Männer von der Arbeit kommen.

Was werden die Frauen kochen? Ich müßte sie fragen, doch ich ließ das Auto nicht halten. Sagte mir: Beefsteak und Sauerkraut werden kalt!

Nein, heute noch nicht.

Hinter der Schilfstadt die ersten Wegweiser in Richtung der Industrievororte Machava und Matola. Eine breite, glatte, vielbefahrene Straße. Der Gurkensalat schwappte nicht mehr über. Rufino hatte mir gesagt: Das ist die Straße der tausend Toten und der Millionen Golddollar – die Verbindung zwischen Moçambique und Südafrika. Billigarbeiter aus Moçambique waren die Geburtshelfer und Ammen des heutigen Industriestaates Südafrika. 1875 erstes Abkommen über die Lieferung von moçambiquanischen Kulis. Die Deviseneinnahmen für den Verkauf der Landeskinder (pro Grubenarbeiter 2,8 Pfund Sterling) wurden direkt nach Lissabon transferiert. 1960 schufteten rund 200 000 Moçambiquaner in den Gruben und Ghettos von Südafrika. 1961 verdiente Portugal 20 Millionen Pfund Sterling (ein Viertel der Einnahmen der Kolonie Moçambique) am Verkauf der Billigarbeiter. 1969 starben (nur die statistisch erfaßten) 207 Moçambiquaner durch Unfälle in den Gruben, 264 durch Schwäche und Auszehrung, 6 000 flohen aus den südafrikanischen Arbeitslagern . . .

Als wir bei „Cometal-Mometal" ankamen, hatte das Mittagspalaver begonnen. Die Arbeiter saßen im Schatten der Bäume und spielten auf kleinen Holzbrettern Dame und Mühle. Händler verkauften Gewürze und Basttaschen. Im Speisesaal war schon Abräumstimmung. Ein Afrikaner deckte für die DDR-Leute den Tisch. Die Soße war noch warm. Der Gurkensalat inzwischen auch. Keiner der Moçambiquaner guckte, was auf unseren Tellern lag. Nur ich guckte rüber auf die Teller der Afrikaner. Fisch in grüner Soße mit Reis . . .

Der Speisesaal war frisch getüncht. Mit roter Farbe stand auf der weißen Wand: Es lebe Präsident Samora Machel! Es lebe der Internationalismus! Wir kämpfen weiter gegen die Bourgeoisie und zur Stärkung der Volksrepublik! Daneben hatte der Maler sein Schlaraffenland gemalt: Ein Koch brutzelte ein goldbraunes Huhn in blauer Pfanne. Ein fetter Fisch gondelte in einem Kochtopf über das Meer. Ananasfrüchte, so saftig, daß ich fürchtete, sie könnten die weiße Wand bekleckern. Das Huhn, der Fisch, die Früchte sahen aus, als müßten sie jeden Moment in die Mäuler der hier Sitzenden fliegen.

Ich fragte einen der Arbeiter am Nachbartisch: „Bist du satt geworden?"

„Ja, ich bin satt."

Keine Schlaraffenlandwünsche. Nur eine Konservendose, die er aus seiner Basttasche holte. „Vielleicht hat der Koch Abfälle für die Familie."

Neu sei bei Cometal-Mometal: Früh ein kleines Brot. Und Tee. „Süßer Tee", sagte der Arbeiter. Mittags warmes Essen. 14 Tage Urlaub. Zwei Feldschere, die auch die Angehörigen behandeln.

Das sei schon viel, was sie nach der Befreiung bekommen hätten, kommentierte der Arbeiter. „Ihr Europäer werdet das nicht mehr kennen, aber wir Afrikaner sagen: Verlache den Kern nicht, eines Tages ist er ein Palmenbaum!"

In den Montagehallen des Betriebes lief die Produktion wieder. Hier wurden Kohle-, Güter- und Kesselwagen vom ersten Radsatz bis zur letzten Schraube zusammengebaut. 350 waren es jährlich zur Zeit der Portugiesen gewesen. Als diese gingen, nahmen sie die Facharbeiter und die technologischen Unterlagen mit. Inzwischen schafften die moçambiquanischen Arbeiter mit Hilfe von DDR-Spezialisten wieder 200. Das waren viel und zu wenig.

1982 sprengten konterrevolutionäre Banden in Moçambique rund 400 Waggons in die Luft. Hunderte Wagen mußte sich Moçambique in Simbabwe ausleihen, jeder kostete am Tag 6,08 Simbabwe-Dollars.

Werner, der Leiter der DDR-Spezialisten, zeigte mir die Halle, in der Kesselwagen gebaut wurden. Auf einer Plattform standen moçambiquanische Arbeiter und schweißten Stahlringe zu Kesselbäuchen zusammen. „Schau dir die Schweißnähte an, sauber und gerade, wie mit dem Lineal gezogen", lobte Werner. „Noch wissen sie nicht, was sich chemisch beim Schweißen abspielt, aber sie haben es im Gefühl, wie man eine Naht gerade hinkriegt."

Die Spurweite der Waggons – anders als in Europa und sonst in der Welt – beträgt 1035 Millimeter. Die Kapspur. Einheitlich in den südlichen Ländern von Afrika, eingeführt von den Engländern. Dazu auch keine Überdruckbremssysteme wie üblich in der Welt, sondern Unterdruckbremssysteme. Die Linien der Kapspur-Eisenbahn verlaufen alle ost- oder westwärts, vom Landesinneren zum Meer. Gebaut, um die Reichtümer Afrikas in die Häfen zu bringen, von wo aus die Kolonialmächte das Gold, die Kohle, die Baumwolle nach Europa verschiffen konnten. Und auch heute kann kein Land die Spurweite eigenmächtig verändern. Ersatzteile für diese international nicht übliche Spurweite werden nicht in sozialistischen Ländern hergestellt, sondern in Großbritannien und Südafrika. Rufino, der Müllfahrer, würde mit den Zähnen knirschen.

Den Arbeiter, den ich im Speisesaal gefragt hatte, ob er satt sei, traf ich in der Montagehalle, erkannte ihn aber nicht sofort wieder. Er hatte sich eine wollene Pudelmütze mit Norwegermuster und Bommel bis über die Ohren gezogen. Er nahm meine Hand. Ich hätte lange genug die Schweißer bewundert, er heiße Felicibert, der Glückliche. Seine Freunde riefen ihn jedoch Pato, die Ente. Ich müsse mir nun seine Arbeit anschauen, denn die Weisheit wohne nicht nur in einem Haus.

Er zeigte mir ein tonnenschweres, wohl anderthalb Meter langes, bohnenförmiges Waggonteil – völlig aus Gußeisen – und daneben eines von gleicher Form aus zusammengeschweißten Stahlblechen. Das erste sei ein gewöhnliches gußeisernes Waggondrehgestell für die Radsätze, bisher aus Südafrika importiert. Eins koste 10000 Dollar. Das zweite hätten sie selber gemacht, zum ersten Mal in Moçambique, zusammen mit den alemãos. Man könne nun auf die aus Südafrika verzichten.

„Du mußt mich neben einem Drehgestell fotografieren, dann werde ich das Bild in mein Dorf schicken, damit alle Leute sehen, was für ein geschickter und kluger Arbeiter Pato geworden ist. Die Krone des Mannes liegt in seinen Händen."

Ich fotografierte. Er bückte sich und hielt den Stahlkoloß wie ein Kind fest.

„Hast du schon zur Kolonialzeit hier gearbeitet?"

Nein, er sei erst vor zwei Jahren aus der Gegend von Inhambane nach Maputo gekommen. Die Familie, zwei Frauen und neun Kinder, wohnten noch dort.

„Ich schicke ihnen regelmäßig Geld. Jetzt bin ich noch ein adjudante, ein Hilfsarbeiter, bekomme 2000 Meticais, aber ich werde lernen, Vorarbeiter der Produktion werden, 8000 Meticais verdienen, ein Haus bauen, meine Familie holen, einen Boy halten."

„Einen Boy?"

Ja, wer es im Leben zu etwas bringe, jeder Vorarbeiter, könne sich einen Boy leisten.

„Bist du Mitglied der FRELIMO?"

Nein, aber er gehöre zu den Dynamisatoren. Die kümmerten sich im Auftrag des Volkes darum, daß Wasserleitungen gelegt, Schulen gebaut, Kooperativläden eingerichtet würden, daß die Busse regelmäßig führen und im Betrieb noch mehr Waggons montiert werden könnten.

„Gestern haben wir im Werk über einen neuen Wettkampf abgestimmt, über einen", er buchstabierte, „einen ‚sozialistischen Wettbewerb'."

„Was steht drin?"

„Erstens: Um die Küche herum werden wir eine grüne Zone schaffen und dort künftig zusammen Maniok, Zwiebeln, Tomaten und Mais anbauen.

Zweitens: eine Tischtennisplatte aufstellen.

Drittens: die Schweinezucht im Betrieb verbessern."

Pato war sehr stolz.

„Und für die Arbeit, für den Waggonbau, welche Ziele habt ihr euch dafür im Wettbewerb gestellt?"

Er sah mich zweifelnd an. „Man kann nicht zwei Kuhschwänze auf einmal festhalten. Zuerst kümmern wir uns um das Essen."

Ich widersprach. „Zuerst müßt ihr euch darum kümmern, wie die Arbeit verbessert wird."

Nun sah er mich böse an. „Predige nicht", sagte er, „die Küche ist viel älter als die Moschee."

Ein sehr alter Arbeiter packte uns bei den Schultern, schob mich zur Seite, zeigte aufgeregt hinüber zu dem Kesselbauch des neuen Waggons. Ich verstand keines seiner beschwörenden Worte, und ich konnte auch seine fuchtelnden Arme, die er schließlich mit jener Gebärde, mit der verteidigende Fußballer sich bei Freischüssen schützen, auf den Unterleib legte, nicht deuten. Pato verstand. Man werde gleich beginnen, die Schweißnähte mit Röntgenstrahlen zu kontrollieren, und irgend jemand hatte dem Alten gesagt, daß, stände man zu nahe dabei, die Zeugungsorgane ihre Kraft verlieren könnten. Deshalb ginge der Sechzigjährige vorsichtshalber jedesmal in Deckung. Denn ein Mann, der keine Kinder mehr zeugen könne, tauge nur noch dazu, für seine Frauen den Maisbrei zu kochen.

Pato griente triumphierend. „Wenn man ißt, muß man kauen, und wenn man spricht, muß man denken, aber du hast nicht gedacht, als du sagtest: Zuerst soll man über die Arbeit reden und dann über das Essen. Sogar der Alte ist schlauer als du. Zuerst denkt man an die Vermehrung. Ohne neue Kinder stirbt das Leben. Wenn dann Kinder da sind, muß man an das Essen denken. Und wenn man sich vermehrt hat und gegessen, dann kann man arbeiten."

Wie um den Streit zu beenden, schlug der pudelmützige Pato vor, ich sollte doch mit in das Eisenbahnreparaturwerk fahren. Dort stehe eine große Presse, damit wollten sie heute zum ersten Mal die 12 Millimeter dicken Stahlbleche für ihre neuartigen Drehgestelle verformen, ohne sie mühsam biegen zu müssen.

„Zu Mittag gegessen hast du doch schon?"

„Ja", sagte ich, „gegessen habe ich schon."

Das Eisenbahnreparaturwerk befand sich im Hafengelände, eine viertel Autostunde vom Waggonbetrieb entfernt. Während der Fahrt riet mir der DDR-Spezialist, der Pato und seine drei moçambiquanischen Kollegen begleitete und meinen Streit gehört hatte: „Rede mit den Afrikanern doch nicht, als ob du zu Hause auf der Parteiversammlung sprichst!"

Die Arbeiter hätten fast alle vorher im Busch gelebt. Die Leiter seien Kinder von Lehrern, Beamten, die einzigen, die im kolonialen Moçambique schreiben und lesen konnten – Kleinbürgertum. Woher also Klassenbewußtsein im Sinne des Proletariats?

„Und bilde dir nicht ein, daß nur unsere Ideologie hier Einfluß hat. Im Staatssekretariat, das Cometal-Mometal anleitet, sitzen außer unseren Leuten noch Berater aus Kuba, Schweden, der BRD . . ."

Fast bei jeder Weisung wisse man, welcher Berater mitgewirkt habe. Neulich Anordnung vom Staatssekretariat. „Sofort WAO – Wissenschaftliche Arbeitsorganisation – einführen!" Darauf wäre kein Moçambiquaner allein gekommen – schließlich müßte man die Produktion überhaupt erst in Gang bringen. Die schwedischen und bundesdeutschen Berater schieden aus. Unser Mann war gerade auf Urlaub. Es blieb der Kubaner. Und siehe da, er hatte in der DDR studiert.

Die rauchgeschwärzten Ziegelsteinhallen des Reparaturwerkes waren älter als die von Cometal-Mometal. Vor dem Eingang zur Werkstatt lagen meterhohe Schrotthaufen. Und durch die Schrotthaufen wuchsen Palmen, darunter Kokospalmen und Papayen. In der Werkstatt standen Dutzende kaputte Lokomotiven aus Brasilien, England, Deutschland, Südafrika. Solche, die an Altersschwäche gestorben waren, solche, die von Minen zerfetzte Bäuche hatten, solche, denen Pleuelstangen und Räder fehlten.

„Sie werden registriert und abgestellt, es gibt für die meisten keine Ersatzteile – ein Lokomotivenfriedhof", sagte Pato.

Die große, altertümliche Presse, eine EUMUCO aus Leverkusen, die einmal 400 Tonnen Leistung gebracht haben soll, stand in der Mitte der Halle. Sie arbeitete noch nicht. Mattes, der Vorarbeiter – außer ihm und Pato gehörten noch zwei Arbeiter, einer mit Brille, wie ein Professor aussehend, und ein junger sechzehnjähriger Anlernling, zu unserer Cometal-Mometal-Crew –, fand endlich den Pressenfahrer. Er sah wild aus. Bartstopplig und wie die anderen Eisenbahnwerker nur mit Lumpen bekleidet. Obwohl die Presse noch stillstand, schrie er, als müßte er jetzt schon gegen ihren Höllenlärm ankämpfen. Die zwei DDR-Spezialisten verstanden ihn trotzdem nicht, als er ihnen erklären wollte, wie die Biegevorrichtung, zwei zentnerschwere Teile, an Stempel und Tisch der Presse angebracht werden müsse. Denn er sagte nicht Stempel und Tisch, er sprach in Bildern – der Stempel ist der Mann, der Tisch die Frau.

Die Arbeiter der Werkstatt klopften Nägel gerade, andere drehten aus Eisenbolzen Schrauben oder schmiedeten Hacken. Wenn einer dabei ein paar Schritte laufen mußte, tat er es so langsam, daß man ihm dabei, wie Pato sagte, die Schuhe besohlen und die Hosen flicken könnte.

Neben der Presse stand ein großer runder, aus Schamottesteinen gemauerter Schmiedeherd. In der Mitte brannte ein winziges Flämmchen. Zwei Arbeiter hielten ihre Zangen hinein. Der jüngere von beiden wollte sich einen Angelhaken schmieden. Der ältere hatte freundliche, sehr helle Augen und ein gutmütiges Gesicht, zumindest solange er den Mund nicht aufmachte. Aber sobald er sprach, bleckte ein beängstigend langer, letzter Vorderzahn.

„Boa tarde – guten Tag, Einzahn“, sagte unsere Pudelmütze. Sie kannten sich. Doch der Einzahn schaute nicht auf, nahm die Zange mit dem rotglühenden Eisenteil aus dem Feuer, legte es auf den Amboß und begann zu hämmern. Mit kurzen rhythmischen Schlägen. Um zehntel Millimeter genau verformte sich das Eisen.

„Eine Hacke?“ fragte Pato.

„Was schaust du, ohne zu schauen?“ knurrte der Einzahn.

„Ihr solltet Loks reparieren, aber ihr schmiedet Nägel, Angelhaken und Hacken“, sagte Pato vorwurfsvoll.

„Der Wasserträger trinkt nun mal keinen Schlamm. Meine Frau braucht eine Hacke, um das Feld zu bestellen. Vor der Regenzeit muß ich das Haus reparieren, dafür werde ich mir Nägel machen ...“

Der Professor und der Anlernling hatten inzwischen die Vorrichtung an Tisch und Stempel der Presse angeschraubt. Der Kran hatte sie genau, aber nicht millimetergenau, an die richtige Stelle bugsiert, die zwei Teile paßten noch nicht zusammen. Der Professor nahm den Vorschlaghammer und arbeitete verbissen. Der untere Block der Vorrichtung ruckte. Und der Professor strahlte.

Um die Presse herum standen inzwischen ein Dutzend Reparaturwerker. Pato erklärte ihnen, daß sie zum ersten Male Drehgestelle selbst herstellen und dafür die Stahlbleche hier automatisch biegen würden.

Der Einzahn begann, die Hacke unten breit- und oben, wo sie in den Holzstiel gekeilt wird, spitzzuschlagen.

„Ich mache eine picareta, Pato, damit wird meine Frau das Feld hakken, wir werden im März Mais haben. Hacken zu schmieden, hat mich schon mein Vater auf dem Dorf gelehrt. Was die Väter einen gelehrt haben, sollte man tun und nicht neue von den Fremden ins Land gebrachte Dinge.“

„Wer zu lange unter demselben Baum sitzt, um auszuruhen, dem scheißen die Vögel auf den Kopf, Einzahn. Der Regen von gestern macht den Reis nicht mehr reif.“

Der Einzahn hörte auf zu schmieden, vielleicht hatte er Bange, in seiner Wut zu kräftig zuzuschlagen und die Hacke zu verderben. Er schaute böse und redete lauter. „Pato, denke immer daran, wenn eine Ente zu hoch fliegt, verliert sie leicht ihr Nest aus dem Auge. Du bist noch zu jung, um mit mir zu streiten, was ich im Sitzen erblicke, kannst du noch nicht einmal im Stehen sehen."

Pato drehte sich beleidigt um.

Die Reparaturwerker lachten. Der Einzahn hielt die Zange mit dem Hackenteil wieder in das Feuer.

Der Professor und Pato begannen, die Stahlbleche an zwei Stellen, wo sie gebogen werden sollten, mit Schweißbrennern zu erhitzen.

Rotglühend: die Hacke im kleinen Schmiedefeuer und die Stahlbleche für die ersten moçambiquanischen Radsätze im grellen Licht der Schweißbrenner.

Dann mußten die Stahlbleche sehr schnell unter die Presse. Doch als Mattes das Kommando für den Pressenfahrer geben wollte, sah er, daß eine Mutter des unteren Vorrichtungsteils nicht angezogen war. Der Professor meldete sich schuldbewußt. Während er schraubte, erkaltete die Platte. Noch einmal der Schweißbrenner.

Der Einzahn griente: „Das funktioniert nie!"

Pato schrie ihn an: „Nur weil du das Tanzen nicht verstehst, sagst du, die Trommel hat keinen guten Klang!"

Mattes verschwand. Lunchzeit. Er wollte sich Tee machen lassen. Mattes hatte noch keinen Hammer angefaßt, immer zwei Meter neben der Arbeit gestanden. Brauner Westover, darunter ein weißes Hemd und darunter ein schwarzer Rollkragenpulli. Eine fleckenlose neue Niethose. Nickelbrille. Lederschuhe. Er hatte in Portugal Kesselbauer gelernt. An seinem linken kleinen Finger trug er einen ordentlich gefeilten, fast zwei Zentimeter langen Nagel. Diese modische Zierde hatte ich vordem schon bei David, dem OJM-Funktionär, bestaunt.

„Nein, keine Modeerscheinung", sagte mir Pato. „Der lange Nagel am kleinen Finger bedeutet: Dieser Senhor muß nicht mehr körperlich arbeiten, nicht mehr wie ein gewöhnlicher adjudante mit Hammer und Schaufel und seinen Händen schuften, sondern ist ein Leiter, der mit dem Kopf arbeitet. Eines Tages werde auch ich in mein Dorf kommen, und alle werden an meinem langen Fingernagel sehen: Pato ist ein grande chefe geworden."

Die Flammen der Schneidbrenner zischten wieder. Das Schmiedefeuer verlosch. Einzahns Hacke war fertig. Eine sehr sorgfältig und sauber geschmiedete Hacke. Er hielt sie auffällig in der Hand, damit sie jeder von uns bestaunen konnte ... Dann schoben wir endlich das erste Stahlblech unter die Presse. Krachend stürzten 200 oder mehr Tonnen herab. Das Stahlblech hatte sich gebogen. Aber Pato und der Professor schüttelten den Kopf. Unbrauchbar. Der untere Teil der Vorrichtung war auf dem Tisch verrutscht, die Stahlplatte schief geknickt.

Einzahn und die Umstehenden lachten nicht.

Feierabend.

Pato wollte den Pressenfahrer überreden, es noch einmal zu versuchen. Doch der zeigte auf die große Schultafel „Stimme des Volkes", wo sonst wichtige politische Meldungen angeschrieben wurden. Heute stand mit Kreide dort. „Exmo Senhor Director – Seine Exellenz, der Herr Direktor vom Hafen der Betriebe der Eisenbahn von Maputo weist an, daß sich alle Kran- und Pressenfahrer zur Einweisung um 15 Uhr bei ihm melden ..."

Der Professor sagte, die Werkzeuge zusammenlesend: „Wir werden morgen an der Vorrichtung und an dem Tisch Halteflansche anschweißen. Morgen wird es klappen, amigos!"

Der Einzahn nahm seine Hacke, der junge Kollege die Angelhaken, die anderen ihre Nägel.

„Até amanhã – bis morgen Freunde, dann werden wir sehen, was aus euren neuen Drehgestellen wird. Man soll ein Essen nicht kritisieren, das noch nicht gekocht ist", sagte Einzahn.

Ich fuhr mit Pato zurück nach Cometal-Mometal, wollte mich noch mit ihm unterhalten. Doch er hatte Dynamisatorenberatung. Sie würden über die Forderung von Präsident Samora Machel sprechen, daß sich künftig jeder Industriebetrieb selbst mit landwirtschaftlichen Produkten versorgen soll. Sie würden überlegen, wo sie gemeinsam Felder anlegen, wie sie die rappeldürren Viecher ihrer Schweinezucht fetter kriegen und ob sie zusätzlich Enten und Hühner halten könnten.

„Davon verstehe ich etwas, zu Hause hatte meine Familie die meisten und die größten Hühner des Dorfes. Ich werde sagen, wie wir es hier machen müssen!" Und sich vor die Brust klopfend: „Nur einer, der es kann, tötet den Elefanten: Aber dann ißt ihn das ganze Volk!"

Pato, mit dir würde ich nie mehr über Ideologie streiten!

Schwarze Weisheiten (II)

Ein Stück Holz kann zehn Jahre im Wasser liegen
und wird doch kein Krokodil.

Es ist besser, man hat Staub an den Füßen
als Blasen am Hintern.

Wenn der Löwe tot ist, werden die Schwätzer laut.

Vom zu vielen Schlafen hat die Schlange ihre Füße verloren.

Ein bewohntes Haus fällt nicht zusammen.

Es ist ein Unterschied, ob man ein Dorf nur einmal besucht oder
ob man immer dort wohnt.

Bist du im Flusse dem Krokodil entronnen,
wartet auf dem Heimweg bestimmt der Leopard auf dich.

Auch schmutziges Wasser wäscht den Schmutz.

Ein weiser Häuptling hat es nicht nötig,
seinen Namen immer wieder ausrufen zu lassen.

Ein Frosch kann keinen Vogel gebären.

Nur wer den Weg verliert, lernt ihn kennen.

Wenn sich der Fluß in die See ergießt, verliert er seinen Namen.

Im Alter wärmt man sich mit dem Holz,
das man in der Jugend gesammelt hat.

Ob der Häuptling recht hat oder unrecht, er hat immer recht.

Gefragt, wohin es geht, sagt das Pferd: Frage den Zügel!

Es gibt Frauen, die sind wie Bienenkästen;
sie lassen sich mal an diesen, mal an jenen Baum hängen.

Aus dem Munde eines Alten kommt verwester Atem,
aber kein verwestes Wort.

Kein Elefant trägt schwer an seinem Rüssel.

Das beste Mittel gegen den Tod ist das Gebären.

Ein Freund ist Quellwasser, man darf es nicht beschmutzen.

Auch wenn du deinen Kot im Bauch behältst,
quält dich der Hunger.

Wenn die Fliege zu lange auf dem Leichnam sitzt,
wird sie mit ihm beerdigt.

Der Medizinmann erzählt von den Geheilten,
nicht von den Gestorbenen.

Wer dèn Fluß noch nicht überquert hat,
der lache nicht über die Ertrunkenen.

Gespuckten Speichel kann man nicht mehr schlucken.

FRONTBERICHTE (II)

Lüge und Wirklichkeit

Professor Dr. Adriano Moreira, ehemaliger portugiesischer Minister für Übersee, sagte in einem Vortrag am 28. August 1961: „. . . glauben wir in erster Linie klargestellt zu haben, wie richtig wir das Problem dieser Gebiete auffassen, die in allem von der Technik, der Unterweisung, den Geldmitteln sowie der Hilfe abhängen, die ihnen von außen her gebracht werden können. Aus diesem Grunde glauben wir, daß Afrika eine Bereicherung empfing, als wir ihm den Begriff von Staat und Vaterland einpflanzten, der den Völkern dort bisher fremd war und für sie eine unermeßliche Wohltat bedeutet durch den Umstand, daß einige ihrer Gebiete politisch geeint wurden, und zwar durch europäische Nationen, die das ihnen Mangelnde liefern konnten sowie das, was Afrika lange Zeit nicht von sich aus erlangen konnte."

Nach: Adriano Moreira „Politik der Integration", Lissabon 1962.

Die „Bereicherung" der Kolonie Moçambique sah nach einer UNO-Statistik von 1972 so aus:

Alphabetisierungsgrad (untersucht in 130 Ländern): Weltdurchschnitt 54 Prozent. Moçambique: 2 Prozent – unter 130 Ländern (130. Rang).

Kindersterblichkeit (untersucht in 102 Ländern – tote Kinder unter 1 Jahr auf 1 000 Lebendgeborene): Weltdurchschnitt 87 tote Kinder. Moçambique: 100 tote Kinder, also jedes zehnte Kind starb, bevor es ein Jahr alt war (74. Rang).

Ärzte auf 1 Million Menschen (untersucht in 135 Ländern): Weltdurchschnitt 515 Ärzte pro 1 Million Menschen. Moçambique: 56 Ärzte auf 1 Million Menschen (101. Rang).

Energieverbrauch in kg (= in kg umgerechnete Erdöleinheiten, L. S.) pro Kopf (untersucht in 123 Ländern): Weltdurchschnitt 1 241 kg. Moçambique 106 kg (95. Rang).

Beschäftigte in Industrie und Bergbau (untersucht in 92 Ländern). Weltdurchschnitt: 17,4 Prozent. Moçambique 6,2 Prozent (84. Rang).

Beschäftigte in der Landwirtschaft (untersucht in 106 Ländern). Weltdurchschnitt 47 Prozent. Moçambique: 73 Prozent (16. Rang).

Eine moderne Methode der Plünderung

Als Salazar 1928 zum ersten Male eine Machtposition erlangte, erzeugten die portugiesischen Kolonien in Afrika rund 800 Tonnen Baumwolle pro Jahr, während der Bedarf der portugiesischen Textilindustrie 17000 Tonnen Baumwolle betrug. Eine der ersten vom Salazar-Regime getroffenen Maßnahmen bestand darin, ein System des Zwangsanbaus von Baumwolle in den beiden wichtigsten afrikanischen Kolonien (Angola und Moçambique, L. S.) durchzusetzen ... Mitte der fünfziger Jahre arbeiteten bereits eine halbe Million Afrikaner auf den Baumwollfeldern, und allein in Moçambique war die Produktion auf 140 000 Tonnen gestiegen. Die portugiesische Textilindustrie, die ein Drittel der Industriearbeiter Portugals beschäftigt und auf die ein Fünftel des Wertes aller Exporte entfällt, bezog 82 Prozent ihrer Rohstoffe aus den Kolonien ... (Ohne die moçambiquanische und angolanische Billigbaumwolle, die pro Kilo rund 10 Escudos unter dem Weltmarktpreis aufgekauft wurde, ohne diese „Entwicklungshilfe" aus Afrika, durch deren Folgen Hunderttausende Afrikaner verhungerten, wäre das Produktionswachstum der mit englischem Kapital entwickelten und mit uralten Maschinen aus Manchester ausgerüsteten portugiesischen Textilindustrie nicht möglich gewesen. L. S.)

Schon 1930 hatte die Baumwollexport-Behörde „allgemeine Anweisungen" ausgearbeitet, die später vom Generalgouverneur bestätigt wurden und in denen das Verfahren für den Baumwollanbau durch Afrikaner erläutert wurde. Alle körperlich tauglichen männlichen Afrikaner zwischen dem 18. und 55. Lebensjahr sollten zu „Baumwollfarmern" bestimmt werden, und jeder einzelne sollte auf mindestens 2,5 Acres (cin Acre = 4047 m^2, L. S.) Baumwolle anbauen. Dazu kamen noch 1,5 Acre für jede weitere Frau außer der ersten und auf einem gleich großen Stück Land der Anbau von Feldfrüchten. Alleinstehende Frauen zwischen 18 und 45 und Männer zwischen 56 und 60 Jahren wurden als „Baumwollpflanzer" klassifiziert und waren jeweils für 1,5 Acre Baumwolle und ein gleich großes Stück Land mit Feldfrüchten verantwortlich.

Professor Marvin Harris hat in seiner Monographie „Portugal's African Wards" die weitere Organisation aufgezeichnet: „... den Eingeborenen innerhalb der Konzessionsgebiete jeder Gesellschaft wird von den Verwaltungsbehörden ein bestimmtes Anbaugebiet für Baumwolle zugewiesen. Sie haben keine andere Wahl und müssen Baumwolle anbauen, kultivieren und ernten, wo auch immer man ihnen das befiehlt. Dann müssen sie die Rohbaumwolle an die Konzessionsgesellschaft ihres Gebietes zu Preisen verkaufen, die von der Regierung weitaus niedriger festgesetzt sind als die auf dem Weltmarkt . . . 1956 nahmen 519 000 Afrikaner an dieser Baumwollkampagne teil . . . die tatsächliche Anzahl von Männern, Frauen und Kindern, die zum Anbau von Baumwolle (auf einem Gebiet, das der Nahrungsmittelproduktion verlorenging) gezwungen wurden, überschreitet wahrscheinlich eine Million. 1956 erhielten die 519 000 Verkäufer von Baumwolle durchschnittlich 11,17 Dollar je Person als Entgelt für die Arbeit ihrer ganzen Familie in einem ganzen Jahr." . . .

Während der Zeit des Pflanzens, Kultivierens und Erntens war der einfache Afrikaner ständigen Verfolgungen durch die Polizei ausgesetzt, die jedes Haus eifrig durchsuchte und jeden Mann, jede Frau und jedes Kind täglich auf die Baumwollfelder trieb, um dafür zu sorgen, daß sie außer der Arbeit auf den Baumwollfeldern nichts anderes täten. Darüber hinaus veranlaßte die Gier der Konzessionsgesellschaften nach noch größeren Profiten die Regierung, die Afrikaner zum Anbau von Baumwolle auf solchem Boden zu zwingen, der an der Grenze der Rentabilität liegt. Das führte zu unsäglichen wirtschaftlichen Härten für die Bauern, von denen die meisten weniger als 30 Mark je Jahr aus dem Verkauf von Baumwolle erzielten . . .

Gabriel Maurício Nantimbo (Distrikt Cabo Delgado): „Unsere ganze Familie baute Baumwolle für die Companhia Agrícola Algodoeira an . . . Die Zeit des Baumwollanbaus war eine Zeit großer Armut, da wir nur Baumwolle anbauen durften. Wir erhielten dafür nur sehr wenig Geld, und wir hatten keine Zeit, etwas anderes zu pflanzen. Wir waren gezwungen, Baumwolle zu erzeugen. Natürlich waren die Leute alle dagegen, denn sie wußten, daß die Baumwolle die Mutter der Armut ist. Doch die Gesellschaft wurde von der Regierung geschützt. Wir wußten, daß jeder, der sich weigerte, sie anzubauen, auf die Plantagen von São Tomé verschleppt wurde, wo er ohne Entlohnung arbeiten mußte. Um unsere Armut nicht noch größer zu machen und um nicht Familie und Kinder verlassen zu müssen und sie allein leiden zu lassen, mußten wir eben Baumwolle anbauen . . ."

Nach: Eduardo Mondlane „Kampf um Moçambique", Berlin 1973.

Ein Postskriptum: Noch 1966 bestanden 18 Prozent des moçambiquanischen Exports aus Baumwolle für Portugal, und gleichzeitig waren 14,4 Prozent aller Importe Hemden aus Portugal. Und diese Hemden aus moçambiquanischer Billigbaumwolle verkaufte Portugal in seiner Kolonie noch teuerer als andere ausländische Firmen, denen man bereits 25 Prozent Importsteuer auferlegt hatte . . .

Der katholische Bischof der moçambiquanischen Provinz Sofala: „Für ihre Baumwolle bekamen die Schwarzen im Jahr pro Familie rund 50 bis 100 Escudos. Hätte man ihnen erlaubt, statt dessen Mais und andere Nahrungsmittel anzubauen, hätten sie dafür rund 2000 Escudos erhalten. Der Hunger hängt als Schatten des Todes über der Diözese . . ."

Nach: Peter Meyns „Moçambique im Jahr 2 der Unabhängigkeit", Berlin 1977.

Die Krone eines Mannes liegt in seinen Händen

„Moçambique ist nach Jahrhunderten endlich wieder aufgewacht", sagte Acácio.

Aber sonntags schläft man auch in Maputo länger. Frühmorgens um sechs atmet die Stadt noch gleichmäßig und ruhig. Nur die Hähne und Hunde halten sich nicht an die Sonntagsruhe. Ihr Schreien und Kläffen kann man oft nicht unterscheiden, denn die Hähne krächzen hier wie Hähne, denen man das Bellen beibringen will, und die Hunde husten wie Hunde, die das Krähen lernen müssen.

Ungezählte herrenlose, klapperdürre, aussätzige Hunde streunen durch Maputo, und täglich fahren die Hundefänger mit ihrem „Gefängnisauto" durch die Stadt, fangen die Viecher mit Netzen und töten sie mit Gas. Nur sonntags haben die Hunde Schonzeit.

Jaulten sie deshalb schon früh um sechs so laut und aufdringlich, so daß ich nicht mehr schlafen konnte? Ich war müde, denn ich war gestern spätabends aus dem 200 Kilometer entfernten Chókwé zurückgekommen, und Acácio hatte mir anschließend noch Geschichten aus seiner Kindheit erzählt.

Er saß bei meiner Ankunft noch unter der Laterne. Ich hatte ihm einen halben Zentner Reis mitgebracht. Acácio legte das Alphabetisierungsbuch zur Seite, griff in den Sack, wog die Körner in einer Hand und schüttete sie ehrfürchtig und zeremoniell, wie das die Bauern in allen Ländern tun, in die andere Hand.

„Wegen des Reises und der Hirse bin ich 1975 mit Agosto, dem FRELIMO-Chef, aus unserem Dorf nach Maputo gegangen", sagte Acácio. „Nein, nicht um Reis essen zu können, sondern, weil meine

Mutter keine Baumwolle für die portugiesische Konzessionsgesellschaft, wie es das Gesetz verlangte, sondern Reis und Hirse für die Kinder angebaut hatte und sie deshalb in Ketten zur Zwangsarbeit auf die Insel São Tomé verschleppt wurde . . ."

Die Hunde bellten um die Wette, die Sonnenhitze des Tages begann sich zum Fenster hereinzudrängen. Ich schloß es, doch immer noch hörte ich das Jaulen.

Die meisten Hunde in Moçambique hatten den Portugiesen gehört. Schoßhunde und Bluthunde. Als die Portugiesen das Land verließen, nahmen sie fast alles mit, was nicht niet- und nagelfest war. Aber die Hunde ließen sie hier. Sie verwahrlosten, verwilderten und begannen, sich wie Kaninchen zu vermehren.

Was für eine Sorte entsteht aus der Mischung von herrenlosen Blut- und Schoßhunden?

Die von den Portugiesen auch zurückgelassenen schwarzen PIDE-Geheimdienst-Folterknechte, Zuhälter und Spekulanten konnte man nach der Befreiung einsperren und umerziehen.

Aber die Hunde?

Auch Senhor Martinez, der portugiesische Farmer, bei dem Acácios Vater gearbeitet hatte, hielt sich drei Hunde, drei Doggen. Einmal im Jahr flog er von Beira nach Lourenço Marques, um sie gegen Seuchen impfen zu lassen.

Acácio, mit vollständigem Namen Acácio Cavalho, wurde 1961 in einer kleinen Siedlung südlich der Stadt Beira nahe dem Fluß Save als achtes und vorletztes Kind der zweiten Frau seines Vaters geboren. Die erste Frau hatte fünf Kinder zur Welt gebracht. Von den insgesamt dreizehn blieben sechs am Leben. Zwei starben an Eiweißmangel, zwei an Malaria und drei an Masern.

Vor meiner zweiten Fahrt nach Chókwé hatte mir Acácio den Friedhof neben dem Zoologischen Garten von Maputo gezeigt. Ich hatte ungläubig und wie betäubt vor den Grabsteinen und Marmorplatten gestanden. Ich las: „NINOCHA KATUCHO. Ninochina mache schön heia! Schlafe in Frieden! Wir sind wie immer mit Dir, mit ganzem Herzen und mit unserer ganzen Liebe. Niemals werden wir Dich vergessen, Katuchinho."

Acácios Geschwistern, die an Masern gestorben waren, hätte eine Impfung, wie sie nach der Befreiung in allen Gegenden des Landes von Gesundheitshelfern vorgenommen wurde, das Leben gerettet. Aber zur Kolonialzeit mußte sogar Senhor Martinez mit seinen Hunden bis nach Lourenço Marques fliegen.

„... Wir bauten für Senhor Martinez auf seiner Plantage Tabak, Reis, Sisal und Bananen an. Er besaß zwei Traktoren, fünfzig Schweine und hatte den Bau der Kirche in unserer Siedlung finanziert. Mein Vater lebte besser als die Landarbeiter auf der Plantage, sein Körper wurde nicht von der Sonne ausgetrocknet, und der Herr schenkte ihm manchmal eine alte Hose oder ein abgetragenes Kleid. Denn mein Vater war Hausdiener bei ihm. Am Sonntag in der Kirche erwiderte Senhor Martinez den Gruß unserer Familie.

Wir bestellten, wie alle Dorfbewohner, ein kleines Feld, eine machamba. Jedes Jahr verteilte der humzane, der Häuptling, unbestellten Boden, und wir begannen, ihn zu roden. Der Vater hackte die Dornenbüsche ab und kerbte die Akazienbäume mit dem Beil, bis die Stämme zwei mit den Spitzen aufeinanderstehenden Bleistiften glichen. In der regenlosen Hitze des Septembers trockneten sie sehr schnell, und man konnte sie zusammen mit den Sträuchern und Gräsern verbrennen. Die Asche war der Dünger für den Boden. Nach dem Abbrennen hackten die Frauen die steinhart gebrannte Erde. Die kleinsten Kinder trugen sie wegen der Schlangen und der Dornen bei der Arbeit auf dem Rücken. Der Rücken der Mutter war der sicherste Spielplatz für die Kleinen.

Wir größeren Kinder steckten zusammen mit den Frauen Maiskörner in die Erde, säten Hirse und am Fluß den Reis. Und alle baten den Regengott und den Mondgott um eine gute Ernte. Vor der Ernte mußten wir Kinder wochenlang neben dem Feld schlafen und mit Rasseln, Schneckenhäusern, die mit Steinen gefüllt waren und an einer Schnur über der machamba hingen, die Vögel vertreiben. Doch ich rasselte nicht gern, ich spielte lieber auf der Nanga, der Flöte, die mir der Vater aus dem Bein einer Ziege geschnitzt hatte. Dann schimpfte meine Mutter, denn mit dem Spiel auf dem Feld würde ich die Geister der Ahnen herbeilocken und die Ernte verderben.

Damals war ich noch ein Kind, es war noch nicht entschieden, ob ich einmal Frau oder Mann werden würde. Nur die Seele, nicht das Geschlecht, war in meinen Körper geschlüpft, als mich die Mutter nach der Geburt auf den Kreuzweg vor dem Dorf setzte. Ich war zwar gegen Krankheiten und wilde Tiere gefeit, denn der Medizinmann hatte in seinem Zaubertopf Tierzähne, Fellreste und Kräuter verbrannt und mich den Rauch einatmen lassen, aber ein Mann war ich, als das Unglück in unser Dorf kam, noch nicht. Damals, im Jahre 1971, trugen vier Moçambiquaner einen Vertreter der portugiesischen Baumwollgesellschaft auf der mantila, einer Sänfte, in unser Dorf. Mit ihm kamen fünf Polizisten. Der Baumwolleinkäufer, ein dünner, sehr langer Portugiese mit großen Froschaugen, ließ uns fragen, weshalb nicht, wie es das Gesetz befahl, jede erwachsene Person 2,5 Acres Baumwolle anbaute. Die Ältesten des Dorfes antworteten ihm, daß alle Frauen täglich 10 Stunden arbeiteten, um auf ihren kleinen unfruchtbaren Feldern ein wenig Mais und Hirse zu ernten. Würden sie statt dessen Baumwolle säen, müßten die Kinder verhungern.

Da legten die Polizisten eine Kette um den dicken Affenbrotbaum, der in der Mitte unseres Dorfes stand, und banden zehn Frauen und zehn Männer, auch meine erste Mutter, an den Baum. Der Portugiese stieg nicht von der mantila, sondern ließ sich um den Stamm herumtragen und schlug die Angebundenen mit der Lederpeitsche. An der langen Kette zogen die Polizisten die Schreienden aus dem Dorf. Ich habe meine Mutter nie wiedergesehen.

Damals war ich noch kein Mann, aber am Abend holte man mich in die Versammlungshütte, wo fast alle Männer des Dorfes saßen. Unser Häuptling erzählte an diesem Tag, wie die Sterblichkeit über die Menschen gekommen war. Der große humzane des Lebenssumpfes – dort waren aus Bambus die ersten Menschen entstanden – schickte eines Tages das Chamäleon mit der Botschaft ‚Ihr werdet sterben, aber danach wieder auferstehen‘ zu den Menschen. Doch das Chamäleon kam mit der wichtigen Nachricht nur sehr langsam voran. Da sagte der große humzane zu gala-gala, der Eidechse mit dem blauen Kopf: Geh zu den Menschen und sage ihnen, ‚Ihr werdet sterben und verwesen!‘ Die Eidechse überholte das Chamäleon, und als es endlich auch ankam, riefen die Menschen: Du kommst zu spät, wir haben schon eine andere Nachricht! Unser Häuptling sprach: Die Trommeln werden schneller sein, als der weiße Baumwollhändler durch den Busch getragen wird. Wir können die Dörfer ringsum warnen. Aber einer von uns muß noch einen Brief an die Freunde in der Baumwollsammelstelle bringen. Wir werden genau aufschreiben, was hier geschehen ist, nur so können die Menschen unsere Wahrheit schneller erfahren, als die Lüge des weißen Mannes bei ihnen ist. Acácio hat die flinkesten Füße.

Damals war ich noch kein Mann. Erst drei Jahre später beschnitt mir der curandeiro die Vorhaut und sagte danach: Mann, schau nach unten! Zuvor hatte ich ein Jahr in der Jünglingsschule gelernt, wie man Töpfe formt, wie Antilopenfallen gebaut werden, wie die Tänze der Ernte und des Krieges getanzt werden, wie Recht gesprochen wird, wie man einem Löwen fest in die Augen schaut, damit er, ohne anzugreifen, weitergeht, wie man den Schmerz besiegt, indem man sich selber Narben in die Brust brennt. Mein Vater hatte mich damals gelehrt: Achte Senhor Martinez, als wäre nicht ich, sondern er dein Vater. Denn er hat unserer Familie das Leben gerettet, er hat mich nicht aus seinem Haus gejagt, als deine Mutter gegen das Gesetz handelte.

Es war die einzige Lehre meines Vaters, die ich nicht beherzigte. Und als Agosto, der seit 1972 mit der FRELIMO gekämpft hatte, in unser Dorf zurückkam, ging ich mit ihm 1975 nach Maputo. Mein Vater verließ 1976, als Senhor Martinez nach Portugal ging, unser Dorf. Er ist vor drei Jahren in Simbabwe gestorben."

Wie wird man Acácios Vater begraben haben? Ein Loch geschaufelt, ein Holzkreuz darauf oder einen Stein, damit die Hyänen den Kadaver nicht herausscharren?

Die Grabsteine auf dem Friedhof am Zoologischen Garten von Maputo sind aus Marmor, und die meisten davon mit dem Schiff aus Portugal hierhergebracht worden. Es war nichts zu teuer für die teuren Toten. Ihre Namen sind in Goldschrift für die Ewigkeit geschrieben. Flobert. Prince. Bonny. Dragão (Drachen). Mascote. Marota. Und: „Tico – Tico. Schlafe in Frieden, mein schöner Junge. Deine Lieben weinen für immer."

So ausführlich mir Acácio von seiner Kindheit und seinem Aufbruch erzählt hatte, so wortkarg wurde er, als ich ihn fragte, was er seit acht

Jahren hier in Maputo macht. „Das siehst du doch, ich sitze unter der Laterne und lerne lesen und schreiben!“

Wie um sich zu entschuldigen, hatte er gesagt: „Wenn du willst, können wir in der nächsten Woche zusammen in die Schilfstadt gehen.“

Ob das Hundefängerauto auch durch die Schilfstadt fuhr? Oder leben die verwilderten Hunde dort noch wie in einem Reservat?

Diese hungerdürren Viecher! Ich versuchte, mich zu erinnern, wie der Hund aussah, der Rolf und mich auf der Fahrt nach Chókwé fast ins Jenseits befördert hatte. Gelbbraunes Fell hatte er, extrem dünne und lange Beine, aber er war nicht einmal so groß wie ein Schäferhund gewesen. Wir waren nach Chókwé gefahren, um dort die FDJ-Erntebrigade zu besuchen. Wir fuhren über eine halbe Stunde durch die Außenbezirke von Maputo, ohne daß schon ein Ende der Schilf- und Blechhütten abzusehen war. Unentwegt liefen Frauen mit Holzstapeln oder Wassertonnen auf dem Kopf die Ausfallstraße entlang. Manchmal hielt ein Lkw und nahm einige von ihnen mit. Wenn er nicht schnell genug wieder anfuhr, war er hoffnungslos verloren wie der Besitzer eines kleinen Ruderbootes, in das sich hundert Schiffbrüchige gleichzeitig retten wollen.

„Im caniço fährt kaum ein Bus“, sagte Rolf.

Dann fast übergangslos die ersten Dörfer. Ordentlich gebaute Rundhütten. Auf Pfählen stehende Hühnerhäuser. Vorratshütten. Am Straßenrand verkauften Händler Orangen und Bananen.

Das Limpopotal, das Gebiet zwischen Maputo und Chókwé, ist fruchtbar. Hier wurden die Felder schon zur Kolonialzeit bewässert, vorwiegend von portugiesischen Siedlern, meist ausgedienten Soldaten. Als die Afrikaner sich nach der Befreiung ihr Land wieder nahmen, gründeten sie hier den Agro-industriellen Komplex Limpopo, das CAIL. Sie bauten auf 20000 Hektar Reis an, ernteten 50000 Tonnen, das sind rund 70 Prozent des moçambiquanischen Reises, und wollen insgesamt 250000 Hektar Land bewässern.

Aber noch ist das Limpopotal für Moçambique die Ausnahme, nicht die Regel. Denn nur ungefähr 15 Prozent der landwirtschaftlich nutzbaren Fläche des Landes werden bestellt. Und davon der größte Teil, etwa 90 Prozent, lediglich zur Selbstversorgung der Familien.

Nach einer Stunde Fahrzeit blinkte ein entgegenkommender „Peugeot“ mit den Scheinwerfern. Hielt an.

„Unser Botschafter“, sagte Rolf.

Ein kleiner, stämmiger, lustig aussehender Mann. Er kam aus Chókwé von den FDJ-Brigadisten.

„Großartige Jungs. Haben den Reis fast unter Dach und Fach.“

Ob wir auch genügend Bier und Schnaps mit hätten?

Rolf nickte. Und stellte mich vor.

„Der Schriftsteller?“ fragte der Botschafter und hatte es plötzlich sehr eilig. (Ich hatte schon einige Male vergebens um einen Interviewtermin bei ihm bitten lassen.)

Er wünschte uns noch eine gute Fahrt.

Eukalyptushaine. An den Straßenrändern Hecken aus mannshohen Kakteen. Sie blühten gelb. Rauch von Holzfeuern. Winkende Kinder. Orangenplantagen. Ihr Duft strömte durch die offenen Fenster in das Auto . . . Und dann der Hund. Den Schwanz einziehend, rannte er plötzlich vor uns über die Straße. Rolf könnte nie als Maputoer Hundefänger arbeiten, denn er versuchte auszuweichen! Dazu Vollbremsung. Wir rasten in den kniehohen Sand neben der Fahrbahn. Dann die Böschung. Zweifacher Salto mortale. Ich dachte: So ist das Sterben.

Und im selben Moment hörte ich einen vielstimmigen Frauenchorus. Heulen. Gekreisch. Singen. Klagen. Zuerst kletterte Rolf aus den Trümmern. Dann zog er mich heraus. Ich war blutüberströmt. Loch im Kopf. Arme zerschnitten.

Der Hund war nirgends mehr zu sehen.

Neben der Straße ein Dorf. Als es krachte, hatten die Frauen wahrscheinlich ihre Mörserstößel fallenlassen und mit ihren Todesklagen begonnen. Der markerschütternde Sing-Sang sollte unsere Seelen besänftigen, denn die Seelen von fremden Toten können Unglück über das Dorf bringen. Weil wir aber noch lebten, hörten die Frauen auf zu wehklagen und begannen, wieder Mais zu stampfen. Ein Lieferwagen, beladen mit Tomaten, hielt an. Der Fahrer legte mich auf den Tomatenhaufen.

Rolf blieb beim Unfallauto, um die Reste des inventarisierten DDR-Eigentums vor der Plünderung zu bewahren.

Während ich, gut getarnt, auf den Tomaten lag und mir den blutenden Kopf hielt, überlegte ich, wie weit es bis zum nächsten Arzt sein konnte oder ob mich der Tomatenhändler vielleicht sogar zu einem curandeiro bringen müßte. Ich kannte die Zahlen der Vergangenheit. Zur Kolonialzeit gab es keinen einzigen moçambiquanischen Arzt in Moçambique. Im Umkreis von 200 Kilometern manchmal keinen Medizinposten. Wo in der DDR einhundert Ärzte arbeiteten, hatte man hier gerade einen. Aber ich wußte auch, daß die FRELIMO gleichzeitig mit dem Trainingscamp für die bewaffneten Kämpfer eine Schule zur Ausbildung von Lehrern und eine Schule für künftige Mediziner gegründet hatte, um zum Beispiel die Kindersterblichkeit zu senken. Zuvor waren jährlich rund 30000 Kinder an Masern gestorben, jetzt starben knapp einhundert.

Aber wieviel Kilometer würde ich, auf den Tomaten liegend, durch die Gegend kutschiert werden?

Nach einer Viertelstunde erreichten wir Manhica.

Am Ortsausgang stand ein kleines Hospital in einem schattigen Park. Lange Wartebank vor dem Behandlungsraum. Vielleicht 20 saßen, 40 standen noch.

Ein Alter mit Furunkeln im Gesicht erhob sich schwerfällig, machte mir Platz. Neben ihm saß eine Mutter, deren Baby von Eiter verklebte Augen hatte. Ein Mann mit bis zu den Schultern verbrannten Armen. Eine alte Frau, die Blut spuckte.

Die Tür zum Behandlungszimmer stand offen, eine schwache Glühbirne flimmerte drinnen. Zwei afrikanische Pflegerinnen in blauen Kitteln (die niedrigste Ausbildungsstufe), dazu ein junger afrikanischer Gesundheitshelfer.

War ich in ihrem Behandlungszimmer der erste Weiße?

Noch während des Befreiungskrieges predigten moçambiquanische Reaktionäre, geführt von dem Lehrer Pater Mateus Gwengere, den Medizinstudenten am Moçambique-Institut die Lehre von ihrer Auserwähltheit und von den weißen Feinden: Alle Schwarzen (also auch die eigenen Ausbeuter) sind Freunde, und alle Weißen (also auch die Arbeiter, die Genossen, die Ärzte und ihre Medizin) sind Todfeinde!

Der afrikanische Gesundheitshelfer im weißen Kittel fragte, woher ich komme.

Ich sagte, wohin ich wollte. Zu der FDJ-Erntebrigade nach Chókwé.

„Brigada de amizade?"

„Ja, Brigade der Freundschaft."

Da sagte er zu den Wartenden: „Zuerst dieser weiße camarada – dieser Genosse!"

Der Alte mit den Furunkeln im Gesicht stützte mich beim Aufstehen.

„Wie lange wartet ihr schon?"

„Manche fast sechs Stunden. Die Geduld ist wie ein Mangobaum, die Wurzeln sind bitter, aber die Früchte sind süß."

Keiner der Sitzenden und Stehenden hatte ein böses Wort.

Gedankenschnell auftauchendes und verschwindendes Bild: Der überfüllte Wartesaal in der Unfallstation einer Poliklinik zu Hause. Ein Afrikaner kommt mit einfachen Schnittwunden am Arm. Der Arzt sagt zu den Wartenden: „Zuerst dieser schwarze Genosse!"

Ich setzte mich auf die zerschlissene Lederpritsche. Ein Glasschrank fast ohne Instrumente. Ein Arzneischränkchen fast ohne Medizin. Über einem gußeisernen Küchenabflußbecken wuschen mir die zwei Frauen das Blut von Kopf und Arm. Dann versuchten alle drei, mit einer handbetriebenen Friseurmaschine meinen Kopf zu scheren. Ich müßte entschuldigen, sagte der Gesundheitshelfer, solche dünnen weichen Haare hätten sie noch nie geschnitten. Ihre afrikanischen seien härter. Die Glassplitter zog er mit einer großen Zahnarztzange heraus, eine der Schwestern hielt meinen Kopf, aber so leicht, daß es nur psychologische Bedeutung hatte. Desinfektionsmittel hatten sie genug. Der Gesundheitshelfer kippte die brennende Brühe reichlich über die Wunden, aber Binden fehlten. Also Verband aus viel Watte, mit Pflaster befestigt.

„Wieviel Tetanusampullen haben wir noch?" fragte er die Frauen.

„Vierzehn."

Er wollte eine aufziehen.

„Nein", sagte ich, „ich habe die Tetanusimpfung schon zu Hause bekommen."

„Jeder bei dir zu Hause?" fragte er.

„Jeder", sagte ich.

Er müsse mir noch eine Bescheinigung über die Behandlung schreiben, sagte er. Doch der einzige Bleistift im Zimmer war nicht zu finden.

Ich schenkte ihm meinen Kuli.

Er bedankte sich, als hätte nicht er mich, sondern ich ihn verarztet.

Auf der Wartebank draußen wurde es kühl. Meine Jacke lag noch im Unfallauto. Die Mutter des Kindes mit den vereiterten Augen gab mir ihr baumwollenes Tragetuch. Ich wickelte mich ein.

Eine Stunde später kam Alf, der Leiter der FDJ-Brigade, mit einem Landrover. Er hatte sich, nachdem wir nicht pünktlich in Chókwé eingetroffen waren, auf die Suche gemacht.

Zu schneller Abschied von den zwei Pflegerinnen und dem Gesundheitshelfer. Wer hätte mich behandelt, wenn im revolutionären Moçambique nicht zuerst afrikanische Lehrer und Gesundheitshelfer ausgebildet worden wären?

Wir meldeten den Unfall in der kleinen Polizeistation von Manhica. Zwei junge Polizisten in Uniform. Dazu ein schon sehr alter Mann in einem Lodenmantel. An der Wand eine rote Fahne, ein Bild von Samora Machel, auf dem er Martin Luther King ähnelte, und daneben polizeiliche Lehrfotos: Wie ein ordentlicher Polizist der Volksrepublik Moçambique zu grüßen, wie er Ausweise zu kontrollieren und wie er Protokolle aufzunehmen hat. Protokolle beispielsweise muß er, auf einem Drehstuhl sitzend – links daneben der zu Befragende auf einem Hocker – mit der Schreibmaschine schreiben. Und die Schreibmaschine hat auf einem Schreibtisch zu stehen, in dessen Fächern dicke Ordner liegen. Die zwei jungen Polizisten bauten Holzstiegen übereinander, dann holte der Alte aus einer Gerümpelkammer eine vorsintflutliche Mercedes-Schreibmaschine. Er stellte sie auf die Holzstiegen. Streit zwischen den zwei jungen Polizisten, wer sich an die Maschine setzen muß. Sie einigten sich: Einer würde die Angaben von Rolf und einer die Angaben zu meiner Person aufschreiben.

Sie fingen an.

„Name?“

„Name der Mutter?“

„Name des Vaters?“

Als sie das zu Papier gebracht hatten, war eine halbe Stunde vergangen.

Den Namen des Dorfes, in dem der Unfall passiert war, konnten die zwei zwar aussprechen, aber nicht aufschreiben. Da nahm der Alte einen Stift und malte den Namen sorgfältig mit großen Buchstaben.

Die zwei jungen Polizisten lachten verlegen.

Abwechselnd kurbelten sie anschließend am Telefon, um eine Verbindung mit der DDR-Botschaft in Maputo herzustellen. Es sah aus, als würden sie einen Generator mit der Hand antreiben, trotzdem kamen sie bei jedem Versuch nur bis zur Vermittlung, und dort war man nicht bereit, nach Maputo weiterzuschalten. Die zwei jungen Polizisten erzählten uns, daß sie im nächsten Jahr die Polizeischule besuchen werden, um alles zu lernen.

Nach einer Viertelstunde vergeblicher Telefonversuche nahm der Alte den Apparat, er drehte nur langsam dreimal, dann schrie er mit Donnerstimme: „Genosse, hier ist die Miliz. Wenn wir nicht sofort Maputo bekommen, werde ich dich als Saboteur verhaften lassen."

Der Telefonist verband sofort.

Der Alte knöpfte seinen Lodenmantel zu, wollte gehen.

Ich fragte nach seinem Beruf.

Landarbeiter. Er habe bei der FRELIMO gekämpft und dort auch das Schreiben und das Lesen gelernt.

Ob er Polizist sei?

Nein, er sei Volksmilizionär und auch nicht hier, um Unfallberichte zu schreiben. Er schütze die Schule, das Krankenhaus und die Hütten der Leute vor den Überfällen der konterrevolutionären Banditen.

„Vor drei Tagen haben sie 50 Kilometer von hier einen Medizinposten im Busch überfallen, alle Medikamente verbrannt und dem Krankenpfleger die zehn Finger einzeln gebrochen."

Nach der Unfallaufnahme fuhr uns Alf nach Maputo.

Chókwé und die Reisfelder hatte ich wegen des Hundes nicht gesehen.

Bettruhe für mich.

Rolf schrieb den dringend geforderten Bericht über das „besondere Vorkommnis" an Botschaft und FDJ-Zentralrat.

Am zweiten Tag kam der erste Krankenbesuch.

Nein, niemand von der DDR-Botschaft, sondern eine Delegation des moçambiquanischen Jugendverbandes mit einem mir noch unbekannten, schlaksigen, langaufgeschossenen, lachenden großen Jungen.

„Kupela“, flüsterte Rolf, „der erste OJM-Sekretär, der Krenz von Moçambique.“

Er erkundigte sich, ob wir Penicillin hätten, ob mein Kopf geröntgt worden wäre.

Nein? Nun, er würde mich für morgen im Krankenhaus anmelden.

Rolf entschuldigte sich verlegen, daß er keinen Durchschlag vom Unfallbericht für die OJM gemacht habe.

Kupela winkte ab: „Zuerst Besuch, dann Bericht!“

Am nächsten Tag im Krankenhaus von Maputo. – Hier hatte Samora Machel in der Kolonialzeit als Krankenpfleger gearbeitet. – Ich bezahlte 7,50 Meticais, den symbolischen, für alle Moçambiquaner gleichen Behandlungsobulus (50 Pfennige). Bekam eine Penicillinspritze und einen neuen Verband. Röntgenaufnahme. Gehirnerschütterung, weiter nichts – diagnostizierte der junge moçambiquanische Arzt. Damit würde ich achtzig Jahre alt (das ist für Afrikaner ein Methusalem-Alter). Ich brauchte also noch nicht für das Begräbnis zu sparen, sagte er lachend.

Einige der beschrifteten Grabplatten, die mir Acácio gezeigt hatte, waren von kleinen, nur zwanzig Zentimeter hohen Zäunen umgeben. Auf diesem Friedhof waren nicht nur die Zäune und die Namen der Toten verkleinert oder verniedlicht (Nina – Ninocha – Ninochinha), sondern auch die Lebenszeit der meisten hier so prunkvoll Begrabenen war nur sehr kurz gewesen.

„PIPOQUINHAS (1963–1974). Unzertrennliche Gefährtin, Deine Lieben werden Dich niemals vergessen.“

„BANZE (gest. 18. 10. 1974). Während der fünf Jährchen Deiner Existenz warst Du mir der liebste Freund.“

Kindergräber?

Einen Tag nach dem Friedhofsbesuch unternahm ich – diesmal mit Alf – den zweiten Versuch, nach Chókwé zu kommen.

Es war sehr heiß in seinem Landrover. An der Unglücksstelle fuhren wir langsamer. Einige Autoteile lagen noch herum. Die Frauen des

Dorfes hackten in der gnadenlosen Sonne die trockene, harte Erde ihrer kleinen machambas. Trugen die Kinder auf dem Rücken. Sangen bei der Arbeit. Mir lief der Schweiß trotz des Fahrtwindes den Rücken hinunter. Die Hacken der Frauen bewegten sich im Takt des Liedes.

Wenn der Regen nicht ausbleibt, werden sie auf einem Hektar drei bis vier Sack Mais ernten. Wie schon vor 200 Jahren.

Und wenn der Regen ausbleibt?

50 Kilometer weiter überzog sich das heiße Rotbraun der Erde mit zuerst spärlichem, später üppigem Grün. Gras wuchs. Rinder mit großen, gebogenen, sehr spitzen, respekteinflößenden Hörnern wurden von Kindern über die Wiesen getrieben. Wildenten flogen auf. Rosarote Flamingos standen wie exotische Gewächse in von Bambus überwucherten Kanälen. Das bewässerte, fruchtbare Land des Limpopo.

Hier erntet man auf einem Hektar 30 Sack Mais.

Weiße Kolonialisten hatten sich im Limpopotal angesiedelt und die Afrikaner vertrieben. Ein afrikanisches Sprichwort vermerkt dazu: „Als die Weißen in unser Land kamen, hatten wir den fruchtbaren Boden und sie die Bibel. Jetzt haben wir die Bibel und sie den fruchtbaren Boden."

Heute haben die Moçambiquaner ihr Land wieder in Besitz genommen.

Aber *gehört* es ihnen schon?

Können sie es bewässern und pflügen, können sie mit Maschinen säen und ernten?

Alf fuhr zum ersten Stützpunkt des CAIL – des „Agroindustriellen Komplexes Limpopo".

30 Mähkombines E 512 standen nebeneinander wie zur Parade. Die DDR-Kombines waren für die Reisernte mit Raupen und einem speziellen Mähwerk ausgerüstet worden. Über 200 Kombines hat das CAIL erhalten. Die Körnerverluste sind minimal, die Mähleistungen gut.

Im CAIL wachsen 70 Prozent der Reisernte von Moçambique. Aber noch hungert man im Land.

Alf schritt mit mir die Front der E 512 ab.

Zuerst übersah ich es, dann fiel es mir auf: Nahezu bei jeder Kombine fehlte etwas – die Ketten, das Schneidwerk, die Stoßdämpfer . . .

„Zur Ersatzteilgewinnung, damit wenigstens die anderen laufen", sagte Alf.

Der Weg der Ersatzteile von Neustadt nach Chókwé ist langwierig und teuer. Ein Teil, das zehn Dollar kosten würde, wird zuerst mit dem Schiff von Rostock nach Maputo gebracht. Dort kauft es das moçambiquanische staatliche Außenhandelsunternehmen Intermecano. Mit Zuschlag. Intermecano verkauft es an Mecanagro, den staatlichen Betrieb für Lieferung und Ausleihe landwirtschaftlicher Maschinen. Mit Zuschlag. Und Mecanagro verkauft das 10-Dollar-Teil für 40 Dollar an das CAIL. Aber das CAIL hat Schulden, also schlachtet es erst einmal die stehenden Kombines aus.

Technik ist auch für Moçambique ein ökonomisches Problem.

Um die aufgestellten Kombines ratterten zwei Traktoren. Runde um Runde. Vollgas. Kurve schneiden. Wettfahrt junger Moçambiquaner.

„Technik ist für viele hier auch noch Sport und Sensation", sagte Alf.

Ich wollte endlich die Reisfelder sehen, doch Alf fuhr mit mir erst zum Limpopo. Nur noch ein dünnes Rinnsal im breiten, sandigen Bett. Ausgezehrte afrikanische Mutter. Aber der Reis stand gut. 50 Sack pro Hektar. Das Jahr zuvor waren es 20 Sack weniger. „Das schwierigste am Bewässerungssystem, dessen Plan die Portugiesen mitgenommen haben", sagte Alf, „ist nicht, das Wasser zu stauen und auf die Felder fluten zu lassen, sondern das Wasser vor der Ernte wieder herunterzubekommen."

Vom Limpopo fuhren wir in das FDJ-Camp nach Nwachicolnane. Am Dorfausgang von Okwe hielten wir vor einem weiß getünchten, hinter Bäumen versteckten Bauernhof. Ein Posten mit MPi stand vor der Tür. Alf fragte, ob wir Tomaten kaufen könnten. Der Posten verschwand und kam mit einer Holzkiste Tomaten wieder.

Sie waren noch ziemlich grün.

„Sag dem Chef, wir hatten schon bessere", meckerte Alf und zahlte.

Im Auto fragte er mich: „Weißt du, von wem wir jetzt Tomaten gekauft haben?" Er machte eine Theaterpause. „Von Samora Machels Vater! Ab und an nehmen wir den alten Herrn, wenn er per Anhalter fahren will, nach Chókwé mit. Deshalb kriegen wir sonst auch bessere Tomaten."

Wenn Samora Machel für einige Tage sein Vaterhaus besuche, ständen Flakgeschütze im Dorf.

Rechts und links von der Straße sah ich abgeerntete, große Tomatenfelder. Aber überall hingen noch genug Früchte daran, so daß man einige Stiegen voll davon hätte einsammeln können.

„Weshalb kauft ihr die Tomaten, wenn ihr sie hier pflücken könntet?“ fragte ich Alf.

Er zeigte mir ein auf vier Pfählen stehendes Schilfdach neben einer der Brücken, die über die Kanäle führten. Unter dem Dach saß auf einem Hocker ein junger Afrikaner in zerrissenen Hosen und kariertem Sakko mit roter Armbinde. Auf seinen Knien lag ein alter französischer Karabiner.

Wir hielten.

Er sei ein freiwilliger Wachposten und schütze die Felder vor Dieben und die Brücke vor den bandidos. Eine Patrone hatte er im Gewehr und drei in der Hosentasche.

Als mich Alf vorstellte, sagte der Wachposten, daß er unbedingt Bernado holen müsse, Bernado, seinen Freund, den man „Weizenkönig von Chókwé“ nenne. Er drückte mir den Karabiner und die drei Reservepatronen in die Hand, sagte, ich solle zehn Minuten warten, er werde Bernado holen. Und rannte über die Tomatenfelder davon.

Nach zwanzig Minuten begann Alf zu fluchen. Nach dreißig Minuten sagte er: Fahren wir!

Ich zeigte auf den Karabiner: Und das hier?

Er schimpfte, ich sei nicht besser als die afrikanischen Fatalisten . . .!

Fatalismus, das hieß in diesem Land: Gegen die von den Göttern geschickten Masern, die das Kind töten, ist der Mensch ohnmächtig. Gegen die von den Göttern geschickte Dürre, die den Mais verbrennt, ist der Mensch ohnmächtig. Gegen das von den Göttern geschickte Hochwasser, das die Felder überschwemmt, ist der Mensch ohnmächtig. Gegen den von den Göttern geschickten Sturm, der die Hütten zerstört, ist der Mensch ohnmächtig. Gegen die von den Göttern geschickten Portugiesen, die das Land rauben und die Schwarzen auspeitschen, ist der Mensch ohnmächtig. Afrikanischer Fatalismus. Die

Eroberer hüteten sich, die Einheimischen vom Gegenteil zu überzeugen. Und die FRELIMO hat es schwer mit dem Kampf dagegen.

Alf zeigte mit der Hand in südliche Richtung. „Nicht weit von hier“, erzählte er, „hatte die FRELIMO den Bewohnern eines Gemeinschaftsdorfes, die vorher das Wasser in Eimern vom drei Kilometer entfernten Fluß holen mußten, eine Pumpe geschenkt. Im ‚ersten Jahr der großen Wasserpumpe‘, wie die Dorfbewohner es freudig nannten, ernteten sie doppelt soviel Mais und Hirse wie vordem. Im zweiten Jahr der großen Wasserpumpe ging das Maschinchen kurz nach der Aussaat kaputt. Der FRELIMO-Chef des Dorfes diktierte seinem Sohn einen Brief an den Gouverneur: ‚Exzellenz, unsere Wasserpumpe funktioniert nicht mehr, wir brauchen schnellstens eine neue, sonst wird die Saat verdorren . . .‘ Die zarten Blätter des jungen Maises färbten sich schon braun, als ein Mitarbeiter des Gouverneurs antwortete, daß der Gouverneur weder einen Pumpenmonteur noch eine neue Pumpe habe. Da schrieben die Bewohner des Dorfes noch einen Brief: ‚Wir werden nichts ernten, wenn wir keine Pumpe bekommen . . .‘ Und noch einen. Und noch einen. Als der Hunger im Dorf entsetzlich war, schickte der Gouverneur einen Mitarbeiter. Er nahm einen Eimer und holte damit Wasser für die Pflanzen vom Fluß. So, wie sie das früher immer getan hatten . . .“

Nach einer Stunde löste mich der Sakkopolizist wieder ab. Er hatte einen kleinen, für einen Afrikaner ungewöhnlich dicken, vielleicht dreißigjährigen Mann mitgebracht, der kaum ein Bein vor das andere setzen konnte. Er schien entsetzlich träge zu sein. Doch dieser Eindruck verschwand sofort, als ich in seine Augen gesehen hatte.

„Der Weizenkönig!“

Der Dicke setzte sich schnaufend auf den Stuhl des Wachpostens.

Erzählen wollte er nichts. Ich mußte ihn zehn Minuten bearbeiten.

„Die erste Weizenernte auf unserem Versuchsfeld verfaulte, wir hatten den Boden zu sehr bewässert. Einige Bauern sagten: Laßt es sein, der Affenbrotbaum ist keine Bananenstaude – der Weizen nichts für unser Land, aber ich sagte: Im Land ist Hunger, und Weizen wird uns Brot bringen! Die zweite Ernte verdorrte, der Boden war zu salzig. Versuchen wir es ein letztes Mal, sagte ich. Aber wir ernteten nur so viel Körner, wie wir ausgesät hatten. Der Wettergott und der Mondgott sind gegen euch, sagten die Alten. Trotzdem machten wir weiter und dieses Jahr . . ." Er wickelte eine Weizenähre aus Seidenpapier, vorsichtig, als wäre sie zerbrechlicher Schmuck. „. . . dieses Jahr ernteten wir große und gleichmäßig mit Körnern gefüllte Ähren. Wir werden bald außer Reis und Tomaten auch Weizen nach Maputo liefern können."

Noch muß Moçambique jährlich Zehntausende Tonnen Weizen im Ausland kaufen. Auch in den USA, die mit Weizen die Entwicklungsländer politisch zu erpressen versuchen.

Ich fragte den Weizenkönig, ob er auch an den zwei Reisernten beteiligt gewesen sei.

Er guckte mich verständnislos an.

Ich sagte ihm, daß ich im „ND" gelesen hatte, im CAIL sei es gelungen, erstmals zwei Reisernten im Jahr einzubringen.

Der Weizenkönig verstand nichts.

Nur Alf begriff.

Ja, im Prinzip stimme es, aber es handele sich nicht um zwei Ernten, sondern um eine Ernte in zwei Etappen. Weil die Reismahd organisatorisch nicht in einem Monat zu schaffen war, säte man im Januar und im Februar. Und erntete also auch im Mai und Juni. So entstand die Erfolgsmeldung von den zwei Reisernten.

Ob ich die Ähre mit in meine Heimat nehmen möchte, damit die Leute mir glaubten, daß in Moçambique Weizen wächst, fragte der Weizenkönig.

„Nein", sagte ich, „sie werden es auch so glauben."

Er fuhr mit uns bis zur Hauptstraße. Dann lief er in südlicher Richtung über die abgeernteten Reisfelder nach Hause.

„Wohnt er etwa im Dorf, wo die Geschichte mit der Wasserpumpe passiert ist? fragte ich.

„Nein", sagte Alf, „im Dorf nebenan."

Weiterfahrt in Richtung FDJ-Camp.

Ich erschrak, als unser Landrover nicht mehr rüttelnd und schüttelnd über die Lehm-Sand-Piste holperte, sondern schnell und leise dahinbrauste. Asphalt! Drei oder vier Kilometer.

„Eine Versuchsstrecke, die die Kanadier gebaut haben", sagte Alf.

Andere Länder probierten hier ihre Insektizide aus, versprachen, damit die nimmersatten Reisvögel zu töten. Aber es starben auch die Kolibris und die Fische in den Kanälen. Für einige Wochen kreiste ein Agrarflieger aus der BRD über dem CAIL. Er sollte Chemikalien versprühen, um den noch unreifen Reis zu töten, denn wenn unreifer Reis mit reifem zusammen gelagert wird, verfault die Ernte. Im Flugbereich befand sich auch das Erholungsheim für verwundete und verdienstvolle FRELIMO-Kämpfer. Nachdem der Agrarflieger aufgehört hatte, seine Kreise zu ziehen, tauchten am Himmel über dem CAIL drei südafrikanische „Mirage“ auf. Ihre Bomben hatten nur ein Ziel und trafen es haargenau aus großer Höhe – das Erholungsheim der FRELIMO-Kämpfer.

Als es dunkel wurde, kamen wir in Nwachicolnane an. Neue kleine Häuser. Aus Stein. Ein Dieselkraftwerk für die Elektrizität. Die Elektrizität für eine Wasserpumpe. Im Kooperativladen gab es Zucker und Reis.

Steinhäuser. Strom. Wasser. Zucker und Reis!

Und für Alfs FDJ-Brigadisten Whisky.

Fast alle waren bärtig. „Wir fahren ab heute eingleisig. Nur noch neun Tage bis zur Heimreise!“

Seit einer Woche gibt es in Chókwé kein Brot mehr. Zum Frühstück essen sie Reis und gebratene Mortadella aus DDR-Konserven. Mittags Reis und ungebratene Mortadella. Und abends Reis mit Mortadella und Tomatensoße. Jeder von ihnen arbeitet täglich zehn Stunden auf den Reisfeldern an den Mähkombines. Hilft den Moçambiquanern bei Reparaturen. In sengender Hitze. Drei Monate lang. Trotzdem machen manche abends noch Krafttraining mit den Radachsen der Erntekombines.

Am nächsten Morgen nahmen mich Dieter und Klaus mit hinaus auf die Felder. 11 Mähkombines standen um acht Uhr, ordentlich ausgerichtet, auf dem abgeernteten Acker. Dreißig Minuten später marschierten die ersten Männer und Frauen, wie auf einer Sternwanderung aus allen Richtungen kommend, zum Stellplatz der Kombines.

„Vor zehn können wir nicht anfangen, der Tau liegt noch auf dem Reis“, sagte Dieter.

Um neun Uhr holperte ein Traktor den Feldweg entlang. Er zog eine Riesenmorchel auf vier Gummirädern hinter sich her. Als der Traktor hielt, zerfiel die Riesenmorchel in bunte, lärmende Einzelteile. 80 Arbeiter und Arbeiterinnen hatten auf dem Wagen gesessen, so daß man weder Vorderwand noch Seitenplanken sehen konnte, in der Mitte auch keine Arme und Körper mehr, nur kraushaarige Köpfe. Frauen, die geknotete Kopftücher in der Hand und ihre Kinder auf dem Rükken trugen, setzten sich an den Feldrand und begannen zu singen und zu stricken. Männer in blauen Kombinationen hatten Henkeltaschen aus Bast und große Sombreros mitgebracht. Sie machten sich an den Mähdreschern zu schaffen. Auch zwei der Frauen hatten keinen capulana-Rock, sondern Arbeitshosen an und schmierten mit einer großen Fettpresse die Teile der Mähkombines ab. Die übrigen Frauen sortierten Säcke zu Haufen. „Das sind die Sackzunäherinnen. Von ihnen kann keine schreiben und lesen."

Die zwei Frauen in den Monteuranzügen wechselten mit Dieters Hilfe Mähmesser. „Vor drei Jahren haben auch wir nur Säcke zugenäht. Aber dann sahen wir ein Reklamebild vom E 512. Auf dem Führersitz saß eine Frau. Was weiße Frauen gelernt haben, können wir auch lernen, sagten wir."

Um halb zehn Uhr setzten sich alle Frauen und Männer grüppchenweise hinter die Fahrzeuge und legten Holzbrettchen, Zeitungspapier oder Bambusblätter auf die Erde. Darauf schütteten sie den Inhalt aus ihren geknoteten Tüchern und ihren Basttaschen: klumpig gekochten Reis. Manche hatten noch Trockenfisch dazu. Sie aßen sehr langsam.

„Danach machen sie keine Pause mehr bis zum Feierabend."

Um zehn Uhr kletterten jeweils sieben Leute, Fahrer, Beifahrer, Sacknäherinnen und Sackabträger, auf eine Kombine. Unter der zerschlissenen Sonnenschutzplane stehend, warteten sie wie eine Panzerbesatzung auf das Kommando zur Abfahrt in die Schlacht. Zuerst ratterten die zwei von den Frauen gesteuerten Kombines vom Acker auf den Feldweg. Die Frauen winkten uns von ihrem Hochsitz aus zu.

„Ihre Besatzungen liegen im Wettbewerb an zweiter und fünfter Stelle", sagte Dieter.

Vor der Befreiung gab es im Limpopotal nicht eine moçambiquanische Frau, die einen Traktor fuhr.

Zwanzig Minuten Fahrt bis zu den Reisfeldern. Sie waren nur spärlich bewachsen. „Es sind die letzten, die schlechtesten Stücke“, sagte Dieter. Neben dem Feld stand eine offene, große Scheune. Früher übernachtete das Vieh dort drinnen, die Landarbeiter schliefen daneben. Heute ist es eine Küche für die Arbeiter vom CAIL.

Die Kombines begannen, nebeneinanderfahrend zu mähen. Bilder wie zu Hause. Doch hier trugen die Männer die von den Frauen zugenähten Säcke auf den Schultern zum Lkw. Zwei-Zentner-Säcke. Singend.

Der Kampf gegen den Hunger hat erst begonnen.

Frauen fahren Erntekombines.

Die Konterrevolutionäre schneiden Genossenschaftsbäuerinnen die Brüste ab.

Scheunen werden als Küchen für Landarbeiter genutzt.

Die bandidos verbrennen Reisfelder.

Pfarrer erlauben, daß Reis in ihren Gotteshäusern gelagert wird.

Die bandidos sprengen Reismühlen in die Luft.

Auf der Rückfahrt nach Maputo wollten wir in Manhica, wo ein 10000-Tonnen-Reissilo gebaut wird, zu Mittag essen. Die ersten zwei Restaurants an der Hauptstraße waren zwar geöffnet, aber leer. Es gab weder Reis noch Bier. Das dritte Lokal, das „Ribatejano“, war überfüllt. Wir quetschten uns hinein. Barfüßige Bauern. Nach Diesel riechende Lkw-Fahrer. Dandyhaft gekleidete Mulatten. Der einzige Weiße unter den Leuten winkte uns an seinen Tisch. Bier gab es auch. Dünn und schal. Ich sagte: „Der Wirt hat es wahrscheinlich mit Wasser verdünnt“, doch der Weiße entgegnete, der Wirt sei ein rechtschaffener Mann.

Unter unserem Tisch war ein Geräusch, ein merkwürdiges Knacken.

Der Kellner im fettfleckigen Frack schüttelte die Knochenreste, die auf der Tischdecke lagen, auf den Fußboden, wendete die Decke – zum wievielten Mal? – und fragte, ob wir auch Suppe möchten. Zwei Tische weiter brüllte ein junger Afrikaner, ob der Kellner Ausländer immer bevorzugt bediene.

„Du Portugiesenknecht!“

Da war die Tür zur Gaststube plötzlich fast lückenlos ausgefüllt. Der Wirt, ein dicker Weißer, stand dort. Seine rechte Schulter lehnte am rechten Pfosten, seine linke Schulter am linken Pfosten.

Er schlurfte zu uns. Begrüßte mich wie einen alten Bekannten mit Handschlag.

Er sei Portugiese. Vor über 20 Jahren mit seiner Frau nach Moçambique ausgewandert. „Portugiesischer Antifaschist“, sagte er.

Außer der Bar hätte er hier noch Felder und Viehzeug. „Alles, was auf den Tisch kommt, stammt von meiner machamba und aus meinem Stall.“ Nur deshalb könne er in diesen schlimmen Zeiten überhaupt Essen anbieten.

„Die Moçambiquaner verstehen es nicht, die Arbeit zu organisieren, und faul sind sie auch.“

Wer auf seiner machamba und in seinem Stall arbeite, während er hinter dem Tresen stehe, fragte ich.

„Ich hab noch ein paar Schwarze, die für mich arbeiten.“

Ob er sie anleite, wenn sie ein eigenes Restaurant mit machamba und Viehstall aufmachen möchten.

Er schaute mich ungläubig an. „Junger Mann, wir wollen noch ein paar Jährchen hierbleiben . . .“

Als er sich wieder zur Tür hinausgequetscht hatte, brachte der Kellner Bier. Schäumendes. Wir tranken schnell, damit es der Brüller vom Nachbartisch nicht sehen konnte.

Die Suppenteller räumte der Kellner, unsicher lächelnd, wieder weg. Die Suppe sei alle.

Wieder das gräßliche Geräusch unter dem Tisch.

Endlich das Essen. „Reis mit gekochtem Fleisch“, hatte der Kellner gesagt. Es war Reis mit Knochen. Für 100 Meticais. Fast zwei Tagelöhne eines Landarbeiters im CAIL. Ich nagte die Knochen ab. Legte sie auf den Teller.

Da schob plötzlich ein Hund, der unter unserem Tisch gesessen hatte, erst die Schnauze, dann die Pfoten vor. Sah braun-gelb aus wie unser Unfallhund. Er stand und fletschte die Zähne. War fett wie auch die anderen seiner Art, die ich nun unter den Nachbartischen sah.

Der Weiße an unserem Tisch verscheuchte den Hund. Stellte sich dann vor. Martin Lopez, Tuchfabrikant aus Lissabon. Lächelnde Berichtigung: Nein, kein Fabrikant mehr. Er wäre schon lange, bevor die meisten Kollegen wegen der veralteten Maschinen und der ausbleibenden angolanischen und moçambiquanischen billigen Baumwolle

Pleite machten, auf den Tuchhandel umgestiegen. Und in Moçambique würden heute Kooperanten wie er gebraucht.

Ja, sagte ich, nichts fehlt hier so sehr wie Reis gegen den Hunger und Stoffe gegen die Nacktheit.

Ich fragte, ob er den Afrikanern hilft, eine Tuchfabrik aufzubauen.

Nein, er verkaufe ihnen Hemden aus Portugal.

„Ein einmaliges Geschäft für Moçambique – Hunderttausende Hemden gegen einen zinslosen Kredit. Und wenn wir ihnen die Hemden liefern, brauchen sie kein Geld zu investieren, um eine eigene Textilindustrie aufzubauen!"

Auf dem Markt von Manhica kaufte ich für Acácio einen Sack Reis. Ein Händler bot mir drei Säcke Reis zum Tausch gegen mein Hemd an.

Während der Heimfahrt überraschte uns die Dunkelheit. Doch dieses Mal fürchtete ich nicht wegen eines Hundes einen Unfall, sondern ich starrte nur wie hypnotisiert auf die entgegenkommenden Autos. Von einhundert fuhren vielleicht zwanzig mit zwei brennenden Scheinwerfern, siebzig waren Einaugen, und die restlichen Geisterautos bemerkte man erst, wenn sie vorbeidonnerten. Ich war schweißnaß, als wir in Maputo ankamen und uns ein Verkehrsposten der Miliz stoppte. „Technische Überprüfung!" Er ließ uns aussteigen und sich das bei Pannen aufzustellende Warndreieck sowie das Abschleppseil zeigen. Das war alles. Licht, Hupe und Bremsen kontrollierte er nicht.

„Hauptsache, die Autos kommen von der Straße herunter und behindern den Verkehr nicht", hatte Acácio gesagt. „Wenn wir mit dem machimbombo, dem Autobus, in die Schilfstadt fahren, wirst du sehen, daß es nur drei wichtige Dinge für ein Kraftfahrzeug gibt. Es muß fahren, bremsen und abgeschleppt werden können . . ."

Auf unserem Weg zum Friedhof waren wir zum Zoologischen Garten gekommen. Ich dachte, daß Acácio mir die Tiere zeigen wollte, doch nachdem wir den einzigen Elefanten (nur wenige Wochen danach starb er) nicht gleich gefunden hatten und auch sonst keine Tiere sahen, sagte Acácio, ein Zoo sei hinausgeworfenes Geld, man könne sich die Tiere im Busch anschauen, wozu sie hier extra füttern, wo noch so viele Menschen vor Hunger sterben. Außerdem könne man alle Tiere

Afrikas – auch Büffel, Löwen und Elefanten – ausgestopft im Natur-Historischen Museum von Maputo besichtigen. Er diskutierte nicht mit mir, lief schneller und blieb erst am Ende des Zoos, dort, wo der Friedhof begann, stehen.

„Schau es dir genau an", sagte er.

Die letzten Toten wurden hier am 18. 10. 1974 (ein gewisser BANZE) und am 23. 12. 1976 (BUKA) beerdigt. Auf ihren Gräbern lagen keine Blumen, aber in vielen Vasen standen zarte, zerbrechliche, mir unbekannte Blüten.

„ANOCHA. Wir haben ein Leben lang für Dich gesorgt, wir lassen Dich auch im Tod nicht allein."

Nur über wenige der Gräber war schon das Gras gewachsen. Auf einem brannte ein kleines Flämmchen. Tag und Nacht. Und in viele Marmorsteine war das Bild der Toten eingesetzt. Dazu hatte man Fotos nach Portugal schicken müssen und diese auf Prozellanmedaillons übertragen lassen. Teure Medaillons.

Für diese Toten war nichts zu teuer.

„NAKY QUERIDA. Das Übermaß an Liebe und Hinwendung Deiner Herrin war der Grund für Deinen Tod."

Hatte die Herrin den kleinen Liebling so überfüttert, daß er an Herzverfettung verreckte?

Als ich das erste Porträtmedaillon sah, erschrak ich. Auf dem Bild ein schwarzer Pudel. Auf anderen Medaillons: Dackel, Doggen ... Hier wurden nur Hunde begraben. Im Ebenholzsarg. Marmorsteine. Ewige Lichter. Bronzetafeln. Porzellanporträts. Die Hunde der Portugiesen. Der letzte am 23. 12. 1976.

Die Bewohner der Schilfstadt mußten damals ihre toten Kinder heimlich am Stadtrand verscharren. Denn die Begräbnisinstitute gehörten den Besitzern der Pudel, Dackel und Doggen, den Portugiesen. Und die ließen niemand umsonst begraben ...

Ein NACHWORT, das zugleich ein VORWORT ist

Einen Tag vor meiner Abreise aus Maputo traf ich mich mit Acácio an der Bushaltestelle, um in die Schilfstadt zu fahren. Die Benutzung der öffentlichen Verkehrsmittel ist für DDR-Bürger der Sicherheit wegen (und wohl auch aus Berührungs- und Platzangst) verboten. Aber wie sollte ich sonst in die Schilfstadt kommen? Und überhaupt allein in die Schilfstadt gehen! Das ist DDR-Bürgern erst recht verboten.

„Im caniço befindet sich die Brutstätte der Kriminalität", hatte mir ein Botschaftsangehöriger gesagt.

Acácio, der Bewohner des caniço, lief auch am Sonntag barfüßig. Wir warteten eine halbe Stunde. „Die Busse kommen wie die Regenzeit, mal früher, mal später." Endlich hielt der erste „Ikarus". Er hatte keine Kühlerschnauze, deshalb konnte niemand außerhalb auf dem Gefährt sitzen, allerdings hockte ein gutes Dutzend Leute auf den Fensterrahmen und auf den Stufen der Einstiege. Türen fehlten. Der „Ikarus" sah so breit aus wie sonst nirgendwo. Er wurde jedoch an der Krankenhaus-Haltestelle wieder normalflächig, und Acácio und ich konnten uns am Hintereingang hineinzwängen. Als letzter Mann stand dort der Kondukteur, dort mußte man erst vorbei, danach entwickelte sich die Eigenbewegung der Fahrgäste nach dem Steuerungsprinzip in abgeschlossenem System, so viel, wie vorne hinausgedrückt wird, kann hinten, am Kondukteur vorbei, wieder herein. Je näher man seiner Haltestelle kam, um so weiter mußte man sich an stillenden Müttern, Brennholzlasten tragenden Männern und Taschen auf den Kopf balancierenden Frauen nach vorn zwängen.

Manchmal schrie jemand dem Fahrer zu, er möge halten, auch wenn keine Haltestelle zu sehen war. Dann machte der Fahrer eine Vollbremsung. Draußen waren ungefähr 45 Grad, drinnen konnte man noch 15 dazurechnen.

Wir fuhren mit dem Bus in Richtung Flughafen und stiegen aus, wo Omnibuslinie und Asphaltstraße endeten. Dann liefen wir eine staubige Lehmstraße an der Umzäunung des Rollfeldes entlang. Auf dem Flugplatzgelände hüteten Kinder aus der Schilfstadt ihre Ziegen.

Zuerst sah ich nur die Zäune, hinter denen sich die Behausungen der Schilfstadtbewohner verbargen. Zäune aus Blechen. Zäune aus Schilfmatten. Zäune aus Pappen. Zäune aus Kakteen. Wir gingen in das Viertel hinein. Die Leute kannten Acácio und grüßten. Man schaute uns nach, und nackte Kinder liefen schreiend und winkend vor uns her. „Weiße kommen selten in das caniço", sagte Acácio. Auch im Inneren des Viertels hatte jeder versucht, seine Hütte hinter Palisaden zu verbergen, aber dadurch wurde es zwischen den dicht nebeneinander gebauten Hütten noch enger. Schmale Pfade. Ich verdrängte den Gedanken, hier in der Dunkelheit allein entlanggehen zu müssen.

Dann sah ich die ersten Steinhäuser in der Schilfstadt. Acácio sagte, ich solle mir zuerst solch ein Steinhaus anschauen, er habe einem Freund Bescheid gesagt, der auf uns warte. Hier war der Hof größer als bei den Nachbarn; in einer Ecke wuchsen sogar einige Maisstauden. Das Häuschen unverputzt, zur Hälfte aus Hohlblocksteinen, zur Hälfte aus Lehm gebaut. Die Kinder hatten sich davor im Sonntagskleid postiert. Der Freund Acácios, vielleicht dreißig, im weißen Hemd, begrüßte uns an der Tür. Als er mir die Hand gab, stützte er den rechten Unterarm mit der linken Hand und verneigte sich leicht. Eine besondere Form der Hochachtung.

Im Häuschen war es kühl. Noch hatten nicht alle Zimmer verputzte Wände. Acácios Freund führte uns in die Stube. Sie war dunkelblau ausgemalt, dazu mit einem alten Plüschsofa, einem Tisch und vier Stühlen möbliert. Der Fußboden gestampfter Lehm, doch wenn man kippelte, bohrten sich die Stuhlbeine in die Erde.

Ich bat den Hausherrn, mir vom Bau des Hauses zu erzählen.

„Vordem wohnten wir in einem Schilfhaus. Nach der Befreiung sagte die Regierung, daß auch die Leute in der Schilfstadt feste Häuser bauen können, wir begannen 1978, die FRELIMO half mit Zement."

Es sei noch nicht fertig, das Häuschen, aber ich könnte sehen, vier Zimmer hätten sie schon, sogar Elektrizität, acht Leute wohnten hier. Er habe nach der Befreiung Elektriker lernen und das Haus bauen können, das Leben sei besser geworden. „Aber noch muß sich meine Frau jeden Morgen um vier Uhr nach Wasser anstellen. Wir haben keine Straßen, keine Hausnummern, es wird keine Post ausgetragen.

Für die 10000, die in diesem Viertel leben, liegen die Briefe auf dem Postamt des Flughafens."

Ich fragte ihn nach der Kriminalität.

„Wie sollten wir uns gegenseitig bestehlen und ausrauben, wenn wir einander doch alle täglich helfen müssen: beim Wassertragen, beim Hausbau. Zwar kennt uns kein Briefträger und oft auch nicht das Meldeamt, aber hier kennen sich alle. Meine Frau hieß Mantusse, sie wohnte zuerst hier, also weiß jeder – hier wohnen die Mantusses."

Nein, hier gebe es viel weniger Verbrechen als in der Zementstadt, dem Zentrum von Maputo, das wisse er genau, denn er sei Mitglied der Volksmiliz und gewählter Abgeordneter.

Zum Abschied wollte ich ihn und seine Familie fotografieren. Er ließ sich die schwarzen Sonntagsschuhe noch einmal von seiner Frau polieren, dann stellte er sich mit Frau, Geschwistern und Kindern auf.

Als er sich verabschiedete, wieder der stützende Arm, die angedeutete Verbeugung.

„Até próxima vez Senhor!"

Nicht „Senhor" sagte ich, sondern „camarada".

Er nickte. „Sim camarada Senhor."

Zehn Minuten weiter wohnte Acácio.

Auf dem Weg zu seiner Hütte mußten wir uns zwischen den Zäunen an vielen Männern in schwarzen Anzügen, weißen Hemden und schwarzen Schlipsen vorbeidrängen. Die „Gemeinde der zwölf Apostel" hat ein Gebetshaus im Viertel.

Acácios Hütte erkannte ich schon aus der Ferne, denn er hatte mir erzählt, daß er sich ein rundes Haus gebaut habe, gleich denen in seinem Dorf. Alle anderen, selbst die aus Blechen oder Pappen zusammengestellten, ähnelten in der Form den Steinhäusern in der Zementstadt. Ich könne später noch hineinschauen in seine Wohnung, sagte Acácio, zuerst müsse ich seine Nachbarn begrüßen. Sie saßen um ein Holzfeuer und aßen eine Art getrocknete Kirschen. Die Kinder rannten schreiend zwischen den Hütten umher, ein kleiner Junge hatte ein Spielzeug gefunden; einen Zelluloidfilmstreifen, den er zum Gaudi der anderen hinter sich her zog.

Acácio sagte, ich solle mich an das Feuer setzen. Ich war unsicher. Eine alte Frau stand auf und schöpfte aus einer Blechtonne Wasser, reichte es mir in einer Konservendose. Vor meiner Ausreise und nach meiner Ankunft in Maputo hatte ich die Belehrungen, kein Obst zu essen und kein unabgekochtes Wasser zu trinken, unterschrieben. Ich trank. Es schmeckte faulig.

Ein zahnloser Alter aus der Runde sagte, als er meine Verlegenheit spürte: „Du kannst mit uns reden wie mit den Leuten aus der Zementstadt. Ich wohne seit 20 Jahren hier. Und nun kann ich nicht mehr fort von hier." Er zeigte auf seine Beine. Hühnerbeindünn. „Ich bekam Kinderlähmung, als ich schon fünfunddreißig war. Heute bin ich zweiundfünfzig." Ich hätte ihn auf fünfundachtzig geschätzt.

„Jedes Jahr zur Regenzeit wurden Teile vom caniço überflutet, dann schwamm der Müll, der Unrat, der Kot in den Pfützen, und es stank wie in einer Kloake. Und unsere Toten konnten wir nicht ordentlich begraben, wir verscharrten sie heimlich, denn wir hatten kein Geld für das einfachste Begräbnis. Das erste, was die FRELIMO für uns brachte, war die Verstaatlichung der privaten Begräbnisanstalten."

Später richteten sie im caniço die ersten Volksläden und Arztstellen ein, der Müll wurde abgefahren, es gab Kredite für neue Häuser, die auf höher gelegenen Stellen gebaut wurden, und dann enteignete die Regierung die Hausbesitzer in der Zementstadt.

„Damals konnten 40000 aus der Schilfstadt in freie Häuser der Zementstadt ziehen. Auch mein Sohn mit seiner Familie."

Hier brach der Alte ab, drehte sich weg, als hätte er sich nie mit mir unterhalten.

Acácio sagte mir: „Sein Sohn hat ihn nicht mitgenommen. Und nun müssen wir für den Alten sorgen."

Die Kinder hatten ihr Spiel mit der Zelluloidschlange beendet, standen nun neugierig um uns herum. Zuerst sah ich ihre großen Augen und die vom Eiweißmangel geblähten Bäuche. Doch dann sagte mir eines der Kinder: „Wir haben schon Schulen im caniço, und bald werden wir auch jeden Tag eine Scheibe Brot und einen Becher Milch bekommen."

„Sie sind die continuadores, die Fortsetzer der Revolution. Und die Einwohner der Schilfstadt, die große Reserve der Revolution", sagte der Alte. An den Blechpalisaden stand: „Wir werden die Krankheit, die Dummheit und den Hunger besiegen!"

Zwei junge Männer stützten den Alten, als er in seine notdürftig mit Pappen geflickte Hütte humpelte. Im Schatten der Hütte lagen zwei Frauen. Apathisch. „Sie schlafen am Tag“, sagte Acácio, „damit sie den Hunger nicht spüren. Und abends, weil sie kein Geld für Petroleum haben.“

Ich fragte Acácio, ob die portugiesische Kolonialverwaltung in der Schilfstadt etwas hatte bauen lassen.

„Ja – eine Autostraße quer durch das caniço. Das war zur Zeit des Befreiungskampfes und sollte der PIDE – Geheimpolizei – ermöglichen, die Sympathisanten der FRELIMO, die sich in der Schilfstadt aufhielten, schnell mit dem Jeep jagen zu können.“

Noch bevor es dunkel wurde, holte Acácio sein Alphabetisierungsbuch aus der Hütte. (Schilfmatte auf der Erde zum Schlafen, Holztisch und ein Stuhl, daneben eine Fruchtkiste – Orangen aus Südafrika – für das Aufbewahren der wenigen Kleidungsstücke, darauf ein Pappkarton mit Büchern. An der Wand hingen ein Foto seiner Mutter, eine bunte Che-Guevara-Abbildung und ein Halsband mit kleinen Tierknochen. Der Herd bestand aus zwei hochaufgestellten Hohlblocksteinen, daneben stand das Geschirr, drei Konservendosen . . .)

Wir fuhren in die Zementstadt zurück.

Es war mein letzter Abend in Maputo.

Wir verabschiedeten uns dort, wo wir uns getroffen hatten, unter Acácios Laterne.

Er buchstabierte laut: a luta (der Kampf) continua (geht weiter) . . .

Am Morgen flog ich in die Provinz Tete, um in Matundo am Sambesi mit FDJ-Brigadisten fünf Monate lang Steinhäuser für die Moçambiquaner zu bauen.

Schwarze Weisheiten (III)

Wenn die Händler beginnen, Geschichten zu erzählen,
wollen sie wertlose Waren teuer verkaufen.

Die Welt ist eine schwangere Frau.

Wer gegen den Strom rudern will,
darf sich nicht vor seinen eigenen Wellen fürchten.

Von einem Kranken, der Schmuck anlegt, sagt man:
Er ist ein Genesender.

Ein großer Held kann einen noch größeren Feigling zeugen.

Die Angst verhindert nicht das Sterben.

Ob die Kröte kauert oder springt, sie bleibt eine Kröte.

Die Liebe ist wie Fett,
es wird hart, wenn man's vom Feuer nimmt.

Wenn du Tag und Nacht lächelst, läßt man den Medizinmann kommen.

Ein Floh kann einen Löwen mehr ärgern,
als der Löwe einen Floh.

Warmes Wasser vergißt oft, daß es kalt gewesen ist.

Man soll die Bäume für sein Haus selbst fällen.

Wenn einer sagt, daß du deinen Hintern nicht abputzt,
wie vielen willst du den Hintern zeigen,
um zu beweisen, daß du ihn putzt?

Das Flußpferd, das man sehen kann, wirft das Boot nicht um.

Jeder Weg trifft einmal einen anderen Weg.

Geld tötet Worte.

Der Vogel spricht sehr viel, wenn er lange im Käfig ist.

Es regnet auf die Berggipfel, und das Tal wird überschwemmt.

Wer auf allen Wegen geht, verfehlt den Weg nach Hause.

Wenn die Frucht reif ist, kann sie auch bald verfaulen.

Stirbt ein grausamer Häuptling,
kann ihm ein schlimmerer folgen.

Hat einer mit dir schon Honig getrunken,
so wird er als Freund mit dir auch schmutziges Wasser aus einem Tümpel trinken.

Du magst noch so sehr husten, um Aufmerksamkeit zu erregen;
du wirst nichts erben, wenn du nicht zur Sippe gehörst.

Zuviel Fleisch in einen Topf gepreßt, zerbricht ihn.

Was keinen Mund hat, kann mich nicht besiegen.

Wenn nichts übrig bleibt, war auch nichts vorhanden.

FRONTBERICHTE (III)

600 Tote in Mueda

Im Norden von Moçambique, in Mueda, hatten revolutionäre Führer, die später leitende FRELIMO-Genossen wurden, Bauern und Landarbeiter zu Aktionen gegen die koloniale Ausbeutung aufgerufen. Als immer mehr Bauern gegen Zwangsarbeit, ungerechte Entlohnung und zu hohe Steuern protestierten, entsandten die Portugiesen Polizisten in die Dörfer und forderten die Afrikaner auf, an einer Kundgebung in Mueda teilzunehmen, auf der sie ihre Probleme vortragen könnten.

Alberto Joaquim Chipande, im 1964 beginnenden Befreiungskrieg ein Kämpfer der FRELIMO, berichtete über den 16. Juni 1960 in Mueda: „Mehrere tausend Menschen kamen, um sich anzuhören, was die Portugiesen zu sagen hatten. Wie sich herausstellte, hatte der Administrator den Gouverneur des Distrikts Delgado ersucht, aus Porto Amélia eine Kompanie Soldaten mitzubringen. Diese hielten sich aber, nach ihrer Ankunft in Mueda, versteckt. Zuerst bemerkten wir sie gar nicht.

Dann bat der Gouverneur unsere Führer in das Büro des Administrators. Ich wartete draußen. Vier Stunden blieben sie dort. Als sie auf die Veranda traten, richtete der Gouverneur die Frage an die Menge, wer das Wort ergreifen wolle. Viele wollten sprechen, und der Gouverneur wies sie an, sich auf einer Seite aufzustellen.

Danach befahl er der Polizei, ohne ein weiteres Wort an die Menge zu richten, denen, die sich zur Seite gestellt hatten, die Hände zu binden, und die Polizisten begannen, auf sie einzuschlagen.

Ich stand ganz nah. Ich konnte alles sehen. Als die Menschen sahen, was da vor sich ging, protestierten sie gegen das Vorgehen der Portugiesen, und die Portugiesen forderten einfach Polizei-Lkw an, um die Verhafteten abzutransportieren. Das führte zu weiteren Protesten. Zu diesem Zeitpunkt befanden sich die Soldaten noch immer im Versteck, und die Menschen gingen auf die Polizisten zu, um den Abtransport der Verhafteten zu verhindern. Da rief der Gouverneur die Soldaten herbei, und – nachdem sie eingetroffen waren – befahl er ihnen, das Feuer zu eröffnen. Sie ermordeten etwa 600 Menschen ... Ich selbst entkam, da ich mich in der Nähe eines Friedhofs befand, wo ich Dekkung nehmen konnte. Dann lief ich davon."

Viele Moçambiquaner, die die Anwendung von Gewalt, den Befreiungskrieg gegen die Portugiesen abgelehnt hatten, erklärten nach dem Bluttag von Mueda den friedlichen Widerstand für sinnlos. Teresinha Mblale, die später in den Reihen der FRELIMO kämpfte, berichtete darüber: „Ich sah, wie die Kolonialisten die Menschen in Mueda niedermetzelten. Damals verlor ich meinen Onkel. Unsere Leute waren unbewaffnet, als das Feuer eröffnet wurde."

Nach: Eduardo Mondlane „Kampf um Moçambique", Berlin 1973.

Der 25. September – der „Moçambique Day"

„Volk von Moçambique – in euer aller Namen verkündet die FRELIMO heute feierlich den allgemeinen bewaffneten Aufstand des Volkes von Moçambique gegen den portugiesischen Kolonialismus zur Erlangung der völligen Unabhängigkeit Moçambiques." So lautete der Aufruf des Zentralkomitees der FRELIMO an das Volk von Moçambique vom 25. September 1964.

Der Befreiungskampf begann im nördlichsten Teil von Moçambique, im Distrikt Cabo Delgado, zu dem auch Mueda gehört.

Ein Kommandeur berichtete über die ersten Kampfhandlungen: „Während der illegalen September-Manöver erreichte mich aus Mueda ein dringender Befehl. Die Einsatzleiter der Gebiete von Montepuez, Mocímboa da Praia und Porto Amélia wurden dorthin beordert. Zusammen mit den anderen Einsatzleitern begab ich mich nach Mueda. Man hatte uns zusammengerufen, um Weisungen des Zentralkomitees hinsichtlich des Tages, an dem wir gegen die portugiesischen Streitkräfte losschlagen sollten, entgegenzunehmen. Am 20. September erhielten wir diese Information – am 25. sollte der Kampf beginnen ... Mir fiel die Aufgabe zu, den Angriff auf Chai zu leiten ...

Ich verließ Mueda und begab mich in das mir zugewiesene Gebiet, wo ich am 23. September eintraf. Meinen Genossen teilte ich den Tag mit, an dem der Kampf eröffnet werden sollte. Wir hatten 16 Waffen: 6 Maschinenpistolen, 6 Gewehre und 4 Pistolen. Wir stellten eine Gruppe aus 12 Genossen zusammen und ließen einige Waffen zur Verteidigung des Stützpunktes zurück. Am Morgen des 25. September gelangten wir zur Ortschaft Chai ...

Einen Genossen wies ich an, die Uniform auszuziehen, Zivilkleidung anzulegen und im Ort die Lage zu erkunden. Ich verband seinen Fuß, damit er eine Verletzung vortäuschen konnte. Er kam mit einem Afrikaner ins Gespräch, der ihm, ohne es zu wollen, verriet, wo die Soldaten schliefen: die portugiesischen Polizisten hinter dem Haus des Chefs des Verwaltungspostens, die Beamten im Hause desselben und die afrikanischen Soldaten im Verwaltungsbüro. Der Partisan ... sah drei Lastkraftwagen abfahren und erkundete, daß man mit ihnen zur Jagd ausfuhr. Das geschah jeden Tag. Nach der Jagd unternahm jeden Abend ein Lkw eine Patrouillenfahrt. Mit diesen Informationen kehrte unser Genosse zurück. Ich arbeitete einen Angriffsplan aus. Eine Maschinenpistole würde ausreichen, um die afrikanischen Soldaten im Verwaltungsbüro in Schach zu halten. ... Ich wies jedem Genossen seinen Platz für den Angriff zu. Sie sollten sich getarnt unter den Mangobäumen aufhalten. Um 16.00 Uhr verließen wir unser Versteck. ...

Während wir uns auf das Haus zubewegten, kehrten die Lastkraftwagen von der Jagd zurück und hielten zwischen uns und dem Haus. Die erlegten Tiere wurden abgeladen. Sobald die Soldaten die Wagen entladen hatten, stiegen sie wieder auf und fuhren in Richtung Macomia davon.

Der Posten kam und zog vor der Tür des Hauses, das dem Chef des Verwaltungspostens gehörte, auf Wache. Er ließ sich auf einem Stuhl nieder. Der Mann war ein Weißer. Ich näherte mich ihm in der Absicht, ihn anzugreifen. Mein Schuß sollte das Angriffssignal für die übrigen Genossen sein. Der Angriff erfolgte um 21.00 Uhr. Als der Chef des Verwaltungspostens Schüsse hörte, öffnete er die Tür und trat heraus. Ein Schuß tötete ihn. Außer ihm wurden bei diesem ersten Angriff noch sechs weitere Portugiesen getötet."

Nach: Eduardo Mondlane „Kampf um Moçambique", Berlin 1973.

In Moçambique wird der 25. September inzwischen als Nationaltag gefeiert. In die Geschichte Afrikas ging er als „Moçambique Day" ein, als Tag der internationalen Solidarität mit dem kämpfenden moçambiquanischen Volk.

Die Weisheit ist wie ein Affenbrotbaum; man kann sie nicht umfassen

Von Maputo nach Matundo. So ähnlich die Worte, so entfernt die Orte. 1300 Kilometer. Maputo und Matundo. Acácio würde sagen: Man fliegt von Europa nach Afrika!

Vor einem Monat war ich mit einer „Boeing 727" der moçambiquanischen LAM – französische Piloten, moçambiquanische Stewardessen – auf dem Flugplatz Tete, sechs Kilometer von der Stadt und drei Kilometer von unserem Camp in Matundo entfernt, ANGEKOMMEN.

Hat das Wort ANGEKOMMEN nur eine zeitliche und räumliche Bedeutung?

Ich sah den trägen, breiten Sambesi. Sich auf Sandbänken sonnende Krokodile. Flußpferde, wie dicke Stämme bewegungslos im Strom treibend. Rechts am Flußufer Tete, die Provinzhauptstadt. Links das Dorf Matundo. Hier überspannt eine 762 Meter lange Hängebrücke, von vier Pfeilern gestützt, den bei Hochwasser auf 700 Meter Breite anschwellenden Sambesi. Eine halbe Autostunde entfernt liegt Moatize, das Steinkohlenzentrum von Moçambique mit elf Gruben, chipangas genannt. Fünf davon sind noch in Betrieb. Felsig kahle, blaugraue Berge umzingeln das Becken. Grenze der Kohlevorkommen. In der Ebene Savannenlandschaft. Dürres, braunes Gras. Dornige Büsche. Breit gefächerte, Schirmpilzen gleichende Akazien. Und die dicken Affenbrotbäume.

Das hatte ich bei meiner ANKUNFT gesehen.

Aber war ich damit schon ANGEKOMMEN?

Im Camp stellte mich der Leiter der 14 FDJ-Brigadisten einer

Gruppe von 15 Afrikanern vor. „Das ist camarada Lemmi." Dem war vorausgegangen: „Wir können den Afrikanern nicht zumuten, sich den Namen Landolf zu merken." Doreen, Frau unseres Klempners und Buchhändlerin, schlug „Lemmi" vor. Abgeleitet vom Namen eines Büchernarren in einer BRD-Fernsehfilmserie.

„Camarada Lemmi wird ab morgen euer neuer Chef bei der Produktion von blocos – Hohlblocksteinen – sein!"

29 Augen, Criscéncio, der Einäugige, fiel mir sofort auf, schauten mich reserviert an.

„Bom dia", sagten sie. Nicht „bom dia, weißer Bruder".

Die Fünfzehn drehten sich um, gingen ohne weitere Worte.

Während fünf Jahrhunderten Kolonialzeit waren viele weiße Männer hier ANGEKOMMEN. Für sie bedeutete ANKOMMEN: Sich für die Ewigkeit einrichten, Land nehmen, die afrikanischen Arbeitssklaven unwissend und abhängig, sich selber aber scheinbar unentbehrlich machen.

Was bedeutet für mich: Ich bin ANGEKOMMEN? Und wann werde ich es sagen können?

4.30 Uhr

Während sich meine Zimmergenossen, Ratzeck, der Schlosser, und Thomas, der Dolmetscherstudent, fluchend die Decke über den Kopf ziehen, um wieder zu schlafen, liege ich wach. Draußen schreien über hundert Leute auf Befehl des Vorsprechers: Um! Dois! Três! Eins, zwei, drei . . . Baixo! Nieder! . . . Continua! Weiter! . . . Es ist noch dunkel, aber im Hoflicht der Barackenlampe glänzen die schweißüberströmten Gesichter der Rennenden, Armschwingenden und Marschierenden. Auch nachts ist das Thermometer nicht unter 30 Grad gesunken. Eins, zwei, drei! Nieder! Weiter! . . .

Ich erkenne den schmalen, knabenhaft aussehenden Lázaro aus meiner blocos-Truppe. Er scheint zu träumen, während er, ein Bein nach vorn gestellt, die Arme wie bei einem Bajonettangriff nach vorn stößt. Wenn er einmal zugestoßen hat, haben die anderen schon dreimal reagiert. Und während die meisten laut schreien, bewegt er seine Lippen wie im Schlaf.

Auch auf der Baustelle sitzt Lázaro manchmal traurig, in Gedanken versunken, auf dem Sandhaufen. Hat er Heimweh nach Chimoio, seiner Heimatstadt, wo Ananas, Orangen, Bananen und andere Früchte im Überfluß wachsen sollen?

Von den 150 Jungen der OJM, die mit uns im Camp wohnen, sind die meisten siebzehn oder achtzehn Jahre alt. Sie sind aus allen Ecken des Landes hierher geholt worden, um den Bau der moçambiquanischen Zukunftsstadt Matundo zu beginnen. Für ein Jahr haben sie sich verpflichtet. Sie arbeiten ohne Bezahlung, nur für Essen und die Hoffnung, anschließend eine Berufsschule besuchen zu können oder von der OJM zur Facharbeiterausbildung nach Kuba, in die UdSSR oder in die DDR geschickt zu werden.

Das Camp, Baracken aus Gipskartonplatten, gedeckt mit Wellasbestdächern, haben die FDJ-Brigadisten in einem Jahr aufgebaut. Dazu ein Waschhaus, eine Küche und einen Speiseraum für die Afrikaner.

In jedem Zimmer unserer Wohnbaracke ist eine Klimaanlage installiert worden. Zur Aufbewahrung der Lebensmittel hat man Kühlschränke und Gefriertruhen aufgestellt.

Für die Zimmer der OJM-Brigadisten gibt es keine Klimaanlagen.

5.10 Uhr

Mein Wecker klingelt. Ich habe in dieser Woche Küchendienst, muß frühmorgens für die acht Junggesellen Tee kochen und den Tisch dekken, abends Jagdwurst braten oder mir etwas anderes einfallen lassen. Die drei Ehepaare, die hier arbeiten, versorgen sich früh und abends individuell.

Die Jungs der OJM beugen im Takt der Kommandos ihre Knie. Sie werden bei der Arbeit müde sein, denke ich.

Kurz vor halb sechs rüttle ich die Junggesellen, dann gehe ich vor die Baracke.

Frühsportende.

Blutroter Himmel über der noch in tiefem Dunkel liegenden Landschaft. Doch das dauert nur wenige Minuten, dann geht die Sonne auf. Wie ein sich stufenlos einschaltender Scheinwerfer strahlt sie immer stärker, und nach drei oder vier Minuten ist aus der Nacht gleißend heller Tag geworden. Übergangslos. Die Morgendämmerung wird eingespart. Zeitstufen werden übersprungen.

6.00 Uhr

Arbeitsbeginn. Wir stehen auf der Veranda vor unserer Baracke. Sonnenstrahlen blitzen durch die Aussparungen einer mannshohen Mosaikmauer und malen Kringelschatten auf den Betonfußboden. Die Sichtblende ist erst drei Tage alt. Allround, unser Maurer, hat sie von den Moçambiquanern hochziehen lassen, damit uns, wie er sagt, „die Schwarzen wenigstens nach Feierabend nicht noch ins Essen gukken können".

Die Jungs der OJM laufen noch zwischen Waschhaus und Wohnbaracken hin und her. Plötzlich erstarren sie. Die draußen vor dem Waschraum Zähne geputzt haben, halten die Bürsten bewegungslos in den Händen, die sich Abtrocknenden stehen still, nur das Handtuch flattert im Wind. Bis die drei OJM-Brigadisten wie an jedem Morgen die Staatsfahne und die FRELIMO-Fahne am Mast aufgezogen haben. – In Tete vor dem Gouverneurgebäude halten während des Fahnenhissens sogar die Autos auf der Kreuzung. – Die FDJ-Brigadisten haben ihre Fahne im Camp zuerst auch täglich eingeholt und hochgezogen. Aber inzwischen weht sie Tag und Nacht.

Criscéncio, der Einäugige, sagt: Die Fahne der Freiheit, das ist die Seele des Landes.

Zwei Lkws, ein weißer und ein blauer W 50, bringen die 80 Arbeiter der CRBOMOC, der staatlichen Kohlegesellschaft, die für den Bau von Matundo abgestellt sind. Sie haben sich trotz der 30 Grad in Säcke und mantelähnliche Lumpen eingemummelt. Kaum sind sie abgestiegen, der eine Lkw kommt aus Moatize, links vom Sambesi, der andere aus Tete, rechts vom Sambesi, beginnt der allmorgendliche kleine Markt. Einer holt Feuersteine aus der Hosentasche, der andere Brötchen aus einem Sack. Eier, Spiegel, Bleistifte, Zucker in Papiertütchen wechseln die Besitzer.

Ich habe in meiner blocos-Gruppe vier CRBOMOC-Arbeiter. José, ein fünfundzwanzig Jahre alter Kraftmensch, Fernando, ein kleiner Stiller, bald fünfzig. Chimica Roia, der nur ein paar Worte Portugiesisch spricht, der älteste aller Arbeiter, so alt, daß er nicht einmal weiß, wie alt er ist. Weder seine Eltern noch er konnten zählen. Auch die anderen wissen nicht, wie alt Chimica ist. Achtzig Jahre oder älter? Seine Haut ist rissig und faltig, wie die Rinde der Affenbrotbäume, die schon

Jahrhunderte in der Glut und dem Wind der Savanne stehen. Ich sagte o meu pai – mein Vater – zu dem Alten.

Den Jüngsten der ARBOMOC-Arbeiter in unserer Gruppe, den zweiundzwanzigjährigen Pinto, habe ich heute nicht erwartet. Pinto, ich nenne ihn Schnelläufer, marschiert jedes Wochenende – sonnabends hin und sonntags zurück – in sein Heimatdorf. Das sind 72 Kilometer durch den Busch. Vorgestern ist Pinto zu mir gekommen und hat gesagt, er müsse einen Tag freimachen. Seine Mutter sei an Schwäche gestorben. Gestern hat er sie begraben. Und heute ist er schon wieder da. Nachdem er mir die Hand gegeben hat, dreht er sich weg, trotzdem sehe ich, wie er zwei Tabletten aus der Tasche holt und sie schnell schluckt. Ich will ihn anschreien, doch ich sage nichts.

Einige der Jungs von der OJM haben sich noch einmal auf das Bett gelegt, von meinen zwölf sind neun zur Arbeit gekommen. Wir holen uns Schaufeln und Schubkarren aus dem Lager und laufen hinüber zur Baustelle.

Ein Zehn-Minuten-Weg.

Meist geht Lázaro mit mir. Er spricht leise von Chimoio, wo die Mandarinen wachsen. Tete ist für ihn, wie die Moçambiquaner sagen, der Vorhof zur Hölle, denn Tete ist die heißeste Zone des Landes und mit nur 600 Millimeter Regen im Jahr die niederschlagsärmste.

Lázaro war hierhergekommen, um an der technischen Berufsschule Moatize zu lernen, doch er begriff die komplizierten Formeln nicht; da schickte ihn die OJM zur Bewährung in das Arbeitscamp Matundo.

Wir laufen und schweigen. Die Sonne lähmt noch nicht die Flügel der Vögel, sie fliegen und singen. Noch fällt das Atmen leicht. Wir saugen die Lungen mit der Taukühle der Nacht voll. Das ist unser Guten-Morgen-Gruß an den Tag.

Zehntausende Menschen sollen später hier wohnen. Häuser stehen noch keine. Wir gießen erst die Fundamente und produzieren blocos. 200 Einfamilienhäuser, gebaut von OJM und FDJ – das größte Jugendobjekt Afrikas –, werden der Anfang sein. Allerdings entspricht der Begriff „Einfamilienhaus“ nicht unseren Vorstellungen von einer Familie. Zur Familie von o meu pai gehören beispielsweise 18 Leute.

Das Gelände der künftigen Stadt hat noch seine Jahrhundertwächter. Soweit man schauen kann, stehen die dicksten Bäume der Welt.

Ihre Rinde ist elefantenhäutig, und ihre Äste verjüngen sich nicht allmählich in Zweige, sondern sie gleichen in die Luft gereckten Elefantenbeinen, denen man Zweige aufgesteckt hat. Die Stämme werden bis zu 15 Meter im Durchmesser. Affenbrotbäume – embondeiros. Saint-Exupérys kleiner Prinz plagte sich verzweifelt mit diesen Bäumen, denn ihre Wurzeln wollten seinen kleinen Planeten auseinandersprengen. Ich hatte sie mir, nach dem Lesen des Buches, als unkrautähnliche, nutzlose Gehölze vorgestellt.

Neben dem Pfad zur Baustelle steht ein sehr großer Affenbrotbaum. Die elf Brigadisten unserer Gruppe können ihn zusammen nicht umfassen. Jeden Morgen treten Lázaro und ich andächtig in seinen schilfhüttengroß ausgehöhlten Stamm. Sein schwammiges, zähfasriges Holz brennt nicht.

Aus dem Baumtempel holt Lázaro seine Schaufel, so muß er sie täglich nur die halbe Strecke tragen.

Doch nicht völlig nutzlos, embondeiro – der Affenbrotbaum?

Die hartschaligen, rugbyballähnlichen Früchte, die wie Birnen an den Bäumen hängen, sind für mich ungenießbar.

Früchte und Holz wertlos.

Man wird die Affenbrotbäume bedenkenlos roden können, um Platz für die neue Stadt zu schaffen. Europäisch gedacht, ist das richtig gedacht. Die Bauakademiker aus der DDR, die das Projekt für die Zukunftsstadt ausarbeiteten, hatten keine Mühe, anstelle der Jahrhundertwächter Hochhäuser einzuzeichnen.

Den dicken Affenbrotbaum, in dem Lázaro seine Schaufel aufbewahrt, nennt er Tempel. Den zweiten, dessen Krone der Sturm bis auf einen Ast umgebrochen hat, nennt er Rüssel. Den dritten, an dessen dicken Luftwurzeln man wie ein Affe klettern kann, nennt Lázaro Schaukel, und den vierten, an dem ein Brigadist das gerahmte Porträt Samora Machels angenagelt hat, nennt Lázaro Präsident. Wenn wir an Tempel, Rüssel, Schaukel und Präsident vorbei sind, fehlen nur noch einhundert Meter bis zu unserem blocos-Arbeitsplatz. Unter einem schattenspendenden Wellasbestdach stehen fünf kleine Preßformen für Hohlblocksteine. Daneben liegt ein Berg Sand. Nicht überdacht sind ein gemauertes Bassin mit schmutzigem Wasser und die Papiersäcke mit Zement, hergestellt in der VR Moçambique.

Die Steine, die wir gestern geformt und in Reih und Glied neben den Arbeitsplatz gelegt haben, sind zur Hälfte zerfallen. Nicht, weil wir sie zu wenig gestampft haben, irgend jemand hat sie zerstört.

Die Jungs der OJM ballen die Fäuste. „Bandidos!"

Dabei schauen sie ängstlich und mutig ringsum, als könnten die bandidos wieder auftauchen. Aber anstelle der Banditen kommen einige der Arbeiter hinter dem Dornengestrüpp hervor. Fast jede Stunde hocken sie dort. Ruhr und Cholera.

Ich zeige o meu pai die zerstörten blocos und frage: „Bandidos?"

Er schüttelt den Kopf, deutet auf Hufspuren im Sand: „Eine Ziegenherde."

6.45 Uhr

Wir stapeln die in 24 Stunden steinhart getrockneten blocos. Als ich mich bücke, um den ersten Stein hochzuheben, schiebt mich o meu pai zur Seite.

„Kobra!" Schlangen!

Pinto übersetzt mir, jetzt kämen bald die Monate der Schlangen, und mit Vorliebe würden sie in den Hohlräumen der blocos liegen.

Schlangen, davor fürchtet man sich mehr als vor Banditen. Banditen können selbst Angst bekommen und ausreißen, sagt Pinto, aber eine Schlange, die keinen Fluchtweg mehr sieht, greift immer an. Ich habe bisher nur eine gut eineinhalb Meter lange schwarze Otter gesehen, ihre Spur im Sand gleicht der eines Baumstammes, den ein Besoffener hinter sich herzieht. Eine kleine grüne Mamba hat einmal tot in einem Strauch vor unserer Baracke gehangen, und einer schwarzen Mamba, deren Gift in wenigen Minuten tödlich wirkt, bin ich, meinem Elefantentrampelschritt sei Dank, noch nie begegnet.

Im Camp haben wir nur ein Schlangenbesteck. Schlangenbestecke kosten ziemlich viel Devisen, sagt mir der DDR-Doktor in Moatize. Vergiß es!

O meu pai erzählt, daß er vom Medizinmann mit einer Knochennadel geimpft worden sei und ein Serum aus toten Giftschlangen injiziert bekommen habe. Das würden die Schlangen riechen und ihn deshalb nicht beißen. Und wenn sie doch beißen, wäre es nicht tödlich. – Unser Doktor bestätigt mir übrigens, daß Afrikaner, die mit einem

Schlangenbiß zu ihm kamen und vordem vom Medizinmann behandelt worden waren, zu 90 Prozent am Leben blieben, jene aber, die nicht beim curandeiro – Medizinmann – gewesen waren, zu 90 Prozent starben. Nur gegen die schwarze Mamba sei nicht einmal der Medizinmann gefeit, sagt o meu pai. „Wenn man ein schwarzes Mambamännchen tötet, verfolgt einen das Weibchen bis zu drei Tagesmärschen weit. Und es findet den Mörder immer. Einmal in einem Arbeitslager in Südafrika hatte ein Kumpel von mir eine schwarze Mamba erschlagen. Wir schliefen zu 20 Mann in der Wellblechhütte, als das Weibchen kam. Sie tötete nur ihn."

Die Brigadisten karren Sand und Zement auf den freien Platz zwischen den blocos-Formen. Wir beginnen, mit der Hand zu mischen. Die vier Arbeiter tun das langsam und ausdauernd. Die OJM-Leute sehr hastig, aber nach fünf Minuten liegen sie erschöpft auf dem Sandhaufen.

Die meisten der Jungs und alle Arbeiter stehen barfuß in der Sand-Wasser-Zement-Mischung. Nach einer Viertelstunde schwinden auch mir zum erstenmal die Kräfte. Dabei habe ich mir schon den Bauch mit Weißbrot und Butter vollgeschlagen. Die Arbeiter dagegen schaufeln meist mit leerem Magen ...

Als ich am zweiten Tag nach meiner Ankunft frühmorgens beim Mischen mithelfen wollte, nahm mir erst o meu pai, danach auch Fernando die Schippe aus der Hand.

Ich sei ein Chef!

Und jedesmal, wenn o meu pai mir die Schippe wegnahm, schaufelte er anschließend schneller, so, als hätte ich ihn durch mein Mitarbeiten beschuldigt, zu langsam zu sein. Erst nach 14 Tagen gaben sie es auf und ließen auch mich schippen.

8.30 Uhr

Wir stampfen die ersten Steine. Die Mischung ist gut, doch wenn wir die Steine aus der Form herausholen und wegtragen, fallen immer einige zusammen. Pedro gehört zu den besten Balancierern und Abträgern. Der Siebzehnjährige ist aus Manica nach Matundo gekommen, weil ihm die OJM versprochen hat, er könne hier Autoschlosser lernen. Doch Ratzeck hat schon zwei Schlosserassistenten. Pedro wird zu mir geschickt. Er verdrückt sich, wann immer es nur geht. Bis ich ihm sage, wenn er der schnellste Abträger werde, könne ich mit Ratzeck sprechen, damit er ab Januar noch einen dritten Assistenten nähme.

Mit dem Geschrei einer Glucke läuft Pedro jetzt dem blauen Lkw entgegen, der geradewegs auf die noch frischen Steine zufährt.

„Hast du Nashorn keine Augen zum Gucken", schreit er respektlos den motorista, den Lkw-Fahrer, an. – Lkw-Fahrer gehören seit der Zeit der Portugiesen zu den privilegierten Moçambiquanern. Sie bekommen auch heute noch 8000 Mt im Monat, die Maurer dagegen nur 2400 Mt. – Fast zerrt Pedro den Kumpel aus dem Fahrerhaus, doch der wehrt sich, er habe den Auftrag, eine Fuhre blocos hinüberzufahren, die Maurer wollten die erste Schicht Steine auf die Fundamente setzen.

Ich sage den Leuten: „Wir laden auf. Die Maurer brauchen *unsere* Steine."

Die blocos sind rauh und heiß und schwer.

Pedro und Fernando, José und Lázaro schicke ich zum Stapeln auf die Ladefläche – alle anderen sollen die Steine hochheben.

Lino, der kleinste der OJM-Brigadisten, bricht fast zusammen, die Ladefläche ist höher als sein Kopf. Auch o meu pai lädt Steine. Er hebt den bloco mit großer Anstrengung bis in Bauchhöhe, wartet einen Moment, sammelt wie ein Gewichtheber Kräfte und stemmt ihn dann auf die Ladefläche. Alles noch mit leerem Magen. Ich sage, o meu pai, das ist keine Arbeit für dich, nehme ihn bei den Schultern, schiebe ihn zur Seite. Da lädt er gegenüber weiter. Er schnauft und zittert. Unter seiner gleichsam pergamentenen Haut pulsiert mühsam das Blut in den vorstehenden Adern. Er will mir sagen, daß er noch muito forte – viel Kraft hat, doch ich bringe ihn zum Sandhaufen.

„Ruh dich aus, o meu pai!"

Nach zehn Minuten sehe ich, daß er sich hinter dem Fahrerhaus an die Ecke geschlichen hat und Pinto Zeichen gibt, daß er ihm von dort aus blocos abnimmt. Schafft es auch, einen bis auf die Ladefläche zu heben.

Ich schreie ihn an.

Er duckt sich wie unter Schlägen.

Stammelt etwas in Landessprache.

Pinto übersetzt.

„Er bittet, daß du ihn nicht entläßt, er sei noch ein starker Mann, hat eine große hungrige Familie zu Hause. Du sollst ihn nicht wegjagen, nur weil er schon alt ist . . ."

Ich weiß ihm nichts zu sagen. Ich setze mich mit ihm auf die Steine. Umarme ihn und streichle ihn wie ein Kind.

9.00 Uhr

Frühstückszeit. Mata-bicho, sagen die Moçambiquaner. Die Brigadisten und wir gehen ins Camp. Die Arbeiter kochen ihr Essen auf der Baustelle. Sie setzen sich in Stammes- oder Wohngruppen zusammen. Die „Feuermänner" haben morgens eine Art Schwammzunder mitgebracht. Er glimmt seitdem. Damit zünden sie nun das gestapelte Holz an. Auch auf dem Markt halten die Tabakverkäufer solche „Feuerschwämme" für ihre Kunden bereit. So können die aus schwarzem, stinkendem Tabak gerollten Zigarren – alte Frauen rauchen die dicksten – gleich am Stand angezündet werden.

Ich frage Fernando, was für ein Gewebe das sei.

Er schaut mich ungläubig an.

„Embondeiro. Das Holz vom Affenbrotbaum."

Im Eimer, mit dem wir das Wasser für die Betonmischung aus dem schmutzigen Bassin schöpfen, kocht Fernando über dem Holzfeuer Wasser. Schüttet aus einem Plastesack Maismehl hinein und rührt, bis der Brei steif ist.

Massa.

Täglich hocken die Arbeiter um die Massaeimer.

Etwas anderes gibt es nicht.

Massa. Ihren Geschmack bekommt sie vom Rauch des Holzfeuers.

Manchmal kocht sich einer noch grüne Blätter dazu.

Pinto sitzt heute beim mata-bicho allein hinter dem Haufen blocos.

„Kein Geld für Maismehl mehr?" frage ich.

Nein, das letzte habe er für den Holzsarg und das Totenessen ausgegeben. Und seitdem keinen Bissen im Magen.

„Nur Schmerztabletten?"

Er nickt.

Wie viele andere geht auch Pinto früh beim posto médico vorbei, klagt über Kopfschmerzen und schluckt die Tabletten, um für kurze Zeit das Hungergefühl zu betäuben.

Ich hatte ihn einmal gefragt, ob er sich keine Lebensmittel aus seinem Dorf mitbringen könne.

Er schaute mich halb beleidigt, halb traurig an und schwieg.

Am anderen Tag erklärte mir Pinto, daß es in seinem Dorf weder Mais noch Hirse oder Maniok gebe. Die letzte und die vorletzte Ernte sei durch außergewöhnliche Dürre vernichtet worden. Konterrevolutionäre raubten die Notvorräte und die letzten Ziegen. Auch in den Nachbarorten ernährten sich die Menschen nur noch von den Blättern der Affenbrotbäume und von Wurzeln. Viele Kinder seien verhungert. Tausende Menschen zögen wie Bettler von Dorf zu Dorf. Die Schwächsten stürben unterwegs. Er laufe jede Woche nach Hause, um der Familie einige Handvoll Maismehl zu bringen. Trotzdem sei die Mutter verhungert.

„Ich hole dir Brot", sage ich und fahre mit einem der Mopeds zum Camp hinüber.

Die Kumpel essen schon. Leberwurst aus der Schüssel. – Ich hatte die Konserven nach Thüringer Art veredelt. – Und Weißbrot.

Ich lüge: Einer meiner Leute braucht ein Pflaster. Stecke mir in der Küche einige Scheiben Weißbrot unter das Hemd.

Ich bin zu feige, die Wahrheit zu sagen, denn ich kenne die Argumente.

„Willst du auch jeden Tag massa essen?"

„Wenn man erst einmal damit anfängt, wollen sie jeden Tag Brot ..."

In der vergangenen Woche war ich mit Allround zum ersten Mal in Tete Brot einkaufen. Wir standen schon eine halbe Stunde, ehe der Bäcker seinen Laden öffnete, vor dem Geschäft. Zusammen mit vielleicht 200 Afrikanern. Dicht an der Tür stritt sich ein Häuflein junger Männer, wohl Bekannte des Bäckers oder Privilegierte, denn sie waren besser gekleidet, um den Vortritt. Aus dieser Gruppe formierte sich die erste Reihe der Wartenden, links neben der Tür an der Wand entlang und um die Ecke herum: Männer. Wer es nicht mehr schaffte, mit einer Hand die Hauswand zu berühren, war raus aus der Schlange. Auf der Straßenseite gegenüber stand die größte Gruppe, die Reihe der Frauen. Einige schimpften und andere schauten uninteressiert drein. Rechts von der Ladentür, am leeren Schaufenster entlang, wartete lautlos und wie totenstarr die dritte Schlange, dreißig oder vierzig Elendsgestalten. Die meisten hielten sich an einem Stock oder einem Strick fest, an dem sie von zerlumpten Kindern wie Hunde gezerrt wurden. Anstelle der Augen hatten sie vereiterte Geschwüre. Oder schwarze tiefe Löcher. Fliegen auf dem Schorf. Blindheit ist in Moçambique noch eine Volkskrankheit der Allerärmsten.

Der Gehilfe des Bäckers brachte eine Blechwanne voll Brot in das Geschäft. Als die Tür geöffnet wurde, begann die Schlägerei. Uniformierte versuchten zu schlichten, indem sie die wütendsten Schläger verprügelten. Die Blinden drückten ihre Gesichter an die Schaufensterscheibe und hielten die Hände über die Köpfe.

Die Soldaten und ein Rausschmeißertyp postierten sich vor der Tür. Ließen sechs Männer in den Laden. Dann sechs Blinde. Dann sechs Frauen. Sechs Männer, sechs Blinde . . . Nur draußen schrie man, prügelte, heulten die Kinder. Im Laden drängelte keiner mehr. Ruhe. Andacht vor dem Geruch des warmen Brotes.

Allround hatte inzwischen an die Hintertür des Bäckerladens gehämmert und dem Chef die versprochenen Lederschuhe – eine Rarität selbst für einen Bäcker – verkauft. In der Backstube standen noch zwei Wannen, vielleicht Brot für 80 Leute.

„Das letzte Mehl, die Züge aus Beira kommen nicht mehr durch, die verdammten Banditen sprengen alles in die Luft", sagte der Bäkker.

Allround sackte 40 Brote ein.

Wir gingen schnell an den Wartenden draußen vorbei und legten den Sack auf den Lkw. Ich setzte mich daneben. Das warme Brot duftete. Sonst hätte ich mich nicht beherrscht und es während der Fahrt angeknabbert. Dieses Mal ließ ich es unberührt . . .

Pinto ißt nur eine von den drei Scheiben, die ich ihm gebracht habe, die restlichen steckt er in seine Basttasche.

9.30 Uhr

Ende der mata-bicho-Zeit. Eine halbe Stunde Pause, das sei vielleicht genug für einen Europäer in Europa, hat mir Lázaro gesagt, aber Afrikaner brauchten länger, um sich auszuruhen.

Doch das ist nur die halbe Wahrheit, denn außer neuen Kräften muß man während des mata-bicho auch neue Nachrichten sammeln.

„Wenn ein Moçambiquaner allein beim Frühstück sitzt, unterhält er sich mit sich selbst. Sobald zwei zusammen sitzen, machen sie eine Volksversammlung daraus“, sagt Pinto. Geheimnisse hat man kaum, alles wird am Feuer erzählt. Und dafür ist eine halbe Stunde wahrlich eine zu kurze Zeit.

Fernando gehört bei dem mata-bicho-Schwatz meist zu den Schweigsamen, heute allerdings steht er im Mittelpunkt des Gesprächs. Fernando haben die Bewohner seines Dorfes zu ihrem Volksvertreter gewählt. Gestern abend hat er an einer Beratung der FRELIMO in Tete teilgenommen. Thema: Versorgung der Kooperativläden mit Lebensmitteln.

„Die FRELIMO sagt: Das Mehl, der Zucker, das Salz wird zuerst an die Kooperativläden verteilt! Aber die Lager in Tete gehören noch den indischen und portugiesischen Großhändlern. Wenn also Mehl ankommt, verschieben die Händler es an ihre Geschäftsfreunde, die mit einem Lkw vorgefahren kommen. Wenn die Leute aus den Kooperativen dann Mehl abholen wollen, ist keins mehr da. Wir werden euch einen Lkw geben, hat die FRELIMO gesagt. Denn was nutzt es, wenn Mehl in unseren Kooperativen zwar billig ist, aber doch nicht dort, sondern nur auf dem Schwarzmarkt verkauft wird?“

José sagt: „Fernando, hast du gefragt, weshalb die FRELIMO den Großhändlern die Lager nicht wegnimmt und sie an die Kooperativen übergibt?“

„Einer aus dem Nachbardorf stellte diese Frage. Und die Genossen sagten ihm: Weil wir noch nicht genug Leute haben, die so ein Lager verwalten können.“

Pinto geht als erster wieder zu seiner Maschine, beginnt, die Masse einzuschaufeln, festzustampfen und die fertige Form wegzutragen.

Wir haben die blocos hintereinander gereiht. Jede Maschinenbesatzung die Steine, die sie produziert hat. Und unter dem Wellasbestdach hängt eine Tafel: „Die besten Spezialisten bei der Produktion von blocos.“ An jedem Mittag schreiben wir auf, wieviel Steine jeder geschafft hat. Das machen wir noch nicht lange . . .

Vierzehn Tage, nachdem ich die Gruppe übernommen hatte, teilte ich die 15 auf – an jeder Maschine drei – und sagte ihnen, daß wir jetzt täglich die Steine zählen und täglich mehr Steine produzieren würden.

„Nein", sagte Pinto. „Wir haben die Ausbeutung durch den weißen Mann abgeschafft! Mein Vater hat bei einem Portugiesen als Maurer gearbeitet, der befahl ihm auch: Du mußt täglich mehr Steine vermauern, sonst werde ich die Peitsche tanzen lassen!"

Die anderen 14 schwiegen.

Nach einer peinlichen Pause versuchte Lázaro mir zu helfen. „Laß es, wie es ist, camarada Lemmi, wir werden weiterhin an jeder Maschine 30 oder 35 blocos machen, nicht mehr, denn niemand hat etwas davon. Und wir sind schwach, weil wir wenig zu essen haben, das weißt du doch ..."

Ich sagte nichts.

Zwei Tage später aß ich zum mata-bicho von ihrer massa. Sie freuten sich darüber, ich sei der erste Weiße, der mit ihnen massa esse. „Nach dem Frühstück", sagte ich, „möchte ich eine kleine Versammlung machen und eine Rede halten."

Da klatschten sie.

Zu Beginn der Versammlung zeigte ich ihnen ein Foto von meiner Frau.

Verschämtes Kichern hinter vorgehaltener Hand. Dann ein Foto meines Gartenhauses. Noch unverputzt. Deutlich erkennbar die blocos, aus denen es gemauert ist.

„Das ist mein Haus", sagte ich. „Ich habe selber eins, brauche hier keins, ich bin nur hergekommen, um zu helfen, Häuser für euch zu bauen!"

Schweigen.

Das Hausfoto machte noch eine Runde.

Fernando: „Werden wir auch in solch einem Haus aus Stein wohnen können?"

„Einige von euch bestimmt", sagte ich.

„Weshalb nicht alle?"

„Weil es auch in zehn Jahren noch nicht so viele Steinhäuser geben wird, daß alle aus den Schilfhütten umziehen können."

„Weshalb wird es nicht genug Steinhäuser geben?"

„Weil es zu wenig blocos in Moçambique gibt!"

Nach Feierabend kam o meu pai zu mir und brachte Pinto mit. Pinto brachte er immer mit, wenn er mir etwas sagen wollte.

„Ich werde dir verraten, wie die Portugiesen uns zu schnellerer Arbeit getrieben haben. Sie ließen uns durch den Aufseher ausrichten: Wenn ihr mit dem Hacken des 10-Acres-Maisfeldes fertig seid, bis die Sonne ihren höchsten Punkt erreicht hat, gibt der Senhor jedem eine Scheibe Brot zusätzlich. Man nannte das tarefa, eine Aufgabe stellen. Senhor, vielleicht solltest du uns auch eine Prämie geben, wenn die Aufgabe erfüllt ist."

Ich kapitulierte. Was für Prämien?

„Seife, für jeden ein halbes oder viertel Stück Seife. Ein bißchen Tabak und für die, die lesen können, Zeitschriften und Broschüren über die DDR."

Seitdem rechneten wir jeden Tag die Steine zusammen, und am Monatsende verteilte ich an die Besten kleine Prämien.

Zuvor jedoch war noch Lázaro gekommen, hatte sich beschwert, daß ich die Mannschaften ungerecht zusammengestellt hätte, die CARBOMOC-Arbeiter gemeinsam an eine Maschine, die würden natürlich alle Prämien erhalten, ich sollte die CARBOMOC-Leute aufteilen, zu den OJM-Brigadisten je einen Arbeiter.

„Sie bekommen Geld für die Arbeit, also müssen sie gut arbeiten. Wir bekommen nichts."

„Doch", sagte ich. „In einigen Jahren wird man in Moçambique von Matundo sprechen, von den Brigadisten der OJM, die dieses Jugendobjekt begonnen haben."

Seitdem wetteiferten die Brigadisten gegen die erfahrenen Arbeiter ...

Pinto trägt den dritten bloco weg, da kommen auch die anderen. Zwischen Pinto, José, Fernando an der ersten Maschine und Lázaro, Pedro und Lino an der dritten Maschine wird um jeden bloco gekämpft.

Gestern hat Lázaros Gruppe zum ersten Mal 50 und Pintos Gruppe 48 blocos geschafft.

11.00 Uhr

Die Hitze wird nun unerträglich. Jeder Handgriff verursacht erneut Schweißausbruch. Ich trinke während der Arbeit drei bis vier Liter

Wasser. Aber das Durstgefühl schwindet nicht. In der Hosentasche habe ich immer einige Krümel Salz. Lecke daran, um einem Kollaps vorzubeugen.

Vor einigen Tagen hat mir Pinto gegen den Durst eine mehlige Masse und schwarze Kerne empfohlen. Die Masse schmeckt säuerlich erfrischend. „Den steinharten Kern mußt du im Mund behalten, er stillt den Durst."

Seitdem kaue ich diese unzerbeißbaren schwarzen Kerne.

Ich frage Pinto: Was sind das für Kerne?

Er schaute mich ungläubig an.

„Embondeiro – die Frucht des Affenbrotbaumes."

Auf dem Bauplan für Matundo steht kein Affenbrotbaum mehr. Außer den praktischen, schon in Kuba erprobten 200 kleinen Steinhäusern, die OJM und FDJ in Matundo bauen, sind noch vorgesehen: DDR-Typen-Hochhäuser, DDR-Typen-Kinderkombinationen, DDR-Typen-Schulen, DDR-Typen-Parkanlagen. Dazu eine vierspurige (!) Autobahn zwischen Tete und Moatize. Ich habe mich dreimal gegen 16 Uhr an die jetzige Straße Tete–Moatize gestellt und die Autos gezählt. Der Rekord waren 58 Autos und 9 Radfahrer in einer Stunde.

In DDR-Typenwohnungen wird es für afrikanische Großfamilien ziemlich eng zugehen, vielleicht haben die Planer deshalb rund um die Stadt aus Beton – ein Plattenwerk ist im Bau – eine schräg schraffierte Fläche freigelassen. In der Legende liest man unter der schräg schraffierten Fläche: Landreserve für traditionelle afrikanische Rundhütten. Diese mit Elefantengras bedeckten Hütten werden in der Hitze Afrikas und bei der Knappheit des Baumaterials wohl noch für lange Zeit die zweckmäßigste Behausung bleiben.

Den Plan in der Hand, bin ich mit den Brigadisten und Arbeitern über das Baugelände gelaufen. „Hier, wo die Akazie steht, wird ein Hotel gebaut, neben diesem Hügel eine Schule, anstelle des Affenbrotbaumes wird ein Kooperativladen sein."

Sie haben gelacht und den Kopf geschüttelt.

Nur Lázaro, dem ich einen Kugelschreiber geschenkt habe, zeichnete sich einige Häuser auf. Er will später Architekt werden, hat er mir verraten.

Ich müßte ihn zu den Maurern schicken.

Aber er ist mein bester Mann!

Ohne ihn wäre alles schwerer für mich.

Also schicke ich ihn nicht zu den Maurern.

Wähle den für mich bequemsten Weg.

Hinter einer Gruppe von Affenbrotbäumen – meist stehen diese Riesen vereinzelt – liegt in einer Senke ein kleines Dorf.

„An dieser Stelle wird ein großer Sportkomplex entstehen. Stadion, Kleinfeldanlagen!“

„Und das Dorf und die machambas?“ fragte Fernando.

„Weggerissen!“

Er schaute mich entgeistert an: „Ich wohne hier.“

Ich sagte: „Es wird noch Jahre dauern. Inzwischen stehen viele neue Häuser, ihr werdet in die Hochhäuser ziehen, euer Dorf nicht mehr brauchen.“

Werden sie es wirklich nicht mehr brauchen?

11.30 Uhr

Lázaro, Pedro und der kleine Lino arbeiten ohne Verschnaufpause. Pedro schaufelt, Lázaro stampft und Lino trägt die fertigen Steine weg. Als er unterwegs zwei auseinanderfallen läßt und Pintos Truppe wieder einen Stein Vorsprung hat, trägt Lázaro die Steine weg und läßt Lino stampfen. 325 Bretter zum Wegtragen der Steine haben wir – wenn an jeder Maschine 65 blocos produziert würden, wären die blocos-Bretter aus Eisenholz alle, könnten wir nicht weiterarbeiten. Aber bisher sind an keiner Maschine 65 blocos oder mehr geschafft worden.

Heute wäre es möglich, denn Pinto und Lázaro haben schon über 50, und noch ist nicht Feierabend.

Was wird aus unserem Wettbewerb, wenn wirklich alle 325 Bretter aufgebraucht sind?

Fernando mobilisiert die letzten Kraftreserven, er verteilt Krümel schwarzen Tabaks an Pinto und José, sie drehen sich aus dem Papier der Zementsäcke Zigarren. Es stinkt furchtbar. Gibt aber Kraft, sagt Pinto.

Plötzlich kommt schreiend ein Brigadist gelaufen. Er ist der erste Afrikaner, den ich zu dieser Tageszeit rennen sehe, bei der Hitze ist langsam gehen das erste Gebot, um den Kreislauf intakt zu halten.

Er fuchtelt mit den Armen und ruft: „Bandidos! bandidos!“

Der Wachposten von der Revubuebrücke habe einen Banditen gefangen, drüben im Camp werde er verhört.

Meine Jungs lassen alles stehen und liegen, rennen hinüber zum Camp.

Die restliche Mischung wird vergammeln, denke ich.

In der Mitte des Camps versuchen zwei Soldaten hundert schreiende Brigadisten zurückzudrängen. Den Banditen sehe ich nicht, wahrscheinlich duckt er sich, die zwei Soldaten stehen Rücken an Rücken. Es ist Tomás, der Brückenposten. Den anderen – er ist Wachsoldat im Camp – nenne ich Maler. Ich habe ihn schon oft mit dem Zeichenblock gesehen, einmal hat er mir seine Bilder gezeigt. Eine schwarze Frau und ein junger schwarzer Mann sitzen auf grünen Wolken, darunter tanzen auf einer roten Wiese grüne Kinder. Ein grüner Affenbrotbaum war zu sehen, der anstelle der Blätter rote kleine Sonnen trägt und dessen Wurzeln schwarzen Gesichtern gleichen ... Der Soldat hatte nur drei Stifte. Rot, Grün und Schwarz.

Ich fragte ihn: „Weshalb malst du?"

Er sagte: „Damit von mir etwas auf der Erde zurückbleibt, wenn ich tot bin."

Ich sagte: „Du bist jung, du mußt noch nicht sterben."

Er sagte: „Doch, denn ich habe Angst vor den bandidos. Wenn ich weglaufe, wird mich mein Kommandeur erschießen lassen, wenn ich nicht weglaufe, werden mich die bandidos erschießen."

Ich sagte: „Und wenn du die bandidos erschießt?"

Er sagte: „Ich zittere beim Abdrücken, ich fürchte mich vor dem Knall ..."

Sein Vater und seine Mutter, mit denen er in einem Dorf bei Tete wohnte, sind von den Portugiesen erschossen worden. Der älteste Bruder nahm den damals Neunjährigen mit nach Beira, und als der Bruder starb, fand der inzwischen Zwölfjährige bei einem Weißen, der einen Papierladen hatte, eine Stelle als Boy. Der Weiße zeigte ihm Bilder von Renoir und Gaugin. Damals begann er zu malen.

Vor einem Jahr kehrte er zu seinen Geschwistern ins Heimatdorf zurück. Zwei Monate danach holte man ihn zu den Soldaten ...

Ja, er wolle das Dorf seiner Geschwister und das Camp vor den Banditen schützen, aber er zittere beim Schießen.

Ich schenkte ihm noch einen gelben und einen blauen Stift.

Mit Tomás, dem Brückenposten, habe ich manchmal im Schatten unter der Brücke gesessen. Er hatte Trockenfisch mitgebracht und ich Knoblauch und Brot.

Ich fragte ihn, ob er Angst hat, wenn er nachts die Brücke bewacht.

„Nein", sagte er, „die inimigos, die Feinde, haben viel mehr Angst."

Schwer sei es nur, immer sofort zu erkennen, wer ein inimigo und wer ein amigo sei. Da sitze er hier mit einem Weißen, einem amigo, bei Trockenfisch und Knoblauch, und vor einem Jahr habe er einen Schwarzen aus seinem Dorf erschossen, von dem er noch immer nicht wisse, ob er wirklich ein inimigo gewesen sei.

„Rings um unser Dorf mußten wir während der Kolonialzeit wie alle Moçambiquaner Baumwolle, die Pflanze unserer Armut, für die Portugiesen anbauen. Nach der Befreiung wollten wir endlich Mais und Hirse säen, doch der Häuptling sagte: Die neue Regierung, die FRELIMO, hat befohlen, daß ihr auch in Zukunft Baumwolle pflanzt, denn sie gehört nun dem moçambiquanischen Volk. Alle Lebensmittel, die ihr braucht, wird euch die neue Regierung schicken. Der Häuptling kaufte die Baumwolle zu den Preisen auf, wie sie vordem auch die Portugiesen festgesetzt hatten. Er ließ die Baumwolle nach Beira bringen und dort auf ein indisches Schiff verladen. So wurde der Häuptling reich, aber die Not im Dorf wurde größer. Und der Häuptling sagte den Leuten: Die FRELIMO hat uns betrogen, sie schickt nicht, wie versprochen, Reis, Hirse, Mais und Kartoffeln. Schließlich stürmten die Leute ein Lebensmittellager der neuen Regierung. Ich war damals schon Soldat und mußte das Lager verteidigen. Ein Mann unseres Dorfes wurde erschossen, und der Häuptling ließ die Götter, die unter der Erde leben, vom Fetischpriester befragen. Sie sagten, daß ich den Mann getötet und im Leben auf der Erde und auch nach dem Leben auf der Erde aus dem Dorf verbannt sei.

Den Häuptling hat die FRELIMO danach abgesetzt, den Baumwollanbau, wie schon in den anderen Dörfern, durch den Anbau von Maniok und Mais ergänzen lassen. Aber nun ist der Sohn des Häuptlings der Chef des Volksladens im Dorf geworden."

Ich bahne mir einen Weg durch die schreienden Brigadisten. Der Bandit, höchstens fünfundzwanzig Jahre alt, ist klein von Wuchs, und geduckt, wie er dasteht, sieht er fast zwergenhaft aus. Er scheint ein Bauer zu sein. Er ist barfüßig. In den schwieligen Händen hält er zwei Feldhacken und einen leeren Sack. Er trägt eine graue zerschlissene Uniformjacke der früheren portugiesischen Kolonialarmee mit der aufgedruckten Nummer 424. Vor ihm liegt ein halbvoller zerbeulter Benzinkanister.

Weder Tomás noch der Maler schaffen es, den Mann zu befragen. Jeder Brigadist gebärdet sich lautstark als Polizeikommissar. Der Bandit steht vor Angst regungslos. Nur die Augen wandern flink wie bei einer gefangenen Maus.

Der Maler-Soldat schreit die Brigadisten an, bis sie sich endlich beruhigen. Dann freundlich zu dem Bauern-Banditen: „Zeig deinen Ausweis!"

Er hat keinen.

Weshalb er weggelaufen sei?

Keine Antwort.

Ob er aus dieser Gegend sei?

Kopfnicken.

Die Arbeiter der umliegenden Dörfer sagen: Nein, von hier ist er nicht.

Tomás droht, lädt die MPi durch. „Wenn du nicht die Wahrheit sagst, dann . . ."

Fernando sagt, in seinem Dorf hätten sie vor zehn Tagen auch einen Banditen gefangen. Er habe auch einen Benzinkanister bei sich gehabt und zur Tarnung eine Feldhacke. Der Bandit wollte den Kooperativladen anbrennen.

Der Maler durchsucht die Taschen des Gefangenen.

Findet nur eine Amulettkette, aufgefädelte Rückenwirbel eines Tieres.

Der Bauern-Bandit hält sie krampfhaft in der Hand, als könnte sie ihn erretten.

Dann führt der Maler-Soldat den Bauern-Banditen ab.

12.30 Uhr

Manja ist aus der DDR-Schule in Moatize und Toni aus dem DDR-Kindergarten abgeholt worden. Eine DDR-Kinderkrippe gibt es noch nicht, deshalb muß Doreen, die Frau von Dieter, unserem Klempner, ihr einjähriges Kind allein versorgen. Alle FDJ-Brigadisten, Ehepaare und Junggesellen, sitzen zusammen am Mittagstisch. Angela, die Frau unseres Elektrikers und Mutter von Toni und Manja, hat mit Konserven aus dem DDR-Versina-Laden und moçambiquanischem Piri-Piri einen vorzüglichen Gulasch gekocht.

Wir schmatzen zufrieden.

Gespräch über den Banditen.

Siegfried, der Brigadeleiter, weist an: „Wegen Minengefahr usw. werden wir ab morgen erst zehn Minuten nach den Moçambiquanern auf die Baustelle gehen!"

Rainer, unser Vielfraß, holt sich zwei Nachschläge. Ute Freudenberg singt in Stereo „Jugendliebe".

Nach dem Essen Mittagsschlaf für alle. Es ist die Zeit der großen Hitze.

Nur Dieter, Bodo, der Zimmermann, Ratzeck und ich schlafen nicht. Dieter und Bodo gießen die Bananenstauden, die Piri-Piri-Sträucher, die Kakteen und die Radieschen – von der Aussaat bis zur Ernte drei Wochen! – vor unserer Baracke. Ratzeck füttert die Hühner und die zehn Kücken mit den übriggebliebenen Nudeln.

Drei Kücken sind schon von den Schlangen gefressen worden.

Wir sind also doch in Afrika.

Matavell, der Chef der OJM im Camp, kommt niedergeschlagen aus dem Dorf zurück. Er hat wieder mit dem Häuptling des Dorfes wegen Land verhandelt. Die OJM will für die Versorgung der Brigadisten machambas anlegen, Hirse und Bohnen säen. Aber die Ältesten des Dorfes haben gesagt: „Ihr lebt nicht mehr nach den Gesetzen der Ahnen, ihr habt andere Götter und lehrt die jungen Menschen nicht mehr die Gesetze der Väter. Deshalb können wir euch kein Land geben."

Nun will Matavell eine Klage beim Volksgericht in Tete einreichen.

Ich gehe hinüber auf die Baustelle. Vögel sind nicht zu sehen. Ihnen fällt das Flügelschlagen jetzt so schwer wie uns das Atmen.

Die Arbeiter – seit dem mata-bicho hat keiner etwas gegessen – sitzen unter einem Affenbrotbaum. Noch blattlos, spendet er schon Schatten. An dem Stamm des Baumes lehnt eine schwarz übermalte Schaltafel. Und vor der Tafel stehen Lázaro und ein anderer Brigadist. Schreiben 7 + 3 = ? Fernando geht nach vorn und malt eine kraklige 10.

Jeden Nachmittag lehren die Brigadisten die Arbeiter das Schreiben, Lesen und Rechnen.

Am Ende der Kolonialherrschaft waren 95 Prozent aller Moçambiquaner Analphabeten. Heute sind es nur noch 80 Prozent.

Die ersten Schiefertafeln stellte man sich im Busch noch während des Befreiungskampfes aus angekohlten und polierten Brettern her. Als Kreide dienten getrocknete Maniokwurzeln. Und die Schulhäuser waren die Affenbrotbäume.

Die Kinder saßen nicht nur wegen des Schattens darunter. Sondern wegen der portugiesischen Tiefflieger.

Embondeiro – der Affenbrotbaum.

Eine Schule aus Steinen habe ich hier im Schnitzerdorf gesehen, acht Kilometer vom Camp entfernt. Die Schnitzer im Schnitzerdorf sind eigentlich Drechsler. Und die Schule ist auch gar nicht als Schule gebaut worden ...

Das erste Mal fuhren wir zu fünft mit dem blauen W 50 in das Schnitzerdorf. Die meisten wollten Holzspeere kaufen.

Am Dorfeingang stand ein Wachposten mit roter Armbinde, aber ohne Gewehr. Zwischen den Hütten war der Boden festgestampft, wahrscheinlich die Hauptstraße. Wir hielten vor einem langgestreckten, nicht einmal mannshohen Dach aus Elefantengras. Sechs Drechsler saßen darunter. Drei von ihnen trieben mit einem Ziegenledergurt, den sie hin- und herzogen, drei provisorische Drechselbänke an. Die anderen drei hielten geschliffene Stähle gegen das eingespannte schwarze Holzstück und schälten so Vertiefungen aus dem Holz. Speere hatten sie keine. Nur Kerzenständer und Mörser. Alles fast 50 Prozent teurer als noch vor einem Monat. Immer mehr der 300 DDR-Bürger in und um Moatize kaufen hier. Die Marktgesetze, Nachfrage regelt den Preis – früher tauschten sie ihre Holzarbeiten nur gegen Lebensmittel –, beginnen gerade erst zu funktionieren. Einer der Männer erzählte, daß alle Schnitzer des Dorfes im nächsten Jahr schon eine Genossenschaft gründen wollen. Ich fragte nach dem Weg zur Schule. Wege gibt es keine. Auch keine durch Zäune abgetrennten Privatgrundstücke. Hier laufen Hühner, kläffende Hunde, schwarze

Schweine und beachtlich große Ziegenböcke, denen ich lieber auswich, quer durch das Dorf.

Die Kinder zeigten mir die Schule. Ein Steinhaus. Aber nur die zwei Giebelwände waren hochgemauert, anstelle der Seitenwände gab es eine niedrige Brüstung. Keine Bänke, keine Stühle. Ungefähr 50 Kinder saßen auf dem Betonfußboden. In der Mitte ihres Kreises hockte ein junger Lehrer. „Nein", sagte er, „ich bin kein Lehrer, sondern ein Alphabetisator." Er hatte vier Klassen besucht und unterrichtete die Kinder hier in der 1. und 2. Klasse. Später würden sie jeden Tag die 15 Kilometer durch den Busch bis zur Schule nach Moatize laufen. Ich wollte mir seinen Namen aufschreiben, hatte aber kein Papier, fragte, ob ich ein Blatt Papier bekommen könnte, und bereute die Frage sofort. Jedes der Kinder wollte mir eine Seite aus seinem Heft herausreißen. Der Lehrer zählte erst, wer in seinem Heft noch die meisten unbeschriebenen Seiten hatte.

An einer der Giebelseiten sah man den Abdruck eines Kreuzes, das früher dort gehangen hatte.

„Ja", sagte der Lehrer, „es war zur Kolonialzeit die Kirche. Das einzige Steinhaus im Dorf."

Unser Lkw hupte. Die anderen waren mit dem Einkauf fertig, aber Speere hatten sie keine. Wollten noch in ein anderes, auf der rechten Straßenseite gelegenes Dorf.

Es war kleiner. Die Rundhütten standen auf einer Anhöhe. Eine Schule gab es nicht. Es roch nach Holzfeuer. Die Frauen vor den Hütten waren meist jung und schön. Sie hatten etwas Ruhiges, Weiches in ihren Gesichtern.

Während wir wegen der Speere verhandelten, sprang plötzlich ein känguruhähnliches Wesen zwischen den Hütten hervor, hüpfte auf uns zu. Ich erschrak zu Tode. Es hatte ein Menschengesicht.

Als wir fertig waren mit dem Speerhandel, baten uns zwei junge Männer, ob wir sie und ihre Fahrräder und ihren Freund – dabei zeigten sie auf den am Boden hockenden lächelnden Krüppel – mitnehmen könnten. Sie wollten nach Tete. Spazierengehen. Ich hievte ihnen die Fahrräder hoch, damit ich nicht mit anfassen mußte, wenn der auf allen vieren heranhüpfende Freund auf den Lkw gehoben werden würde. Doch schneller als ich gucken konnte, turnte er allein die Bordwand hinauf. Ich setzte mich neben ihn auf die Ladefläche. Er war noch jung. Ein offenes Gesicht. Ordentlich geflicktes Hemd. Kurze Hosen, aus denen die furchtbar dünnen Knochenbeine ragten. Das hätte er, seitdem er denken könnte.

An der Kreuzung nach Tete stiegen sie vom Auto. Er hüpfte wieder auf allen vieren über die Straße. Einer setzte ihn auf den Gepäckträger des Fahrrades. Sie fuhren los. Wahrscheinlich nicht zum Spazierengehen in Tete, sondern zur Abendschule. Der Krüppel hatte sein Schreibheft liegengelassen.

Es war ein Schreibheft mit Rechenaufgaben. Das Heft war in der DDR hergestellt worden.

15.00 Uhr

Lino und Arão kommen auf die Baustelle und begießen die heute produzierten blocos mit Wasser. An den ersten Tagen waren uns die Steine wie Krümelkuchen in der Sonne zerbröckelt. Nun begießen jeden Nachmittag zwei andere Brigadisten die blocos. Die Reihenfolge hat Lázaro auf einen großen Plan neben die Wettbewerbstafel geschrieben.

Pinto und Fernando und José, die ihre Schulstunde absolviert haben, stehen vor der Wettbewerbstafel. Sie rechnen nach, ob ich die Steine für jede Maschinenbesatzung richtig zusammengezählt habe.

Felicibert, der Vorsitzende der Maurer, der sein Handwerk bei einem Portugiesen sehr ordentlich erlernt hat, fragt mich, ob camarada Conny noch schläft. Conny ist unser Tischler und der Fahrer des Wassertankwagens. Er hat Felicibert versprochen, im Dorf vorbeizukommen und seine Wassertonnen zu füllen.

Ich gehe mit ihm ins Camp. Wecke Conny.

Wir holen das Wasser von der chipanga 11.

Felicibert wohnt in einem Vorort von Moatize. Die nächste Wasserstelle ist drei Kilometer entfernt. Von dort schleppen die Frauen das Wasser täglich in das Dorf.

„Leider läuft die Wasserleitung vom Revubue-Fluß nach Moatize hier nicht entlang, sonst könnte ich sie anzapfen“, sagt Felicibert. – In Moatize darf nur noch dreimal am Tag das Wasser angestellt werden, weil eben diese Wasserleitung auf ihren acht Kilometern so oft heimlich geschröpft wird, und niemand weiß genau, wo, daß nur noch ein Drittel des eingespeisten Wassers in Moatize ankommt.

Über 90 Prozent aller Familien in Moçambique müssen noch ohne Trinkwasseranschluß leben.

Als Felicibert, Conny und ich mit dem W 50 und einem angehängten Wasserwagen im Dorf gesichtet werden, kommen die Frauen und Kinder mit Eimern und Tonnen angerannt, als sei ein Feuer ausgebrochen.

Wir müssen uns mühsam einen Weg in den Hof bahnen, in dem Felicibert seine Tonnen stehen hat. Er bugsiert zwei kleine Fässer bis zum Wasserwagen. Ich halte den Schlauch. Conny betätigt den Wasserhebel. Als die Fässer voll sind, beginnt das Rugbyspiel hinter dem Wassertank. Ungefähr 100 Frauen und Kinder versuchen ihre Eimer in das Ziel, in die Nähe des Wasserschlauches zu bringen. Doch Felicibert zeigt auf eine große Tonne, die noch in seinem Hof steht.

„Zuerst muß die voll sein. Wer mir hilft, Wasser in meine Tonne zu tragen, kommt danach als erster dran."

Und man streitet sich, wer Felicibert die 30 Eimer in die Tonne tragen darf.

Danach wollen wir das restliche Wasser verteilen, doch wenn es einer wirklich schafft, seinen Eimer unter den Wasserstrahl zu halten, bis er voll ist, schütten die um den nächsten Eimer Kämpfenden ihn wieder zur Hälfte aus. Ich will zuerst den Kindern ihre Gefäße füllen, aber so sehr ich auch mit dem Schlauch ziele, es gelingt nicht.

Nur ein besonders schönes Mädchen, feste kleine Brüste, dazwischen eine bunte Kette, schaut mich so lange an, bis ich mich wirklich in ihre Nähe kämpfe und ihren Eimer halb voll mache.

Mehr ist nicht möglich.

Das Wasser ist alle. Drei Viertel davon im Kampfgetümmel auf die Erde geschüttet. Da kommt ein kleiner Mann, der erste Mann, der sich während der Wasserschlacht sehen läßt. Er sei der FRELIMO-Chef hier. Das nächste Mal werde er die Leute der Reihe nach antreten lassen.

Bevor wir zurückfahren, bietet uns Felicibert bomba an. Ein milchiges Getränk. Conny kostet als erster. Verzieht das Gesicht, doch dann trinkt er die Blechbüchse leer.

„Mensch, Lemmi, da is' Alkohol drin!"

53FCH

E 512
E 512

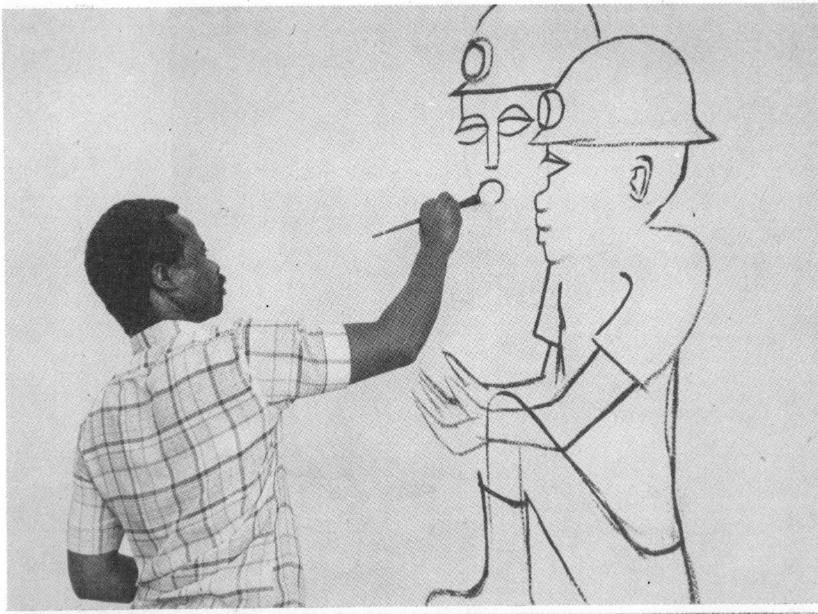

C F M

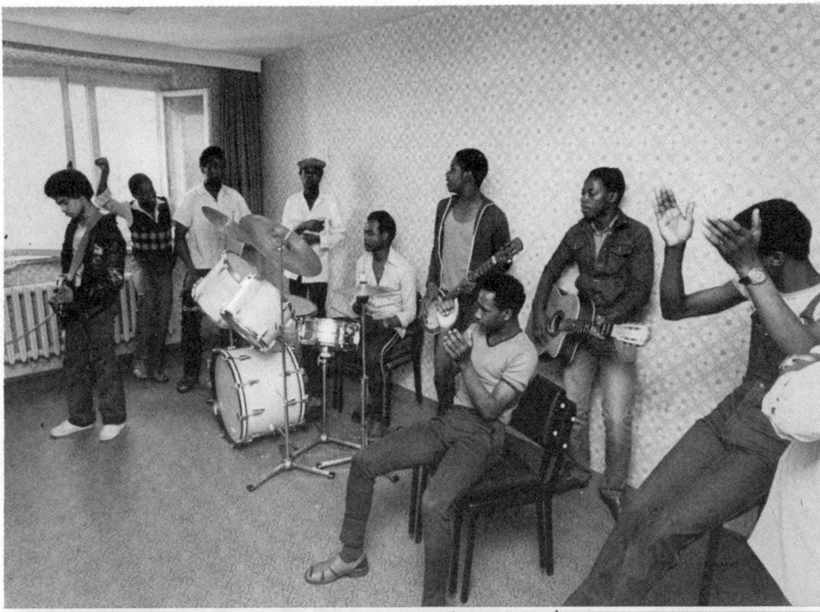

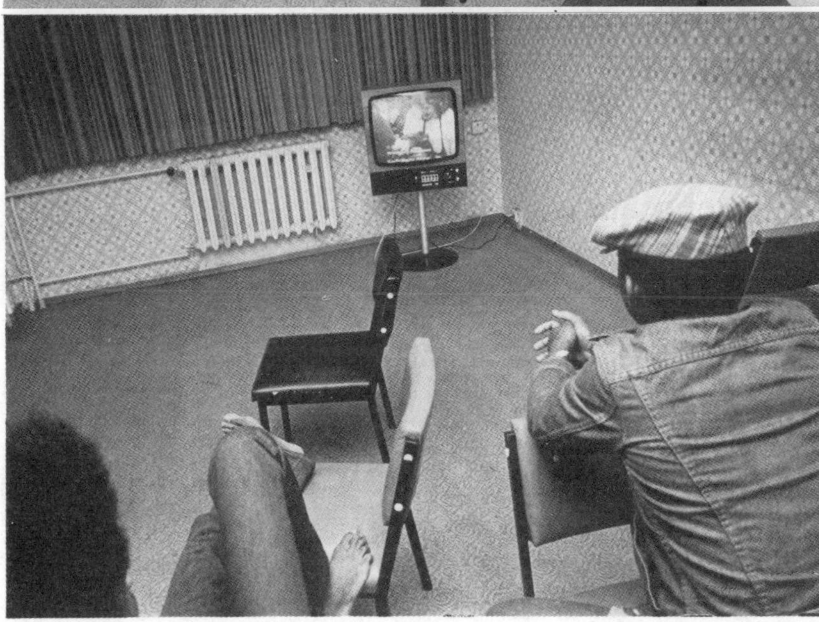

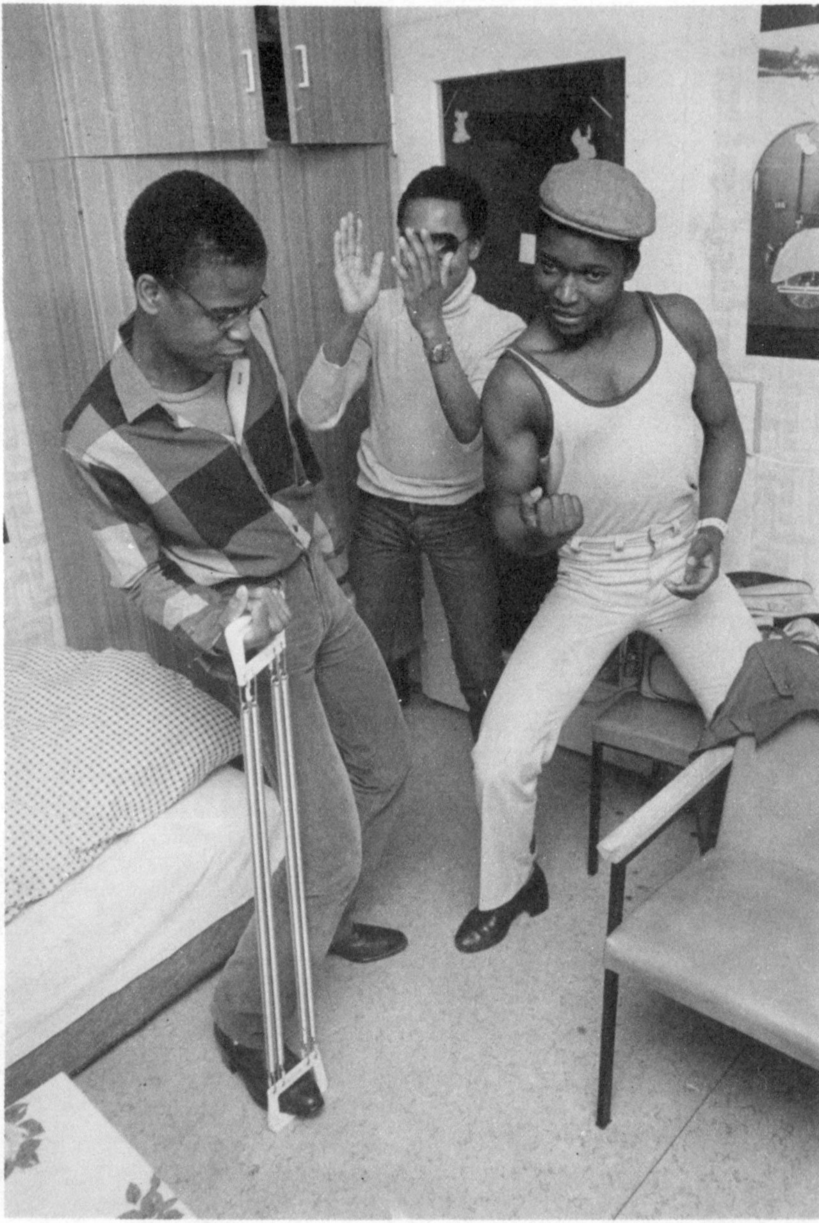

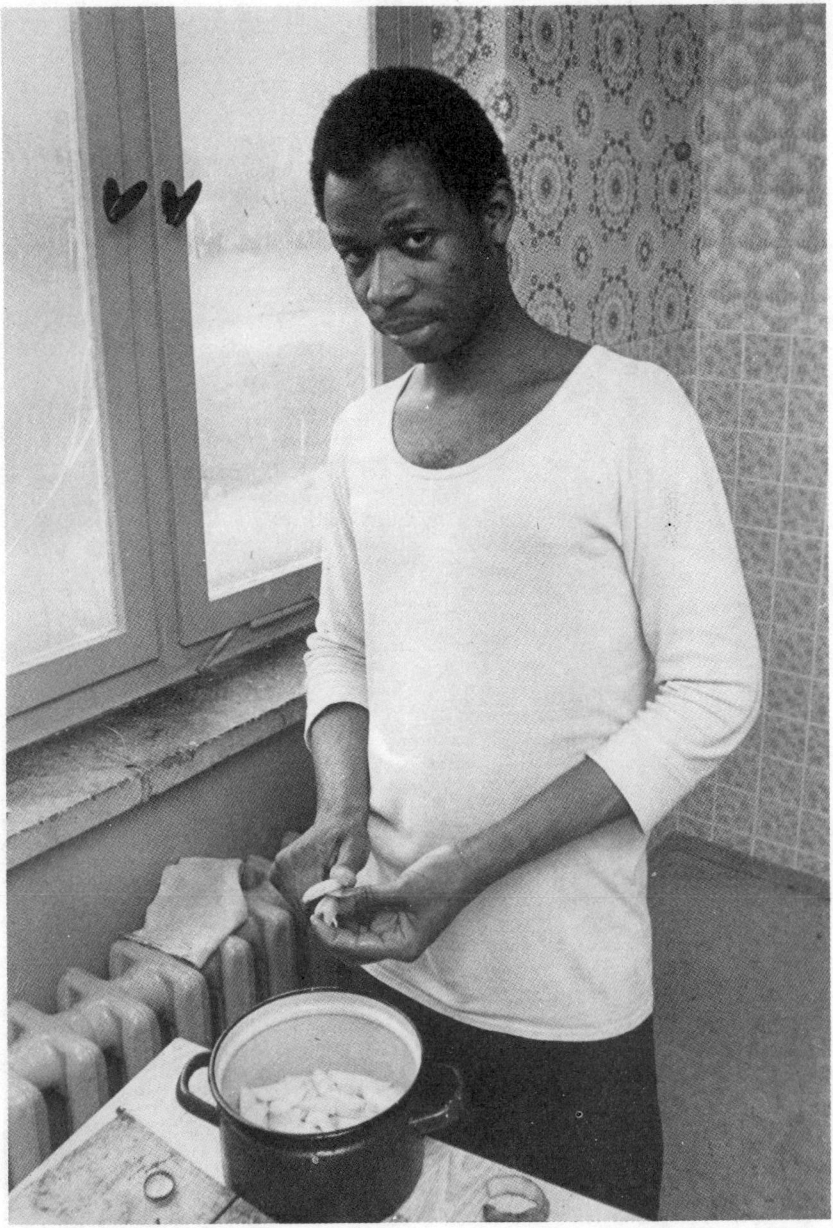

Jagdwaffen
aus Suhl

Batterie
Batterie
2 - 17

Martina erzählt am Abend ihrer Mutter von ihrem Arbeitstag
- Touristen aus Kiew betreut
- am Vormittag Sehenswürdigkeiten der Hauptstadt gezeigt
- auch am Ehrenmal in Treptow gewesen
- mit einigen Gästen am Nachmittag auf dem gewesen
- Warenhaus besucht, Gäste beraten, übersetzt

Zu den Bildern

113/114 oben: Im Schnitzerdorf bei Tete und in der Hauptstadt.

114 unten/116: Kinder der Kohlekumpel aus Moatize.

117 oben: Kohleförderung bei Moatize; keine Seilfahrt, sondern Förderbänder.

117: unten Embondeiro – der Affenbrotbaum.

118: OJM-Brigadisten und Arbeiter in Matundo.

119 oben: Ich sagte „o meu pai“ – mein Vater – zu ihm.

119 unten: Blocos-Produktion in Matundo.

120 und 121: Reisernte bei Chókwé.

122: Bagger- und Kranfahrer in Moatize; wie die meisten ihrer Kollegen wurden sie in der DDR ausgebildet.

123: Kilometerweit tragen die moçambiquanischen Frauen das Wasser in Tonnen auf ihrem Kopf.

124: Im Waggonwerk Cometal-Mometal und in der Kfz-Reparaturwerkstatt Moatize.

125: Mankeu und sein Wandbild, das er für die Kohlekumpel malte.

126: Markt in Tete.

127 oben: Kokospalme

127 unten: An der Peripherie der Hafenstadt Beira.

128: St.-Antonio-Kirche und Bahnhof in Maputo.

129 bis 144: Rund 200 moçambiquanische Kollegen wurden für insgesamt vier Jahre in den VEB Fahrzeug- und Jagdwaffenwerk Suhl delegiert. Sie lernten zum ersten Mal den Arbeitsprozeß in einem sozialistischen Großbetrieb kennen; ein Teil von ihnen erhielt eine Facharbeiterausbildung in verschiedenen technischen Berufen. Die Mitglieder des Suhler Fotoklubs „Kontrast“ beobachteten die jungen Moçambiquaner beim Arbeiten, Lernen und in ihrer Freizeit.

Wir stehen schon drei Wochen auf dem Schlauch.

Felicibert schenkt noch dreimal nach.

Ich kann mir nicht vorstellen, woraus das säuerlich schmeckende, wahrscheinlich nur zwei, drei Tage gegorene Getränk gemacht wird. In Tete gibt es weder Beeren noch Früchte zu dieser Jahreszeit.

„Wir trinken bomba jeden Sonntag, bevor wir tanzen“, sagt Felicibert.

Nach dem dritten Becher beginne ich zur Freude der Afrikaner „Wenn alle Brünnlein fließen“ zu singen.

„Woraus macht ihr bomba“, frage ich Felicibert.

„Wurzeln, Wasser, Zucker und dazu das Mehl der Affenbrotbaumfrüchte, alles in der Sonne gären lassen, das ist bomba.“

Embondeiro – der Affenbrotbaum.

Felicibert gibt uns vier Flaschen für die anderen der Brigade mit.

Unterwegs sage ich zu Conny: „Man müßte hier eine Wasserleitung bauen. Die Schriftsteller der DDR sammeln Geld für das Material. Die Schriftsteller aus Moçambique organisieren die Unterkunft. Und dann zehn Freiwillige, die drei Monate hier runter fahren, ohne daß sie dafür Devisen auf ihr Konto zu Hause bekommen. Keine Extraverpflegung aus der DDR. Keinerlei materielle Vorteile für ihre Arbeit.“

„Du spinnst, Lemmi, das machen heutzutage nur noch welche von der Kirche oder solche Jazzer“, sagt Conny.

Im Camp verteilen wir die bomba an die Junggesellen. Ich hoffe, daß ich, wenn die Jungs zwei Gläser getrunken haben, nicht mehr kochen muß. Doch sie bestehen auf ihrem Abendbrot. Ich setze ihnen Paprika vor, das einzige Gemüse, das zu dieser Zeit auf den machambas der CARBOMOC reichlich wächst. Leider essen von den zehn Junggesellen gewöhnlich fünf keinen Paprika. Aber mit bomba im Bauch essen ihn alle.

18.00 Uhr

Der Tag verschwindet so schnell, wie er gekommen ist. Der Himmel flammt für zehn Minuten blutrot auf. Danach herrscht die Nacht. Das Kreuz des Südens liegt auf der Seite.

Ich suche Lázaro. In seinem Zimmer ist er nicht.

Er sitzt bei dem einäugigen Criscéncio. Criscéncio war schon zwei Tage nicht zur Arbeit.

Ich frage ihn: „Bist du krank?"
„Nein."
Lázaro sagt: „Laß ihn, rede jetzt nicht davon."
„Doch", sage ich, „das ist Arbeitsbummelei, darüber muß man reden."
„Aber nicht heute", sagt Lázaro.
Er will mich ablenken, sagt: „Wenn wir eines Tages die 365 blocos-Bretter in fünf Stunden mit Steinen belegt haben, werden wir deinen Wettbewerb nicht weitermachen können. Ich habe deshalb in der Tischlerei in Moatize 100 neue Bretter machen lassen. Wir können sie morgen holen."
„Du hast das gemacht?" frage ich Lázaro.
Ich möchte ihn umarmen.
Weshalb tue ich es nicht, weshalb frage ich statt dessen Criscêncio wieder nach den zwei Fehlschichten?
Deutsche Gründlichkeit, rede ich mir ein. Oder Überheblichkeit?
„Bist du krank?" frage ich.
„Nein."
„Was dann, hast du Sorgen?"
Er schüttelte den Kopf.
„Dann wirst du morgen zur Arbeit erscheinen, verstanden?"
Er sagt nichts, dreht sich zur Wand.
Lázaro geht mit mir hinaus.
„Weshalb schreist du und redest im Zorn, ohne seine Geschichte zu kennen?" sagt er.
Criscêncios zweite Mutter, Maria, hatte als junge Frau bei der FRELIMO gekämpft. War Kundschafterin gewesen. Auch hier in der Provinz Tete. Maria hatte Criscêncio vom Hungerjahr während der Dürre von Tete erzählt. Die Portugiesen hatten alle Dorfbewohner der Provinz in Lager gepfercht, damit sie der FRELIMO keinen Unterschlupf und keinen Mais geben konnten. Damals wäre Maria fast vor Hunger gestorben.

Maria stammte aus Sofala. Ihre Schwester, Criscêncios erste Mutter, hatte einen kleinen Ladenbesitzer geheiratet, und als sie 1976 starb, ging Maria, den Gesetzen des Stammes gehorchend, als zweite Frau zu ihm. Später wollte er sich noch eine weitere Frau kaufen. Da sagte Maria, sie würde sich töten, wenn er noch eine Frau ins Haus holte. Der Vater kaufte keine neue Frau. Er hatte Angst vor Maria, weil sie Soldat gewesen war. Aber wenn er getrunken hatte, ließ er seine Wut an den Kindern aus. Einmal im Suff schlug er Criscéncio mit einem Bambusrohr das Auge aus. Als der FRELIMO-Sekretär kam und sagte, Criscéncio solle die Schule besuchen, schrie er, daß der Junge im Haus bleiben müsse, er könne sich, seit die FRELIMO an der Macht sei und er deshalb kaum noch etwas zum Verkaufen in seinem Laden habe, keinen Boy mehr leisten.

Damals drohte Maria wegzugehen. Und der Vater gab nach. Criscéncio durfte zur Schule.

Als man dort Freiwillige suchte, die in der Provinz Tete in Matundo die erste neue Stadt des Landes bauen sollten, erzählte Criscéncio Maria davon. Und Maria sagte: „Geh nach Tete! Zwar bin ich dort oben fast verhungert, aber wir haben die Portugiesen trotzdem besiegt. Und du wirst nun dort eine Stadt für uns bauen."

Er war zwei Monate im Camp, da erhielt er die Nachricht, daß Maria gestorben sei. Der Vater hatte sie geschlagen. Doch der Richter stellte nur fest, daß es ein Unglücksfall gewesen wäre. Criscéncio hatte man nicht zur Beerdigung geholt, weil der Vater die Flugkosten nicht bezahlen wollte.

Das alles sei vor drei Monaten geschehen.

„In der vergangenen Woche hat Criscéncio bei einem Treffen ehemaliger FRELIMO-Soldaten einen Freund von Maria gefunden, der mit ihr in der Savanne gekämpft und gehungert hatte. Drei Tage und drei Nächte lang haben sie gesessen und von Maria und vom Krieg des Volkes erzählt."

Da bilde ich mir ein, ANGEKOMMEN zu sein in Afrika, aber ich kenne noch nicht einmal die Geschichten der 15 Afrikaner, die in meiner Brigade arbeiten.

Was alles weiß ich noch nicht?

Um meine Verlegenheit zu überspielen, frage ich Lázaro: „Wie konnten die FRELIMO-Kämpfer damals im Hungerjahr in einer unfruchtbaren Gegend, wo man außerdem die Einwohner hinter Stacheldraht gefangenhielt, überleben? Was haben sie gegessen?"

Lázaro schaut mich ungläubig an.

„Das weiß jedes Kind in Moçambique. Sie haben das Fruchtmehl des Affenbrotbaumes gegessen und sich aus seinen schwarzen Kernen Öl gepreßt . . ."

Embondeiro – der Affenbrotbaum.

Ob sich die bandidos im Busch auch wieder von seinen Früchten ernähren?

„Nein, die werden aus der Luft von Südafrika mit Konserven versorgt. Das gehört zu ihrem Sold, ihrer Bezahlung", sagt Lázaro.

Nach der Planung der DDR-Städtebauer werden die Affenbrotbäume, die Jahrhundertwächter, einer vierspurigen Autobahn zum Opfer fallen.

Und den Parkanlagen in der neuen Stadt . . .

Was muß ich jeden Tag hier lernen?

Was müssen wir noch lernen?

Wann werde ich ANGEKOMMEN sein in Afrika?

Ich stelle mir schon heute manchmal den Tag meines Abschiedes von Pedro, Criscencio, o meu pai und den anderen vor.

Ich werde mein rotes Arbeitshemd, das ich täglich auf dem Bau anhabe, ausziehen und es Lázaro anziehen. Werde ihn und jeden einzelnen umarmen und werde wieder eine Rede halten:

„Lázaro ist jetzt euer neuer Chef. Ihr braucht künftig keinen Brigadisten aus der DDR, der euch anleitet. Ihr könnt jetzt eure Arbeit allein organisieren, weiter wetteifern, die Steine täglich zählen . . ."

Ich werde mich entbehrlich gemacht haben!

Und dadurch beim ABSCHIED in Afrika ANGEKOMMEN sein.

Schwarze Weisheiten (IV)

Man kümmert sich nicht um den Fisch, der sicher im Netz gefangen ist, sondern um den, der wieder herausspringen will.

Die Ohren sind älter als die Hörner.

Auf einen krummen Baum stellt man sich, wenn man einen geraden zu Boden biegen will.

Wer mit den Eseln umgeht, läßt Furze wie die Esel.

Fünf Sack Hirse, die man als Bezahlung übergibt, sind wertvoller als zwanzig, die man verspricht.

Leoparden und Ziegen verkehren nicht in Rudeln miteinander.

Man kann einen Elefanten essen, und er kann einem gut bekommen; man kann einen kleinen Fisch essen und an einer Gräte ersticken.

Je mehr Fetische am Eingang des Ortes zu sehen sind, desto mehr Not ist im Dorf.

Dem Löwen sieht man seine Wildheit aus der Ferne an, dem Menschen nicht.

Wer vergißt, wo er gestolpert ist, wird sich erinnern, wo er gefallen ist.

Man melkt auch die Kuh, die man nicht liebt.

Man weiß nicht, wie schwer die Last ist, die man noch nicht getragen hat.

Der Affe sieht nie den eigenen,
aber immer den Hintern der anderen.

Ein falscher Freund ist schlimmer als ein Feind.

Großer Schatten ist nicht immer kühl.

Das Krokodil ist nur im Wasser stark.

Der Tod hat den Schlüssel zu der abgelegensten Hütte.

Zuviel Schmuck zerreißt das Ohr.

Besser, man hat jeden Tag ein Vogelschenkelchen zu essen,
als einmal im Leben eine Rinderkeule.

Das Herz ist nie zufrieden, höchstens der Bauch.

Ein guter Gast macht es wie ein Elefant,
er frißt keinen Platz leer.

Heirate eine Frau, die gut für dich kochen kann;
denn heiratest du eine Schönheit, wirst du hungern müssen.

Wenn du deiner Frau irgend etwas nicht auf der Straße sagen
kannst, dann sage es ihr auch nicht,
wenn du mit ihr daheim allein bist.

Wenn der Mond nicht voll ist, glänzen die Sterne.

Man kann das Herz nicht beugen wie ein Knie.

Ein Mensch geht nicht weiter als sein Schatten.

FRONTBERICHTE (IV)

Das Massaker in Wiriyamu

Missionare des Spanischen Instituts für Auslandsmission – auch als „Burgos-Priester" bekannt –, die in Moçambique tätig waren, verfaßten die ersten Berichte über die Verbrechen der portugiesischen Soldaten an der afrikanischen Zivilbevölkerung während des Befreiungskrieges. Den Bericht über das Massaker in Wiriyamu veröffentlichte Father Adrian Hastings am 10. 7. 1973 in der Londoner „Times".

Am Samstag, dem 16. 12. 1972, bombardierten zwei Düsenflugzeuge (die BRD hatte im Rahmen der NATO-Hilfe u. a. Flugzeuge an Portugal geliefert) die Bevölkerung von Wiriyamu und Juwau, etwa 25 Kilometer von Tete.

Der Pater berichtet:

„Nach dem Bombardement drangen die Kommando-Soldaten, die vorher mit Hubschraubern dorthin transportiert worden waren und bereits bei den besagten Ortschaften Posten bezogen hatten, wie rasend dort ein und vergrößerten das Entsetzen unter den Bewohnern, die schon durch die Bombardements in Panik geraten waren.

Als diese Gruppe in den Ortschaften angelangt war, machte sie sich sofort daran, die Hütten zu plündern, und beging danach das Massaker an der Bevölkerung, das sich in einem Exzeß von Grausamkeiten äußerte.

Eine Gruppe von Soldaten versammelte einen Teil der Bevölkerung auf einem Platz, um sie zu erschießen. Die versammelten Menschen wurden gezwungen, sich in zwei Gruppen hinzusetzen: eine Gruppe von Männern auf der einen Seite und die der Frauen auf der anderen Seite, damit alle besser sehen könnten, wie die Erschossenen hinfallen würden.

Ein Soldat rief durch ein Zeichen den, den er wollte, zu sich, sei es Mann, Frau oder Kind. Der Bezeichnete stand auf und trat aus der Gruppe heraus. Der Soldat schoß auf ihn, und das Opfer fiel zu Boden.

Dieses Vorgehen forderte die meisten Opfer.

Viele Kinder starben auf dem Rücken ihrer Mütter. Sie wurden mit ihnen zusammen erschossen. Unter vielen anderen ermordeten die Soldaten so auch:

1. Dzedzereke (Erwachsener), 2. Mafita (Frau von Dzedzereke), 3. Kufuniwa (Sohn von Dzedzereke, junger Mann), 4. Birista (Erwachsene), 5. Luwo (Junge, 2 Jahre), 6. Lekerani (Erwachsener), 7. Sinória (Frau von Lekerani), 8. Chamdindi (Sohn von Lekerani, 5 Jahre), 9. Nguiniya (Erwachsene), 10. Firipi (Erwachsener), 11. Bziyeze (Frau von Firipi), 12. Feta (Tochter von Firipi, 4 Jahre), 13. Meza (Sohn von Firipi, 1 Jahr), 14. Thangweradzulo (Sohn von Firipi, junger Mann), 15. Zerista (Erwachsene), 16. Bwezani (Erwachsene), 17. Aquéria (Erwachsene), 18. Khapitoni (Erwachsener), 19. Bunitu (Frau von Khapitoni), 20. Mamaria (Frau von Khapitoni), 21. Tinta (Erwachsener, Sohn von Khapitoni), 22. Chawene (Sohn von Khapitoni, 2 Jahre), 23. Chinai (Sohn von Khapitoni, 4 Jahre), 24. Kuoniwa (Sohn von Khapitoni, 12 Jahre), 25. Liyanola (Erwachsene), 26. Djemuse (Erwachsener), 27. Julina (Erwachsene), 28. Djipi (Junge, 9 Jahre), 29. Alista (Erwachsene), 30. Mtsimpho (Erwachsener), 31. Nsemberembe (Junge, 9 Jahre), 32, Vira (Erwachsene), 33. Thomasi (Erwachsener), 34. Artência (Mädchen, 13 Jahre), 35. Dualunia (Erwachsene), 36. Sadista (Erwachsene), 37. Florinda (Erwachsene), 38. Síria (Erwachsene), 39. Saizi (Erwachsener), 40. Maviranti (Frau von Saizi), 41. Domingos (Sohn von Saizi, 5 Jahre), 42. Maloza (Frau von Saizi), 43. Sedéria (Tochter von Saizi, Mädchen), 44. Mboi (Tochter von Saizi, 6 Jahre), 45. Gwaninfuwa (Erwachsener), 46. Kachigamba (Junge, 4 Jahre), 47. Kuxupika (Erwachsener), 48. Manyanyi (Frau von Kuxupika), 49. Mapalata (Frau von Kuxupika), 50. Círio (Sohn von Kuxupika, 5 Jahre), 51. Kutongiwa (Erwachsener), 52. Maria (Tochter von Kutongiwa), 53. Olinda (Mädchen, 10 Jahre), 54. Lainya (Erwachsene), 55. Luwina (Erwachsene), 56. Aluviyana (Erwachsener), 57. Kuitenti (Erwachsener), 58. Caetano (Junge, 5 Jahre), 59. Kuchepa (Junge, 12 Jahre), 60. Bziuzeyani (Erwachsene), 61. Djinja (Erwachsener), 62. Alufinati (Erwachsener), 63. Zabere (Mädchen, 14 Jahre), 64. Aesta (Mädchen, 16 Jahre), 65. Rosa (Mädchen, 15 Jahre), 66. Zavéria (Mädchen, 16 Jahre), 67. Alista (Mädchen, 14 Jahre), 68. Mbiriyadende (Erwachsener), 69. Guidéria (Erwachsene), 70. Khemba (Erwachsener), 71. Kamuzi (Junge, 2 Jahre), 72. Chintheya (Mädchen, 4 Jahre), 73. Suntura (Erwachsener,

Bruder von Kuxupika), 74. Dziwani (Junge, 12 Jahre), 75. Zeca (Junge, 12 Jahre), 76. Magreta (Erwachsene), 77. Dinho (Sohn von Magreta, 2 Jahre), 78. Hortência (Erwachsene, Schwester von Magreta), 79. Mário (Bruder von Magreta, 10 Jahre), 80. Chuva (Erwachsener), 81. Kirina (Frau von Chuva), 82. Fuguete (Erwachsener), 83. Rita (Mädchen, 4 Jahre), 84. Eduardo (Junge, 7 Jahre), 85. Tembo (Junge, 3 Jahre).

Eine Frau, die Vaina hieß, wurde aufgefordert aufzustehen. Sie erhob sich mit ihrem Sohn Xanu, einem Kind von 9 Monaten, auf dem Rükken. Die Frau fiel, durch eine Kugel getroffen, zu Boden. Das Kind machte sich los und setzte sich neben die tote Mutter. Es weinte verzweifelt, ohne daß ihm jemand helfen konnte. Ein Soldat forderte, es zur Ruhe zu bringen. – Welches Verlangen? – Unter den sprachlosen Blicken der versammelten Menschen traktierte der Soldat das Kind mit einem kräftigen Fußtritt und zerbrach ihm den Schädel. ‚Sei ruhig, Hund', sagte er abschließend. Das tödlich verwundete Kind weinte schon nicht mehr. Es war tot. Der Soldat kehrte mit blutverschmiertem Schuh zurück. Seine Kameraden bedachten die Tat mit einer Beifallsalve. ‚Sehr gut', riefen sie ihm zu, ‚du bist sehr tüchtig.' Dies war der Beginn eines makabren Fußballspiels. Die Kameraden folgten seinem Beispiel. So wie dieses starben viele andere Kinder, grausam von den Fußtritten der Soldaten zugerichtet. ...

Andere Soldaten, die verstreut umherliefen, zwangen die Leute, sich in die Hütten zu begeben. Diese zündeten sie dann an, so daß die Leute darin verbrannten.

Manchmal warfen sie, bevor sie die Hütten anzündeten, noch Handgranaten hinein, die über den Köpfen der Opfer explodierten. Danach zündeten sie die Hütten an.

Auf diese Art starben unter anderen:

1. Chakupendeka (Greis), 2. Bwambuluka (Frau von Chakupendeka, Greisin), 3. Kulinga (Erwachsener, Sohn von Chakupendeka), 4. Nadéria (Frau von Kulinga), 5. Luwa (Tochter von Kulinga, 2 Jahre), 6. Marialena (Tochter von Kulinga, 4 Jahre), 7. Tembo (Sohn von Kulinga, 8 Monate), 8. Keresiya (Erwachsene), 9. Joãozinho (Sohn von Keresiya, 2 Jahre), 10. Malota (Tochter von Keresiya, 2 Monate),

11. Kamchembere (Mädchen, 1 Monat), 12. Masalambani (Junge, 6 Jahre), 13. Chinai (Junge, 5 Jahre), 14. Domingos (Junge, 5 Jahre) 15. Mboi (Mädchen, 10 Monate), 16. Chiposi (Mädchen, 3 Jahre), 17. Augusto (Junge, 1 Jahr), 18. Farau (Junge, 2 Monate), 19. António (Junge, 6 Jahre), 20. Anguina (Erwachsene), 21. Jantar (Erwachsener), 22. Luisa (Mädchen, 4 Jahre), 23. Matias (Junge, 2 Jahre), 24. Nkhonde (Junge, 1 Jahr), 25. Xanu (Junge, 7 Jahre), 26. Djoni (Erwachsener), 27. Chawene (Junge, 4 Jahre), 28. Lodiya (Erwachsene), 29. Mário (Junge, 5 Jahre), 30. Fostina (Erwachsene), 31. Rosa (Mädchen, 4 Jahre), 32. Maria (Mädchen, 2 Jahre), 33. Boy (Junge, 3 Jahre).

Die Soldaten trafen, als sie unter den Dorfeinwohnern umherliefen, eine Frau mit Namen Zostina, die schwanger war. Sie fragten sie nach dem Geschlecht des Kindes, das sie trug. ‚Ich weiß es nicht', antwortete sie. ‚Gleich wirst du es wissen', sagten sie. Daraufhin öffneten sie ihr mit Messerschnitten den Leib, rissen ihr mit Gewalt die Eingeweide heraus, zeigten ihr den Fötus, der krampfartig zuckte, und sagten: ‚Siehst du, weißt du es jetzt?' Danach wurden Mutter und Kind in die Flammen geworfen.

Andere Soldaten vergnügten sich damit, Kinder zu töten, indem sie sie bei den Beinen packten und sie auf den Boden oder gegen Bäume schlugen. Unter mehreren anderen Kindern starben so:

1. Domingas (Mädchen, 1 Monat), 2. Chanù (Junge, 1 Jahr), 3. Kulewa (Junge, 3 Jahre), 4. Chipiri (Junge, 2 Jahre), 5. Chuma (Mädchen, 4 Jahre), 6. Makonde (Junge, 2 Jahre), 7. Marko (Junge, 1 Jahr), 8. Luisa (Mädchen, 4 Jahre), 9. Mário (Junge, 4 Jahre), 10. Rául (Junge, 4 Jahre).

Viele Leute wurden aus den Ortschaften verschleppt und starben außerhalb.

Am folgenden Tag fand man am Fluß Nyamtawatawa viele Leichen von jungen Heranwachsenden und von Kindern zwischen 11 und 15 Jahren. . . . Es war nicht möglich, die Leichen zu identifizieren. Vielen von ihnen war der Kopf abgeschlagen worden, und viele andere hatten zertrümmerte Schädel. Die Leichen wurden in verschiedenen Stellungen vorgefunden: einige übereinandergehäuft, andere Seite an Seite liegend, andere noch sitzend, aber bis zur Hüfte eingegraben, der größte Teil von ihnen jedoch lag am Flußufer verstreut. . . .

Eine recht große Gruppe von Soldaten verschleppte vier junge Mädchen an einen etwas entlegenen Ort, wo sie aufs grausamste massakriert wurden, nachdem sie brutal vergewaltigt worden waren. ‚Niemand wird sich mehr an euch erfreuen', sagten die Soldaten in triumphierendem Ton, voll von Haß. Sie nahmen ihnen die ‚Misanga' ab (Schmuck, den die Frauen in Höhe der Taille unter der Kleidung tragen). Die Soldaten nahmen sie wie Trophäen und legten sie sich als Ketten um den Hals. Die so massakrierten jungen Mädchen waren:
1. Duzéria 2. Cecília 3. Faliosa 4. Domina
Chintheya, ein Mädchen von vier Jahren, war erschrocken und weinte. Ein Soldat täuschte Mitleid vor, ging zu dem Kind hin und streichelte es. Er fragte es, ob es Hunger hätte. Ohne jedoch die Antwort abzuwarten, fuhr er fort: ‚Nimm die Flasche.' Er steckte den Lauf seines Gewehres mit Gewalt in den Mund des Kindes, sagte ‚Trink!' und drückte ab. Das Kind fiel zu Boden, mit einem Loch im Nacken.

Chintheya war nicht das einzige Opfer, das so behandelt wurde; mehrere andere erlitten das gleiche Schicksal. . . .

Diese Szenen dauerten bis zum Sonnenuntergang. Um diese Zeit war die Soldateska von so viel Dienst schon ermüdet; so konnten einige Opfer dem Tod durch die Flucht entkommen. Auch sie gaben uns – als Augenzeugen – viele der Einzelheiten an, die hier angeführt werden. Deshalb versichern wir, daß sie authentisch sind. . . .

Wir brauchen nicht zu sagen, daß die unmenschlichen Handlungen, die diese Soldaten begangen haben, Völkermord sind und daß sie die Verurteilung aller Menschen mit gesundem Bewußtsein verdienen.

Tete, 6. Januar 1973"

Nach: Adrian Hastings „Wiriyamu", Freiburg 1974.

Der große Krieg der weißen Männer

Ein Jahr nach dem Massaker von Wiriyamu belohnten Finanz- und Industriekonzerne der BRD die Kolonialmacht Portugal mit einer weiteren Steigerung ihrer Geldlieferungen. 1973 kamen 12,5 Prozent aller

Investitionen für Portugal und die portugiesischen Kolonien aus West-Germany. 1969 waren es 19 Millionen Escudos, 1971 schon 274 Millionen. Die BRD versuchte, ihren Einfluß in den Kolonien Moçambique und Angola durch Lieferung von Waffen, Geld und Industrieausrüstung an die schwächste Kolonialmacht Portugal zu verstärken. Das geschah vor allem zu der Zeit, als die moçambiquanischen Befreiungskämpfer mit großangelegten Militäroperationen vernichtet werden sollten und die Einwohner nördlich vom Sambesi in Konzentrationslagern ähnelnden Zwangssiedlungen – von den Afrikanern thanga ya mbudzi: Ziegenställe genannt – eingesperrt wurden. Jeder, den die Soldaten außerhalb der Stacheldrahtzäune antrafen, wurde als FRELIMO-Sympathisant verhaftet. „Wenn man den Fisch nicht fangen kann, läßt man, um ihn zu fangen, das Wasser ab", kommentierten die Portugiesen die Vertreibung der Einwohner aus ihren Dörfern und ihre Zwangseinweisung in die Lager.

Der Kommandant der Strafkompanie in Wiriyamu: „Die Dorfbewohner müssen zur Rechenschaft gezogen werden, weil sie für die Guerrilha dieselbe Bedeutung haben wie das Wasser für die Fische."

Die BRD lieferte für die portugiesische Armee Waffen im Wert von mehr als einer viertel Milliarde Mark: Korvetten von Blohm und Voß, DO 27-Aufklärungsflugzeuge, G 91-Düsenflugzeuge, Hubschrauber, IHK 21-Maschinengewehre, G 3-Gewehre ...

Um den Widerstand des moçambiquanischen Volkes zu brechen, brannte die Kolonial-Armee den Busch nieder, planierte Schneisen in die Wälder, zerstörte alle Boote am Sambesi, Flugzeuge sprühten Pflanzengifte. Und um gegen die im Norden operierenden FRELIMO-Verbände eine Sperrmauer zu bilden, sollten im Bereich des geplanten Kraftwerkes von Cahora Bassa eine Million weiße Siedler ins Land geholt werden.

„Der Bau des Dammes von Cahora Bassa wird es nicht nur erlauben, den Guerilleros, die in Moçambique seit 5 Jahren tätig sind, ein Ende zu bereiten, sondern auch eine Million Weiße im Sambesital anzusiedeln." (Diário de Notícias, 14. 10. 1969. Nach: „Moçambique", Arbeitsgruppe 3. Welt, Bern 1974.)

Cahora Bassa – fünftgrößte hydroenergetische Anlage der Welt. Baukosten 650 Millionen US-Dollar. 1968 wurde das Projekt (vier

Jahre nach Beginn des Befreiungskrieges!) an ein internationales Aktienkonsortium unter Leitung des südafrikanischen Konzerns „Anglo-American-Corporation of South Africa“ vergeben. 44 Prozent der Ausstattungsaufträge erhielt die BRD. Beteiligt waren u. a.: AEG Telefunken, Commercbank Frankfurt, Deutsche Bank, Dresdner Bank, Hochtief – Essen, Siemens, Krupp ... Für 400 Millionen Mark übernahm die Bundesregierung die Bürgschaft (falls Portugal zahlungsunfähig oder die FRELIMO den Staudamm vernichten würde).

Weshalb beteiligte sich die BRD mit dieser hohen Summe?

Weil es in der portugiesischen Kolonie – größtenteils noch unerschlossen – reiche Vorkommen an Bauxit, Magnesium, Nickel, Titan, Uran, Chrom, Eisenerz, Diamanten, Kohle, Beryllium gibt. Die Gelsenkirchener Bergwerke AG hatten Schürfrechte für Erdöl erworben. Die Elektrometallurgie GmbH Düsseldorf erzielte in der Nahrungsmittelbranche von Matola 1971 7,5 Millionen Escudos Reingewinn. Der Hoechst-Konzern hatte 1973 in Moçambique einen Umsatz von 13 Millionen Mark. Siemens AG Erlangen bekam einen 2-Millionen-Dollar-Auftrag für die Erweiterung des Telefonnetzes in Moçambique. Die Metallgesellschaft AG (Frankfurt) und die Steinkohlen-Elektrizitäts-AG haben im März 1970 einen Vertrag zum Abbau von Uran in Moçambique abgeschlossen. Und von den 45 ausländischen Großfarmen in Moçambique gehörten 32 bundesdeutschen Grundbesitzern. Die BRD hatte keine Skrupel, das Kolonialregime mit Geld und Waffen und Bürgschaften zu unterstützen, auch nicht in der Zeit, als der portugiesische General Kaulza de Arriaga verlangte, alle moçambiquanischen Frauen zu sterilisieren, damit die FRELIMO-Kämpfer keinen Nachwuchs bekämen, auch nicht in der Zeit, als die Verbrechen der Portugiesen in aller Welt angeprangert wurden.

Am 16. Dezember 1971 stimmte die UNO-Generalversammlung gegen den Bau des Cahora-Bassa-Staudammes und gegen die damit geplante Ansiedlung von einer Million weißer Farmer und die „Verewigung“ der Kolonialherrschaft in Moçambique. 86 Länder votierten gegen den Bau, 13 enthielten sich der Stimme. Für den Bau waren: Portugal, Südafrika, Belgien, Kanada, USA, Frankreich, Großbritannien – alle mit Investitionen in Moçambique beteiligt. Die BRD war damals noch nicht UNO-Mitglied; hätte sie an der Abstimmung teilgenommen, hätten wahrscheinlich 8 Länder für die ökonomische Unterstützung von Portugal gestimmt. (Übrigens war anfangs auch der schwedische ASEA-Konzern beim Projekt Cahora Bassa vertreten, gab aber nach Protest-Demonstrationen in Schweden die Aufträge wieder ab.) Für die internationalen Monopolverbände standen in Moçambique Milliarden auf dem Spiel. Südafrika beutete die Diamantenvorkommen aus. England und Südafrika „teilten" sich den Zucker. Texaco und andere US-Konzerne bohrten nach Öl, die „Anglo-American-Corporation of South Africa" holzte die Wälder ab. Und Krupp griff durch den von ihm kontrollierten portugiesischen Konzern „Companhia Mineira do Lobito CML" nach allen Erzen im Sambesigebiet um Tete (allein 600 000 t Fluorit gibt es dort). Der Exklusivfördervertrag in Moçambique war die erste Tätigkeit der CML außerhalb von Angola. Denn in Angola hatte sie die besten Eisenerzlagerstätten bereits leergefressen.

Folgendes war in Angola geschehen und nun für Moçambique geplant (nach: Eduardo de Sousa Ferreira „Strukturen der Abhängigkeit", Bonn 1973): „Der Abbau von Eisenerzvorkommen in Angola wurde im Jahre 1956 in Angriff genommen, blieb jedoch bis zur ersten Hälfte der sechziger Jahre ohne nennenswerte Bedeutung. Zu dieser Zeit zeichnete sich eine Wende ab, und zwar aufgrund des Umstandes, daß die Firma Krupp (Essen) Interesse am Abbau der Eisenerzvorkommen von Cassinga fand und die Konzessionsfirmen Sociedade Mineira do Lombige (SML) und Companhia Mineira do Lobito (CML) mit hohen Beträgen zu finanzieren begann. Diese Finanzmittel führten zu einer beachtlichen Steigerung der Eisenerzproduktion in Cassinga, der einzigen großen Eisenerzmine von Angola. Zwischen 1962 und 1971 stieg der Eisenerzausstoß in Angola um nicht weniger als 717,1 % und der Export von Eisenerz um 804,8 %.

Die Finanzierungstätigkeit Krupps hatte gleichzeitig zur Folge, daß die Companhia Mineira do Lobito – seit der Fusion mit SML im Jahre 1968 einziger Konzessionär der Cassinga-Bergwerke – von Krupp kontrolliert wird, auch wenn Krupp keine Aktien dieser Gesellschaft besitzt.

1961 legte der Krupp-Konzern den Plan der Bildung eines Konsortiums vor. Von diesem Konsortium erhielt die Sociedade Mineira do

Lombige (SML) 1961 einen Kredit in Höhe von 1,3 Mrd. Escudos für die Modernisierung der Eisenbahnlinie nach Mocamede, der dortigen Hafenanlage und für Cassinga.

Die Tilgung der Schuld sollte innerhalb von 7 Jahren durch einen jährlichen Export von 1,5 Mio. t Erz erfolgen, der hauptsächlich an Krupp ging. ...

Im Jahre 1964 begann der Ausbau der Eisenbahnlinie von Cassinga. Die für den Ausbau erforderlichen Mittel wurden auf 65 Mio. Dollar geschätzt, von denen das oben erwähnte Konsortium 40 Mio. bereitstellte.

Von der Gesamtfinanzierung der Cassinga-Bergwerke in den Jahren 1964 bis 1969, die sich auf insgesamt 3,9 Mrd. Escudos belief, waren somit über 3 Mrd. Escudos von deutschen Firmen geleistet worden, und zwar fast ausschließlich von Krupp.

Damit sicherte sich Krupp die Kontrolle des Unternehmens, sowohl was Produktion als auch was Export betrifft. Diese Entwicklung ist eine für die Beziehung zwischen kapitalistischen Industrieländern und abhängigen Ländern typische Erscheinung: das stärkste Land bringt die Produktion oder den Export unter seine Kontrolle und sichert sich damit einmal die Belieferung mit den notwendigen Rohstoffen (im Fall Krupp für die Stahlproduktion des Konzerns) und zum anderen die Absatzmöglichkeit seiner hochwertigen verarbeiteten Produkte (in diesem Fall der Stahlprodukte Krupps) auf dem Markt des abhängigen Landes.

Die Companhia Mineira do Lobito (CML) erfuhr aufgrund dieser Entwicklung eine starke Expansion, intern wie extern.

In der Tat wird bereits damit gerechnet, daß aufgrund der bedenkenlosen Ausbeutung der Lager durch ein ständiges Hochtreiben der Produktion das hochwertige Erz (63 % Fe-Gehalt) in Cassinga gegen Ende dieses Jahrzehnts erschöpft sein wird."

Am 6. September 1972 erhielt die von Krupp kontrollierte CML mit Dekret 349/72 das Recht, in Moçambique Mineralien abzubauen. Die Rechte waren für 20 Jahre garantiert und um weitere 15 Jahre verlängerbar.

Schon zwei Jahre später waren die Garantierechte für Krupp abgelaufen ...

Alles wächst aus dem Schwarz

An einem Mittwoch war ich arbeitsfrei. Allerdings hätte ich zu Hause nach DDR-Brauch in diesen arbeitsfreien Stunden wahrscheinlich nicht schlecht verdient, denn ich half Mankeu beim Ausmalen eines Wandbildes. Mankeu jedoch, neben Malangathana der bekannteste Künstler des Landes, verlangte von den Auftraggebern für das Zwölf-Quadratmeter-Gemälde nicht einen Metical. Auftraggeber waren die Grubenarbeiter aus Moatize.

Mankeu – er ist inzwischen Korrespondierendes Mitglied der Akademie der Künste in Berlin – heißt mit vollständigem Namen Valentin Mahumane. Weshalb er sich Mankeu nennt, weiß ich nicht.

Es war schwierig, mehr von dem kleinen, schnurrbärtchentragenden, schweigsamen Afrikaner zu erfahren, als das, was seine Bilder aussagten. Klare, kräftige Linien begrenzten die Figuren, die an Holzschnitzerei erinnerten. Dekorative, leuchtende Farben. Mankeu war Schnitzer und Dekorationsmaler gewesen. Dazu in der Kolonialzeit auch Vogelfänger. Von dem Geld für die verkauften Vögel – kaum ein Portugiese, der nicht eine Voliere vor seiner Villa hängen hatte – besorgte er sich Farben und Papier.

1971 baute Mankeu in der Hauptstadt ein Häuschen. Wellblechgedeckt. Sommerlaubengroß. Ich hatte es mir während des Aufenthalts in Maputo angeschaut. Es war seit 1971 noch nicht gewachsen. Mais- und Bananenstauden standen in seinem Schatten. Mankeu hatte acht Kinder. Das Atelier maß kaum drei mal drei Meter. Die Farben lagen auf einem Hocker. Die fertigen Bilder standen stapelweise in den Ecken des Raumes.

Viele davon hatte Mankeu schon auf Ausstellungen in Moçambique, Angola, in der UdSSR und der DDR gezeigt.

„Du hast hier kaum Platz zum Arbeiten“, sagte ich.

Er winkte ab. „Weshalb sollte ich vor Sattheit rülpsen, wenn unser Land noch hungert?“

Ein Maler müsse malen, damit er beweglich bleibe, nicht, damit er dick würde.

Aus der Kolonialzeit besaß er keine Bilder. Er hatte sie verkaufen müssen, um zu überleben. Über die Jahre, bevor er zu malen begann, schwieg Mankeu bei meinem ersten Besuch in Maputo. Nur, daß er zum Stamm der Ronga gehörte, wußte ich. Daß der Vater noch voller Ehrfurcht an seine Naturgötter und die Dämonen glaubte, daß der Vater in seinem Leben nur den Medizinmann, nie einen Arzt konsultiert hatte und ein stolzer, Lanze und Schild tragender Tänzer war. Ich wußte, daß Valentin dagegen in einer katholischen Schweizer Missionsschule das Schreiben und Lesen und das Alte und Neue Testament beigebracht worden war.

Und nach der Schule?

Beiläufig hatte Mankeu „Südafrika“ gesagt. Aber so, als wollte er sofort wieder ungesagt machen, was er gesagt hatte, übermalte er mit einem dicken Pinselstrich die angedeutete Linie, wechselte er sofort das Thema.

Mit Mankeu war sein Freund Harald, DDR-Vertreter der Liga für Völkerfreundschaft, nach Moatize gekommen.

Harald malt auch. Er ist Autodidakt. Die Afrikaner, die er malt, sehen schön aus, sie sind nicht hohlwangig, nicht hungrig und haben keine infektiösen Eiterfurunkel im Gesicht.

Mankeu sagte: Harald ist unser Zukunftsmaler.

Im escritório, dem Verwaltungsgebäude der CARBOMOC, der staatlichen Kohlegesellschaft „Empresa Nacional de Carvão de Moçambique CARBOMOC E. E.“ warteten Mankeu, Harald und ich, auf einer Holzbank sitzend, daß uns Peter, der Grubenleiter, zur Besichtigung der chipanga 7 abholte. Mankeu, sonst ruhig, rutschte wie ein Schulkind, das etwas sagen will und nicht schnell genug drankommt, hin und her. Lampenfieber vor der Fahrt in die Tiefe der Erde?

Endlich kam Peter, fuhr uns zur Grube und ließ uns in Kohlekumpel, mineiros, verwandeln. Blaues Arbeitszeug. Schutzhelm. Fußlappen. Stiefel. Grubenlampe. Batterie, die wegen des fehlenden Gürtels mit einem Strick, der gleichzeitig die weite Hose hielt, festgebunden wurde.

Mankeu nahm Zeichenblock und Stift mit.

Vor dem Eingangsloch zur Grube strengste Leibesvisitation. Sogar Peter mußte seinen Helm absetzen, alle Taschen umkrempeln, Stiefel und Fußlappen ausziehen, sich von den zwei moçambiquanischen Kontrolleuren abtasten lassen. Fahndung nach Tabak, Zigaretten, Streichhölzern und Feuerzeugen.

Die chipanga 7 ist wie die anderen im Revier eine hochexplosive Schlagwettergrube. Ein Funke würde zur furchtbaren materiellen Gewalt werden.

Mankeu müht sich erfolglos, die Fußlappen zu wickeln. Peter faltete sie ihm. „In der Grube ist es wie in der Schlacht", sagte der Grubenleiter, „wenn die Fußlappen nicht sitzen, ist die Schlacht schon fast verloren."

Über dem Eingangsloch zur Grube drehte sich kein Speichenrad, keine Körbe ratterten herauf und hinunter. Seilfahrt gab es nicht. Der Weg zur Kohle ging nicht senkrecht in die Tiefe, sondern verlief schräg wie ein Fuchsgang. Hunderte Meter Fußmarsch, um bis zur untersten Sohle zu kommen. Nur die Kohle fuhr auf einem Förderband im Hauptgang die 15 Grad Steigung hinauf. Steiler war nicht möglich, sonst würde sie wieder rückwärts rutschen.

Wir stolperten neben dem Band aus der Helligkeit in die Dunkelheit hinein und konnten die Augen nicht aufreißen, kniffen sie zusammen, denn Salzwasser tropfte von der Decke. Mühsam suchten wir Halt. Rutschten aus auf glitschigem Gestein und schlammigem Kohlenstaub. Mankeu und ich stützten einander. Die Batterien der Grubenlampen waren schwach. Mit Glühwürmchenlicht irrten wir durch die Erdzeit – Jahrmillionen bis hinunter in das Karbon, in die Zeit, als auch in Europa die Kohle aus Fächerfarnen, den gleichen fossilen Pflanzen wie in Moatize, entstanden ist.

Irgendwo zwischen Tertiär und Karbon bewachte ein Moçambiquaner eine Stahltür. Dynamit. Mankeu fragte, seit wann er in der Grube arbeite.

Schon seit fünf Regenzeiten. Vorher sei er in einer südafrikanischen Mine bei Kingstown gewesen.

Er hinkte.

„In Südafrika haben sie mich entlassen, als mir der Schrapper den Fuß zerschmettert hatte."

Mankeu fragte nicht, was ein Schrapper ist.

Kannte er sich damit aus?

Je tiefer wir uns hinunterhangelten – manchmal war es ein alpiner Abstieg –, um so nasser wurde ich. Nicht nur vom salzigen Tropfwasser, sondern auch vom Schweiß, der mir aus allen Poren lief. Auf den ersten Metern schien es unter der Erde kühler zu sein als in der Gluthitze der Savanne.

„Nach 20 Metern exakt 20 Grad", sagte Peter, „und danach für jeweils 33 Meter ein Grad dazu."

Aber weil die Luftfeuchtigkeit über 80 Prozent betrug, waren die 50 Grad draußen eine Erfrischung im Vergleich zum Klima hier drinnen.

Als die ersten Stollengänge abzweigten, wurde die afrikanische Steinkohlengrube für einige Meter zum heimatlichen Kalischacht. Weiße Decke. Weiße Wände. Weiße Sohle. Allerdings kein K_2O, sondern Marmorstaub. Auf Wellplatten, die unter der Decke hingen, lagen Zentner des weißen Staubes aus Südafrika. Bei jeder Explosionserschütterung würde der Staub heruntergeblasen und fein in der Stollenatmosphäre verteilt, die Grube wie mit einem eisernen Vorhang im Theater verriegelt und die Ausbreitung der Explosion verhindert werden. Diese Staubsperren waren die ersten Sicherheitsmittel, die nach über 70 Jahren in die Gruben von Moatize eingebaut wurden. Von DDR-Spezialisten.

Einige Meter tiefer schmatzten Pumpen. Wasser wurde in einen Nebengang gepreßt.

„Das Land leidet Durst, es wächst nichts", philosophierte Mankeu, „aber im Schoß der Erde haben wir sogar zuviel Wasser. Wir müßten es nur nach oben bringen."

Im ersten Kohleflöz machten wir halt. Als DDR-Bürger, der dreckige, braunschwarze Braunkohlenbriketts verfeuert, stand ich zum ersten Mal vor dem Wunder Steinkohle. Im Licht der Grubenlampe glitzerte die Kohle silbern. Die Wände erstrahlten wie in einem schwarzen

Märchenschloß. Mankeu befühlte die funkelnden Bruchstellen der Kohle.

„Auch die Schönheit wächst aus dem Schwarz", sagte er . . .

1836 wurden die ersten Kohlebrocken aus dem Raum Moatize – Tete auf dem englischen Dampfer HMS „Kemesis" verbrannt. Livingstone beschrieb 1857 die Ausbisse der hiesigen Kohleflöze, und 1870 verkündete der Militärattaché der portugiesischen Legation von Paris, Kapitän der Artillerie Joaquim Paiva de Andrade, daß die dem portugiesischen Staat gehörende (!) Kohle im Sambesi-Becken für 20 Jahre von der „Companhia de Zambeze" abgebaut wird. 11 Jahre später bestätigte der französische Geologe Lapierra, „daß die Kohle von Moatize mit langer Flamme brennt und sich vorzüglich für die Verbrennung in Heizrohrkesseln eignet". Bis 1920 wurden mit der Kohle aus Tete und Moatize die Sambesi-Dampfschiffe versorgt. Danach transportierte man sie vom Verladekai in Benga auf dem Fluß, später mit der Eisenbahn, bis nach Beira. Nutznießer der moçambiquanischen Steinkohle waren bis 1978 ausländische Konzerne. 1975, in dem Jahr der bisher höchsten Produktion, konnten sie 495 000 Tonnen verkaufen.

Noch das Glitzern der menschenleeren Stollen vor Augen, erreichten wir endlich, naß von Schweiß, die mineiros vor Ort . . . Der ästhetische Eindruck von der Schönheit der Kohle wurde augenblicklich zerstört. Ich sah schreiende, schwitzende, stöhnende Arbeiter.

25 Millionen Dollar brachten 1975 die 495 000 Tonnen Kohle für die Unternehmer.

Ich sah die Gitter von Laka-Laka-Holz an der Decke, die die Arbeiter vor herabstürzenden Kohleplatten schützen sollten. Das schwarze funkelnde Märchenschloß – ein Gefängnis. Wieviel Arbeiter waren von den herabfallenden Platten erschlagen worden? Es gab keine Statistik der Toten, nur eine Statistik der produzierten und verkauften Kohle.

Zehn Männer lagen oder knieten im knöcheltiefen Wasser. Sie versuchten unter den rhythmischen Anfeuerungsschreien des Vorarbeiters, einen zentnerschweren Schrapper an einem Stahlseil in den höherliegenden Gang zu zerren. Zentimeterweise. Ich dachte an die Wolgaschlepper. In den Gruben waren niemals Schienen eingebaut worden.

Alle Maschinen, die tonnenschweren Eisenhölzer, mußten schreiend und zerrend hinauf- und hinabbewegt werden.

Am Ende des Flözes bohrten drei mineiros neue Sprenglöcher. Sie fraßen sich am Tag vier Meter in die Kohle.

Mankeu zeichnete sie. Ich hielt seine Grubenlaterne. Schwarzer Schweiß tropfte auf das Papier. Von Schönheit keine Spur.

Peter gab technische Erläuterungen: Die Kohleflöze seien rund zwölf Meter breit, aber nur drei Meter davon würden gefördert, neun Meter Kohle blieben in der Erde liegen.

Ich verstand nicht, weshalb 80 Prozent der wertvollen Kohle im Boden zurückgelassen und wieder zugeschüttet wurden.

„Weil die ausgebeuteten Räume nicht versetzt, nicht wieder aufgefüllt werden können, müssen acht von zehn Tonnen Kohle unten liegen bleiben, damit die Grube auch ohne Versatz nicht einfällt", sagte Peter.

Die Portugiesen ließen ein Loch buddeln und alle von dort aus zu fördernde Kohle möglichst billig, mit hohem Gewinn, herausholen. Hätten sie nicht über 80 Prozent unten liegenlassen wollen, wären sie gezwungen gewesen, rund um die Gruben Kompressorfabriken, Stahlwerke für Schienen, Seile und Förderkörbe, Holzverarbeitungsfabriken für Stempel zu bauen. Der Sofortgewinn wäre geschmälert worden. Also fraßen sie lediglich die Schokoladenschichten aus dem Baumkuchen. Alles andere wurde weggeschmissen. Schließlich hatte man den Kuchen nicht bezahlen müssen.

Diebstahl und Raubbau.

Das Geklaute, das man nicht tragen konnte, wurde für den Bestohlenen unbrauchbar gemacht.

Peter erzählte, daß mit Hilfe der sozialistischen Länder die Kohle des Moatizer Beckens künftig auch übertage gefördert werden solle. Bevor man mit der Großproduktion beginne, würden Stahlwerke, Reparaturdepots, Berufsschulen für afrikanische Bergleute, Wohnungen und Geschäfte rings um die Gruben gebaut.

Als wir nach einer Stunde vor Ort, erschöpft wie nach einer Tagesschicht, wieder zurückgingen, lagen die zehn mineiros immer noch im Wasser. Hatten den Schrapper drei oder vier Meter vorwärtsgezerrt. Der Vorarbeiter schrie, nein, er sang: „Sante." Die mineiros antworteten: „O.“ Er: „Soremmo!“ Sie: „Osso.“ So ungefähr klang der Singsang. Stammessprache. Seid ihr bereit? Ja. Dann los! Los . . .

Nach oben fuhren wir mit der Kohle auf dem Förderband.

Das Lichtloch weitete sich zum Himmel.

Die Posten kontrollierten Helme, Stiefel, Taschen. Sie fanden kein Dynamit.

Mankeu schaute mir ins Gesicht und sagte: „Du bist ein Afrikaner geworden.“

Auf dem Weg zurück nach Moatize schwieg er.

Ich fragte ihn: „Warst du das erste Mal untertage?“

„Nein“, sagte er, „ich kenne Gruben. Nicht die hier am Sambesi, aber andere, schrecklichere, der Hölle ähnlichere.“

Nach dem Mittagessen trafen sich Mankeu, Harald und ich vor dem Kulturzentrum. An der Eingangsmauer sollte zu Ehren des IV. FRELIMO-Kongresses ein Bild für die mineiros entstehen. Das Kulturzentrum, ein Soli-Millionengeschenk aus der DDR, gehört den Kohlekumpeln. Unterrichtszimmer. Kegelbahn. Großküche. Komfortable, mit Teppichen ausgelegte Zirkelräume. Bibliothek. Filmapparatur. Sitzungszimmer mit 90 (neunzig!) Lampen noch ohne Klimaanlage. Ein Fotoraum. Ein Zeichenraum – die Gestelle der Staffeleien stehen ohne Maltafeln dort, die, so sagte der verantwortliche VEB-Innenprojekt, seien nicht extra bestellt worden. Genau wie die fehlenden Tonbänder für die Tonbandgeräte. Dafür ein gemauerter Grill im Garten. Auch die Tapeten und die Bilder im Kulturzentrum von Moatize stammen aus der DDR.

Mankeus Bild würde das erste afrikanische Detail in diesem Zentrum für afrikanische Kultur sein. Und das erste Werk, das moçambiquanische Arbeiter bei einem moçambiquanischen Maler in Auftrag gaben.

„Male uns ein Bild von der Grube, von unserem Leben hier, von unserer Freundschaft mit den weißen mineiros aus der DDR.“

Mankeu saß auf einer Treppenstufe. Den Skizzenblock auf den Knien. Den Stift in der Hand. Doch er zeichnete nicht. Schaute wie abwesend auf die staubige, heiße rotbraune Erde. Dann, vorsichtig, wie um dem Papier nicht wehzutun oder als wollte er das Gezeichnete sofort wieder mit der Hand wegwischen können, zog er hauchdünne Linien. Nur Linien. Kopf. Helm. Grubenlampe. Die Arme, das Bohrgerät haltend. Mankeu schaute nach jedem Strich wieder auf die Erde, so, als müsse er die Figuren von dort unten aus der Tiefe der Grube zu sich heraufziehen.

Ein neues Blatt. Kniende, zerrende Menschen. Den Wolgatreidlern ähnlich. Er zerriß das Papier.

Und noch einmal: Kopf. Helm. Grubenlampe. Die Arme, das Bohrgerät haltend. Und dahinter ein zweiter Mann. Seine Arme läßt er nach unten hängen. Teilnahmslos. Starr. Ein Aufseher?

Mankeu veränderte einen Arm. Er zeigte nun nach vorn in Richtung des Bohrgestänges.

Mankeu blätterte um. Leeres Papier.

Er schaute minutenlang auf die Erde.

Da setzte sich der Dynamitwächter aus der Grube neben den Maler.

Mankeu fragte: „Wie lange warst du in Südafrika, in Kingstown?“

„Dreimal 18 Monate.“

„Das ist viel, du bist ein kräftiger Mann.“

Der Dynamitwächter lachte.

Und wieder schaute Mankeu auf den Zeichenblock, dann zur Erde.

„Wie ist die Arbeit hier unten?“

„Du hast es gesehen, nicht leichter als in Kingstown.“

„Aber sie ist anders als dort?“

Der Dynamitwächter sagte, ohne zu überlegen: „Alle, die unten sind, bekommen warmes Essen. Und 30 Tage Urlaub im Jahr. Und Lohn, auch wenn sie krank sind. Und wir Arbeiter haben unsere Vertretung, den conselho de produção, den Produktionsrat, in der Grubenleitung.“

„Was macht der Produktionsrat der Arbeiter?“

„In der vergangenen Woche ging Joaquim aus unserer chipanga zum Grubenleiter, zum camarada alemão Peter. Ein Kind sei gestorben, er bitte um bezahlten Urlaub. Der alemão sagte, es sei der fünfte Tag, den Joaquim wegen einer Beerdigung frei haben möchte, das wäre doch unmöglich. Wenn er nicht zur Arbeit käme, würde er ihm zur Strafe drei Fehlschichten berechnen. Da bestellten wir den camarada Peter zum conselho de produção. Wir sagten ihm, daß Joaquim die Wahrheit spreche, er habe viele Kinder und deshalb viele Tote. Da bestellte der alemão einen Holzsarg für Joaquims Kind. Und bevor er jetzt eine Strafe ausspricht, fragt er uns um Rat. Wir haben auch vorgeschlagen, welchen Arbeiter die alemãos als Schießer, als Hauer oder als Bohrer ausbilden sollen."

Mankeu begann während des Fragens zu zeichnen. Kopf. Helm. Grubenlampe.

„Arbeiten die alemãos auch acht Stunden unten mit euch?"

„Sie sind nach Feierabend so schwarz wie wir."

„Und was lehren sie euch?"

„Ein achtundzwanzigjähriger Kumpel, das einzige FRELIMO-Mitglied unter den mineiros der chipanga 11, wurde vor einem Monat von herabstürzenden Kohlen getötet. Er war neu und hackte gegen die Warnung seiner Kollegen mit der Picke an der Decke. Eine Platte löste sich, fiel auf ihn, preßte seinen Brustkorb, bis er erstickte. Seine Kollegen hätten mit einem Holz die Kohleplatte von seiner Brust heben können. Aber sie rannten, um Hilfe schreiend, aus der Grube. Sie holten Hammer und Meißel und zerschlugen auf der Brust des Toten die Kohlenscholle. Der camarada alemão Csaska sagte damals: Der böse Fluch der weißen Kolonialmänner liegt immer noch über euch. Sie haben euch nur zwei Dinge beigebracht: gehorchen und ausreißen. Aber ihr müßt lernen, in jeder Situation selbst zu entscheiden.

Mich lehren die alemãos, wie das Gas in der Grube kontrolliert wird. Das machen sie nach ihrer Schicht, die camaradas alemãos."

Der Dynamitwächter lud Mankeu ein, die Grube noch einmal zu besuchen.

Mankeu schüttelte den Kopf. Er müsse übermorgen schon fliegen.

Er setzte die Striche jetzt stärker. Nicht mehr zaghaft. Schneller. Endgültiger.

Kopf. Helm. Grubenlampe. Die Arme, das Bohrgerät haltend. Und dahinter der zweite Mann. Ein Arm zeigt nach vorn in Richtung des Bohrgestänges. Der andere liegt auf der Schulter des Vordermannes.

Ich fragte Mankeu: Wer soll der zweite sein?

Der Maler sagte: „Einer der alemãos, die mit den moçambiquanischen mineiros unten arbeiten und ihnen helfen, die Dummheit zu besiegen. Camarada Peter oder camarada Csaska, irgendeiner für viele . . ."

Ich muß an dieser Stelle dem Geschehen vorgreifen, denn während ich diese Zeilen jetzt, im Frühjahr 1983 schreibe, erhalte ich einen Brief aus Moatize: „Genosse Csaska, Du wirst Dich erinnern, er war Grubenleiter in der chipanga 11, ist bei der Arbeit untertage in einer Methangaswolke erstickt . . .“

Mankeus Skizzenblock füllte sich.

Lesende. Lernende. Musizierende. Singende. Eine Frau, die ihr Kind auf dem Rücken trägt, reicht den Bergleuten eine Schale mit Wasser.

Da sagte Mankeu: „Fangen wir an.“

Die Fläche war ungefähr zwölf Quadratmeter groß. Auf der linken Seite ein frischer Putzfleck, frühmorgens hatten Arbeiter dort in aller Eile einen Schaukasten entfernt.

Mankeu holte die Farbbüchsen aus einem aufklappbaren, zweistökkigen Werkzeugkasten.

„Du mußt übermorgen zurückfliegen?“ fragte ich.

Er nickte.

„Und morgen muß das Wandbild fertig sein?“

Er nickte.

Ich sagte ungläubig: „Ich werde mir die Uhrzeit aufschreiben.“

17.08 Uhr. Der erste Pinselstrich.

Die Wand war noch zum Verbrennen heiß, nach fünf Minuten perlte Schweiß auf Mankeus Gesicht. Er hatte in der Mitte der Fläche begonnen. Die Frau mit der Wasserschale. Kniend. Die Bergleute, das Wasser mit ausgestreckten Händen entgegennehmend.

Die Grundzeichnung entstand in starken Linien. Nichts war zu ändern. Harald sagte: „Mankeu, die Frau ist untypisch für Tete. Die Frauen hier haben Hintern wie Ackerpferde. Eine Frau, wie du sie malst, mag es im Süden von Moçambique geben, aber nicht hier.“

Mankeu sagte: „Ich male keine Fotos, ich male Symbole – das sind zwei völlig verschiedene Dinge.“

Neben der Frau eine Phantasieblüte.

Die Kinder, die scharenweise um Mankeu standen, verlangten: „Über die Blume mußt du eine Sonne malen, damit die Blume wachsen kann.“

Und Mankeu malte eine Sonne.

Fünf (!) Arbeiter der CARBOMOC kamen mit einem Eimer weißer Tünche und überpinselten den kaum einen quadratmetergroßen grauen Putzfleck. In weniger als einer Viertelstunde war die Farbe getrocknet, und Mankeu begann, an dieser Stelle die Hauptfiguren des Bildes zu zeichnen: die mineiros in der Grube. Die Beinstellung, die Kraft, mit der der Moçambiquaner das Bohrgerät hält, der Blick geradeaus, zielstrebig – Selbstbewußtsein, mit wenigen Strichen dargestellt.

„Ist der moçambiquanische Arbeiter schon so selbstbewußt, wie du ihn malst?" fragte ich Mankeu.

„Er könnte es sein", sagt Mankeu. „Er weiß es oft nur noch nicht, weil es ihm keiner gesagt hat."

Südafrikas Reichtum wäre nicht möglich gewesen ohne die Arbeiter aus Moçambique, ohne die noch lebenden und ohne die toten.

Und auch Cahora Bassa, den 2000 Megawatt liefernden Kraftwerksgiganten am Sambesi – 120 Kilometer von Moatize entfernt –, haben nicht die südafrikanischen, portugiesischen und US-amerikanischen Auftraggeber, sondern die moçambiquanischen Arbeiter in den Gneisfelsen hineingebaut. Ich hatte Cahora Bassa schon wenige Tage nach meiner Ankunft in Matundo besichtigen können. Eine halbe Autostunde hinter Tete verliefen die zwei Stromarterien, eine plus und eine minus, die den Strom über 1 800 Kilometer nach Südafrika transportierten. (90 Prozent der Elektrizität von Cahora Bassa erhält Südafrika – so billig wie sonst nirgendwo in entwickelten Industriestaaten – vom Aktienkonsortium.) Obwohl ich dicht davor gestanden hatte, entdeckte ich das Kraftwerk nicht sofort, denn die Generatoren- und Turbinenhallen sind in den rechten der beiden Felsen, zwischen denen der Sambesi gestaut wurde, hineingebaut worden. Wasser und Autos und Menschen gelangten durch lange Steintunnel in die Maschinenhallen. Fünf Jahre lang, von 1971 bis 1976, bohrten und sprengten und meißelten die Moçambiquaner Tunnel und Hallen in den Berg hinein. Im Verwaltungsgebäude von Cahora Bassa waren Fotos der einzelnen Bauabschnitte ausgestellt.

Auf keinem der Bilder war ein Arbeiter zu sehen.

Es gab auch keinen Maler, der sie zeichnete. Ich hatte den Public-relations-Chef, einen Portugiesen, der in Heidelberg studiert hatte und fließend Deutsch sprach, gefragt, wieviel moçambiquanische Arbeiter beim Bau des Kraftwerkes umgekommen seien. Er verstand die Frage angeblich nicht. Ich wiederholte sie.

„Dreihundert", sagte er.

Doch das sei noch weit unter dem Durchschnitt. Zwölf Prozent der Arbeiter würden gewöhnlich „verplant".

„Und hat man den toten moçambiquanischen Arbeitern ein Denkmal gesetzt?"

„Nein", sagte er, „ihr Denkmal ist die Elektrizität."

Als wir vom größten Wasserkraftwerk des südlichen Afrika zurückfuhren, war es stockdunkle Nacht. Schemenhaft erkannten wir im flakkernden Licht der Holzfeuer in den stromlosen Dörfern die gigantischen Elektrizitätsmasten der Stromleitung Cahora Bassa – Südafrika.

Erst in Tete, 120 Kilometer von Cahora Bassa entfernt, brannten wieder elektrische Lampen.

Arbeiter der CARBOMOC montierten Scheinwerfer, um die weiße Wand in der Nacht anzustrahlen, denn Mankeu hatte gesagt, daß er bis 24 Uhr malen wollte.

Im Hof des Kulturhauses wurde die Kinoapparatur ausprobiert. 19 Uhr Filmvorführung: „Lenin im Jahre 1918".

Die ersten Kinobesucher drängelten sich um Mankeus Bild. Die nackten prallen Brüste der wasserreichenden Frau wurden bewundert. As mamas, ähnlich unserem Wort Mütter, sagen die Moçambiquaner zu den Brüsten.

As mamas, die Mütter, das Leben.

Eine schöne, sehr sorgfältig gekleidete, vielleicht dreißigjährige Afrikanerin saß schon seit einer Stunde regungslos auf dem Rand einer Blumenschale und beobachtete Mankeu. Ihre capulana, das Tuch, aus dem die afrikanischen Frauen Tragetücher für die Kinder und Röcke gleichermaßen wickeln, war ein feingewebter, blauer Baumwollstoff mit großen gelben Sonnen und verriet, daß sie einen gut verdienenden Mann hatte. Auch als der Film begann, blieb sie. Die anderen wechselten von Mankeu zum Kino. Seine Figuren bewegten sich nicht.

Lenins Stimme am Sambesi. Portugiesische Untertexte. Dieser Film ist hier noch die Ausnahme.

Meist laufen in den moçambiquanischen Kinos Streifen von amerikanischen oder anderen großen Filmkonzernen, die mit Supermännern, Sex, Gewalt und Monstern den Entwicklungsländern ihre imperialistische Kulturdoktrin einimpfen wollen. Denn Kino ist in den meisten Entwicklungsländern für die nicht des Lesens kundigen Einwohner die größte Versuchung. Und in der Filmzentrale in Maputo, die zwar verstaatlicht wurde, sitzen, weil neue Kulturfunktionäre fehlen, die alten Einkäufer, die schon zur Kolonialzeit die Filme für Moçambique auswählten. Und sie kaufen für Dollars weiterhin bei den amerikanischen Filmkonzernen.

Und die größten Kinos im Landesinneren gehören privaten, meist indischen Besitzern, die an den Filmen verdienen wollen.

Auch die in Tete.

Vor einiger Zeit spielte man in Tete den USA-Film „Der letzte Countdown". Einheitlicher Eintrittspreis: 35 Meticais, ein Drittel vom Tageslohn eines Bergarbeiters. Wir FDJ-Brigadisten wollten um 10 Uhr Karten für die 17-Uhr-Vorstellung haben, doch sie waren schon ausverkauft. Für 150 Meticais extra bekamen wir vom Kassierer noch zehn der ausverkauften Karten.

Kinotheater war hier wirklich Theater. Kleider wurden ausgeführt. Ausgiebiger Schwatz: Wer hat was an? Wer geht mit wem? Dann klingelte es vor dem Kinogebäude. Einmal. Zweimal. Beim dritten Mal drängelten wir uns durch die immer noch draußen Stehenden – vielleicht wollten sie gar nicht zur Vorstellung –, erreichten fünf Minuten nach dem dritten Klingelzeichen mit Mühe den Kinosaal und – waren die ersten Zuschauer. Die Reihen ansteigend wie im Amphitheater. Die Ledersessel dick und luftgepolstert. Gut zum Fläzen. Wir fläzten uns. Der Vorfilm lief schon. Eine Viertelstunde nach dem letzten Klingeln saß noch nicht einmal die Hälfte der Leute. Ständiges Kommen und Gehen. Fast alle Frauen hatten Kinder dabei, auch Säuglinge. Die Mütter stillten während der Filmvorführung.

Ohne Ankündigung begann im Rennen und Hasten und Plaudern der Hauptfilm.

Nach weiteren zehn Minuten hatten sich alle plaziert und so weit beruhigt, daß man die Handlung, sie war auch ohne die portugiesischen Untertexte verständlich, verfolgen konnte.

Ein Super-Flugzeugträger der USA, 1981 ausgelaufen, gerät vor Japan in ein Zeitmagnetfeld und wird um 40 Jahre nach Pearl Harbor in den II. Weltkrieg zurückgeschleudert. Das mehrstöckige, mit Flugzeugen, Hubschraubern und modernsten Raketen ausgerüstete US-Kriegsschiff greift in den Kampf ein. Zu Dutzenden werden die kleinen, einmotorigen fliegenden Kisten der Japaner abgeschossen.

Und die Moçambiquaner im Saal beklatschten jeden Treffer.

Mitten im Raketenfeuer und dem präzisen Starten und Landen der Jagdbomber auf dem Deck des US-Flugzeugträgers ging das Licht im Saal an. Wie bei jedem Film gab es nach der Hälfte eine Theaterpause. Rauchen – wer eine Zigarette hatte. Reden – nun nicht mehr über Kleider, sondern über die USA-Kriegstechnik. Trinken – nein, Limonade gab es nicht.

Dann klingelte es. Und alles begann von vorn.

Hubschrauber steigen auf, beschießen die im Wasser paddelnden japanischen Piloten. Beifall auf offener Szene. Nur die noch hungrigen Babys, die schon beide Brüste leergetrunken hatten, schrien immerzu. Aber das störte niemanden ...

Viele Bänke vor der Leinwand im Kulturzentrum von Moatize waren an diesem Abend leer. Nicht wegen des Films, die Zuschauer klatschten begeistert in die Hände, wenn die Rotgardisten die berittenen konterrevolutionären Banditen in die Flucht jagten. – Den Namen Lenin nennen die Moçambiquaner ohnehin ehrfurchtsvoll in einem Atemzug mit Agostinho Neto, Fidel Castro, Eduardo Mondlane und Che Guevara. – Aber seit einigen Tagen blieben die meisten Einwohner in Moatize und der Umgebung abends zu Hause. Brannten keine großen Feuer auf den Bergen an. Trommelten keine Trommeln. Stille in der Dunkelheit.

15 Kilometer entfernt hatten konterrevolutionäre Banden ein Dorf überfallen und alle FRELIMO-Mitglieder getötet. In der Nähe von Moatize hatten sie die Pumpstation zu sprengen versucht.

1918 in Rußland – 1982 in Moçambique.

Mankeu, der bisher weder die sein Bild Musternden noch die

schöne Frau im Sonnen-Rock, die immer noch neben ihm saß, angeschaut hatte, blickte nun ab und zu hinüber zur Leinwand.

Er sagte: „Man darf nicht ausreißen, man muß kämpfen.“

Nach dem Film gingen die meisten schnell nach Hause. Einige DDR-Leute standen kopfschüttelnd vor Mankeus Bild, denn er hatte den Trommler grün, den Lesenden blau und den DDR-Kumpel sogar gelb gemalt.

Es wurde bald zehn. Seit fünf Stunden arbeitete Mankeu ohne Pause. Harald half beim Ausmalen. Sik, der stellvertretende Delegationsleiter der DDR in Moatize, und seine Frau Gretel brachten uns Suppe, Kartoffeln, Gemüse und Limonade. Sie hatten die Speisen durch Moatize getragen, ihr gelber VW Käfer streikte.

Sik ist Bergmann im Erzgebirge gewesen. Vertreter im RGW. Dann bis zum Putsch Bergmann in Chile. Seit 1978 in Moçambique. Er und seine Frau quälen sich jedes Jahr ein- bis zweimal mit Malaria. Aber sie möchten die Arbeit hier nicht aufgeben. „Wir werden noch gebraucht.“

Sie waren die einzigen, die daran dachten, daß ein Künstler auch essen muß.

Zehn Minuten Pause. Dann malte Mankeu wieder.

Ich bot der Frau im Sonnen-Rock von der Limonade an, fragte, worauf sie warte.

„Auf meinen Mann“, sagte sie. „Mein Mann ist Lokomotivführer.“ Seit fünf Tagen sei er noch nicht von der Fahrt in Richtung Beira zurück. In den letzten vierzehn Tagen war kein Zug aus Richtung Beira angekommen. Die Banditen hatten zwei Lokomotiven mit Panzerfäusten zerschossen und über hundert Meter Gleis gesprengt.

Weder die moçambiquanischen Genossen noch die kubanischen Militärberater in Tete hatten Erfahrungen mit dem Eisenbahnkrieg. Zum Schutz vor Minen koppelten sie vor der Lok einfach einen Waggon an, der mit Steinen beladen war. Wenn er in die Luft flog, richteten die Steine oft größeren Schaden an als die Minen. Den Güterwagen mit Soldaten hängten sie anfangs hinter einen Kesselwagen mit Benzin. Der Lokführer ließ Lok und Zug manchmal mitten auf der Strecke stehen und riß aus.

Ihren Mann hätten die bandidos einmal überfallen und nackt ausgezogen. Er sei zu Fuß nach Hause gekommen. Ein anderes Mal sei er mit der Lok und einem Waggon über eine gesprengte Stelle gefahren.

„Seine Arbeit wird gut bezahlt?“ fragte ich.

„Ja“, sagte sie, „für unsere Töchter müssen die Freier nicht 8000 Meticais Brautpreis, sondern mindestens 15000 Meticais bezahlen. Aber mein Mann fährt nicht wegen des Geldes.“

„Weshalb dann?“ fragte ich.

„Weil wir noch die Zeit kennen, als die Gleise auch in Moatize die Grenze zwischen Schwarz und Weiß waren.“

Im Jahre 1949 war die von Schwarzen mit englischem Kapital gebaute Verbindungsstrecke Moatize–Beira fertig geworden. Portugiesische Aufseher hatten angetrieben. In allen Bahnhofssiedlungen errichteten sie auch Häuser für die Eisenbahner. Links von den Schienen kleine Häuschen für die Schwarzen. Rechts von den Schienen die Häuser für die Weißen. Wenn es dunkel wurde, schlug man im Ort an eine in der Luft baumelnde Eisenbahnschiene. Danach konnte auf jeden Schwarzen, der sich rechts von der Strecke, im Viertel der Weißen, aufhielt, geschossen werden.

„Den Sohn eines Bekannten, der Vater ist Kellner im Hotel ‚Moçambique‘ in Beira, haben die Portugiesen in Momubane erschossen, weil er das Zeichen überhört hatte und er noch auf der rechten, für Schwarze verbotenen Seite, spazierenging.“

„Wo wohnt ihr jetzt?“ fragte ich.

„Auf der rechten Seite.“

Als sie gehen wollte, fragte ich, ob sie sich schon auf dem Bahnhof nach ihrem Mann erkundigt habe.

„Nein“, sagte sie, „auch wenn er in vierzehn Tagen nicht zurück ist, werde ich nicht fragen. Sonst würde man denken, ich hätte Angst.“

Mankeu arbeitete noch bis Mitternacht.

Still war es in Moatize, so, als ob das Land den Atem anhielte und lauschte.

Vereinzelte Schüsse in der Ferne.

Mankeu malte Arbeitende, Lesende, Lernende, Singende. Das neue Moçambique. Er stand, weithin sichtbar vor der weißen Wand. Schaute nicht in das Dunkel der Bäume nebenan, wo sich unbemerkt Freund und Feind anschleichen konnten.

Er wusch die Pinsel aus, packte die Farbtöpfe in die Werkzeugkiste.

Schweigend gingen wir durch Moatize bis zum höchsten Punkt des Ortes, hinauf zur „Villa Hügel", die sich der portugiesische Generaldirektor hatte bauen lassen, um sein Land, seine Gruben von oben überblicken zu können. Heute Gästehaus der CARBOMOC.

Harald und ich tranken noch einen Wodka.

Mankeu trank nur Wasser. Er schlief, im Sessel sitzend, ein.

Ich sah mir das Haus an. Samtvorhänge. Schwere Leuchter. In der Küche, gleich neben der Vorratskammer, ein mit Kacheln verkleideter und in die Wand eingemauerter Tresor.

Wahrscheinlich war er immer gut gefüllt gewesen. Die Aktiengesellschaft hatte Billiglöhne an die Afrikaner gezahlt und auch das Geld für Grubenrettungswehr und für Gasüberwachungssysteme eingespart. Vor der Verstaatlichung ließen sie noch einmal ohne Rücksicht auf Verluste (die meisten portugiesischen Sicherheitsexperten hatten sie schon nach Hause geschickt) aus den Gruben herausholen, was herauszuholen war (1975 die Rekordfördermenge von über einer halben Million Tonnen).

Trotz zu hohen Methangasgehaltes befahl man zu sprengen – dabei explodierte 1976 die chipanga 6. Einhundert Afrikaner blieben in der zerfetzten Erde. Die Grube konnte nicht wieder aufgeschlossen werden.

Aus Profitgier wurden die Wetterabzüge in der chipanga 3 nicht sachgemäß ausgebaut, gasführende Querstollen nicht zugemauert, sondern nur mit Kohlebrocken zugestellt, gerissene Stromleitungen nicht erneuert, sondern notdürftig geflickt. 1977 entzündete ein Funken die Schlagwettergrube. Sechsundfünfzig tote mineiros. Die Afrikaner lynchten einige portugiesische Bosse.

Ein halbes Jahr lagen die Toten in der chipanga 3. Dann bat die Volksrepublik Moçambique die DDR, bei der Wiederaufwendung der Grube zu helfen. Zwischen Tete und Berlin wurde eine ständige Luftbrücke eingerichtet. Im Januar 1978 kamen die ersten 50 DDR-Spezialisten und Bergungsmaterial in Moatize an. Auch Sik.

Hunderte Meter Stollen waren eingestürzt. Wie Maulwürfe schaufelten sich die Spezialisten in die Tiefe. Die Leichen waren geschrumpft. Dennoch mußten die Kumpels aus der DDR mit Masken arbeiten, in deren Filter sie Eau de Cologne schütteten. Die Toten wurden mit Kalk bestreut und in abgelegenen Stollen eingemauert.

Als die Grube geräumt war, installierten die DDR-Leute Gasmeßgeräte, legten neue Leitungen, organisierten die erste Grubenwehr des Landes (bisher mußte sie über 1 500 Kilometer aus Südafrika geholt werden), richteten einen Med.-Punkt in den Gruben ein, trainierten die Feuerwehr.

Im April 1978 waren fast alle DDR-Spezialisten wieder zu Hause. Auch Sik sollte zurückfliegen. Er kam nur bis Maputo, dort schickte ihn der DDR-Botschafter noch einmal nach Moatize. „Hilf den moçambiquanischen Freunden, daß sie ihre Verpflichtung erfüllen – bis zum 1. Mai soll chipanga 3 wieder arbeiten. Es muß zur Maifeier hier in Maputo verkündet werden."

Weil die Telefonverbindung zwischen Moatize und Maputo nicht funktionierte, fragte Sik: „Wie soll ich euch Bescheid geben, ob die Produktion in der Grube angelaufen ist?"

Sicherheitshalber setzten sie das Telegramm schon in Maputo auf. „Zu Ehren des Kampftages . . ." Sik flog nach Tete. Sie hielten den Termin.

Am 10. Mai sollte erneut Abreise sein, die unwiderruflich letzte Abreise aus Moatize. Er stand schon im Passagierraum des Flughafens. Koffer abgefertigt. Freunde umarmt. Sehnsucht nach dem Bauernhaus im Erzgebirge. Die „Boeing" aus der Hauptstadt war gelandet, sollte in wenigen Minuten mit Sik zurückfliegen. Da klopfte ihm Soares auf die Schulter. Soares war der Vertreter des jungen moçambiquanischen Staates (10 Prozent Aktien) im Aufsichtsrat der Companhia Carbonífera de Moçambique. Soares, der soeben mit der Maschine aus Maputo angekommen war, sagte: „Auftrag von eurem Botschafter – ich muß dich am Abflug hindern! Alles andere heute abend bei mir zu Hause."

Das Haus war verdunkelt. Im Hinterzimmer saßen der Polizeichef von Tete, ein Regierungsbeamter, ein Sicherheitsbeauftragter und Soares.

Kurz und bündig verkündete der Polizeichef: „Morgen um 11 Uhr werden wir ohne Vorwarnung die Companhia Carbonífera de Moçambique verstaatlichen."

FRELIMO-Posten bewachten in der Nacht die Gruben und die Verwaltung.

Am nächsten Tag um 11 Uhr versammelte sich das gleiche Gremium im escritório der Gesellschaft. Soares ließ den amtierenden portugiesischen Generaldirektor kommen, teilte ihm mit, daß ab sofort alle Gruben, alle Fabriken der Aktiengesellschaft Eigentum des moçambiquanischen Volkes seien. Der Portugiese weigerte sich zu unterschreiben, er müsse erst den Aufsichtsrat befragen. Soares ließ keine Ausflüchte zu. Der Generaldirektor unterschrieb unter Protest.

Danach mußte der Portugiese die Präambel der Verstaatlichungsurkunde laut vorlesen: Die Aktiengesellschaft ist verantwortlich für die Mißstände in den Gruben, die zu den schlimmsten Bergwerksunglükken in der Geschichte Moçambiques geführt haben . . .

Zum Schluß teilte der Polizeipräsident dem Generaldirektor mit, daß er innerhalb von 24 Stunden Moçambique zu verlassen hätte. Der Portugiese entgegnete, das nächste Flugzeug würde erst wieder in 26 Stunden fliegen.

„Das ist das einzige Zugeständnis, das wir machen, Sie können noch zwei Stunden länger hierbleiben", sagte der Polizeipräsident.

Am Tag darauf wurden die neuen Direktoren eingesetzt – Sik als Produktionsdirektor –, und zum ersten Male wurde auch ein von den Arbeitern gewählter Vertreter in die Direktionsleitung berufen. Sofort nach der Nationalisierung begannen die von Südrhodesien und Südafrika gelenkten konterrevolutionären Banden mit Terroranschlägen auf die Eisenbahnverbindung von Moatize nach Beira, weigerten sich die ehemaligen ausländischen Handelspartner, Ersatzteile für Moatize zu liefern.

Trotz alledem schafften es die moçambiquanischen Kumpel, die Kohleförderung von 236 000 Tonnen im Jahre 1978 auf 534 000 Tonnen im Jahr 1981 zu steigern. In diesem Jahr allerdings verstärkten die Banden vor allem im Gebiet zwischen Tete und Beira – sich nach jedem Anschlag über die Grenze ins Königreich Malawi zurückziehend – ihre Aktionen. Sie sprengten die Gleise, zerschossen Lokomotiven, es kamen kaum Züge durch, die Kohle konnte nicht abtransportiert werden. Man mußte die Kohleproduktion drosseln, es fehlten Transportbänder, Bagger, Grubenlampen und die Kredite dafür. Die Mühen der Ebenen. Und Wirtschaftskrieg. Denn, um ein Förderband aus Großbritannien einführen zu können, muß Moçambique achtmal so viel Baumwolle oder fast viermal so viele Kaschunüsse wie 1975 ausführen.

Wieviel Zeit bleibt dem Land, um die Wirtschaft zu stabilisieren, ohne dabei durch imperialistische Kredite und Warenlieferungen ökonomisch und politisch bedingungslos abhängig zu werden? Welche ökonomischen Potenzen haben die sozialistischen Länder, um der jungen Volksrepublik zu helfen?

In der chipanga 11 arbeiteten auch westeuropäische Kooperanten mit einer modernen Vortriebsmaschine. Ein stachliger Kopf auf einer riesigen Stahlraupe, die sich in einer Woche 60 Meter in das Kohleflöz hineinfrißt. Die erste derartige Maschine für 800000 US-Dollar lieferte der Konzern nur unter der Bedingung nach Moçambique, daß Gläubiger Kuweit sie bezahle, wenn Moçambique das Geld in einigen Jahren nicht aufbringen könne. Die günstigste Variante für den Konzern, zu dem auch Kohlebergwerke gehören: Beteiligung an der Kohleproduktion in Moçambique, um möglichst viele Bergbaumaschinen hierher zu verkaufen, Moçambique könnte mit Kohlen bezahlen.

Einer der Spezialisten des Konzerns, die die Vortriebsmaschine in der chipanga 11 bedienten, sagte mir: „Die Ostdeutschen haben in den Jahren von 1978 bis 1982 hier fast nichts fertiggebracht. Warmes Essen, Kulturzentrum, Gasmeßgeräte, Grubenwehr, Sicherheitsreglement. Damit brüsten sie sich. Aber sie haben auch 30 Prozent mehr Kumpel im unproduktiven Sicherheitsbereich beschäftigt, die fördern keine Tonne Kohle mehr, drücken lediglich das Pro-Kopf-Produktionsergebnis. Wir würden viel mehr als die bescheidenen 60 Meter Vortrieb in der Woche schaffen, aber der Abtransport klappt nicht, die Bänder laufen nicht. Ich könnte sagen: Bleibt unsere Maschine eben stehen, doch das würde ihr schaden, sie fängt an, innen zu rosten. Und wir haben den Ruf unseres Konzerns zu verteidigen, mit diesen Maschinen wurde der Mont-Blanc-Tunnel gebohrt. 200 davon haben wir an Polen verkauft. Hier ist die Maschine allerdings wie mit dem Schuhanzieher in den Stollen hineingepreßt. Man müßte die gesamte Technologie umkrempeln, damit die Sache Gewinn abwirft – im großen Stil. Und das können die Ostdeutschen nicht. Unser Konzern dagegen hat viele Tochtergesellschaften, besitzt Eisenbahnen, Gruben, Stahlwerke – also, wenn unser Konzern hier was zu sagen hätte, würde er zuerst die Gruben, die Eisenbahn und den Hafen in Beira unter eine gemeinsame Konzernverwaltung stellen. Den Hafen für Supertransporter vergrößern, damit die Kohleverschiffung nach Europa sich rentiert. Gleichzeitig die Eisenbahn von Moatize nach Beira elektrifizieren, ein zweites Gleis legen. Und hier Kohleförderung im Tagebau. Über die Berge hinaus, alles rundherum wegsprengen. Wenn in Afrika ein Baum umfällt, hat man doch keine Scherereien mit den Scheiß-Umweltschützern. Hier könnte man noch machen, was man will. Auch die alten unrentablen Gruben absaufen lassen, nur noch Tagebau. Gewinn machen. Sich nicht nur um warmes Essen und Alphabetisierung und Grubenwehr kümmern. Und auch was für unsere Freizeit hier tun. Von uns darf keiner wie bei den Ostdeutschen seine Frau mit herbringen. Das bezahlt uns niemand. Wenn unsereiner was braucht, muß man wegen eines Puffs bis nach Südafrika runter. Und Ersatzteile und unseren Whisky müssen wir mit dem Flugzeug von Malawi einfliegen lassen, weil die Regierung mit den verdammten Terroristen-Banden nicht fertig wird. Wir würden einfach paar Spezialeinheiten mit Hubschrauber herschicken. Ruhe wär's im Busch.

Nicht, daß du denkst, ich würde dummes Zeug schwafeln, ich arbeite 25 Jahre im Bergbau, habe zu Hause als Steiger 200 Leute und solch ein Maschinchen unter mir. Ich weiß, was ich sage. Solche Kleinigkeiten wie hier in Moatize haben wir gewöhnlich in zwei, drei Jahren gepackt. In Griechenland zum Beispiel, im Zentrum des Peloponnes, haben wir einen Tagebau u. a. im Auftrag von Krupp und Düsseldorfer Kesselanlagenbau errichtet. Dazu Quartiere für 2000 Arbeiter. Einen Fluß umgeleitet, einen Damm gegen Überschwemmungen um den Tagebau gebaut, 90 Prozent Auskohlung der Flöze erreicht. Leider fanden wir beim Aufschluß Gräber und Urnen aus der Zeit von Alexander dem Großen. Der hatte dort beim Krieg gegen Sparta sein Lager aufgeschlagen. Waren so blöd, es zu melden. Die Arbeiten wurden ein halbes Jahr verzögert. Wegen 200 Gräbern. Ein Riesenverlust für die Firmen. Aber es wurde alles wieder reingeholt, die griechischen Arbeiter sind allemal billiger als die westeuropäischen Kohlekumpel."

Mitternacht war vorbei.

Stille vor dem Gästehaus der CARBOMOC.

Der starke Duft von Blütenbäumen, die rings um die Villa standen, betäubend wie von Flieder und Lilien, hatte alles Leben draußen narkotisiert. Nur die Schritte der FRELIMO-Wachposten waren zu hören.

Gleichmäßig. Beruhigend.

Früh um fünf Uhr weckte mich der laute Gesang der Vögel. Dazu Blütenduft. Und die erfrischende Kühle des Morgens.

Ich schloß die Augen, verdrängte die Bilder von den auf Knien liegenden, zentnerschwere Schrapper zerrenden mineiros. Von zerfetzten Lokomotivbäuchen.

Auch Mankeu und Harald waren ohne Wecker munter geworden.

Wir tranken kaltes Wasser und gingen zur Arbeit.

Die Sirene heulte. Es war dörferweit zu hören.

Mankeu zuckte zusammen.

„Der Geist der Grube brüllt, um sein tägliches Menschenopfer zu bekommen – genau wie damals in Südafrika", sagte der Maler.

„Du warst in einer südafrikanischen Grube?"

Mankeu antwortete nicht.

Vor dem Wandbild standen schon Kinder und mineiros.

Die Farben leuchteten jetzt kräftiger als gestern abend im Scheinwerferlicht. Mankeu betrachtete das Bild erst aus der Ferne, dann aus der Nähe. Seine Fingerspitzen berührten das Schwarz der Grube, die Häuser darauf, die Blume.

„Alles wächst aus dem Schwarz, aus der Kohle", sinnierte er.

Die mineiros versuchten sich zu erkennen. Und jeder fand sich. Der Kumpel, der in der Grube Schießlöcher bohrte, zeigte auf den Arbeiter mit der Bohrmaschine und sagte: „Das bin ich." Der Kumpel, der unten mit der Spitzhacke arbeitete, zeigte auf den hockenden mineiro und sagte: „Das bin ich." Und der Kumpel, der am Alphabetisierungskurs teilnahm, zeigte auf den lesenden Arbeiter und sagte: „Das bin ich."

Natürlichste Form der Identifikation.

Bei einem jungen Baggerfahrer der CARBOMOC allerdings schien die Identifikation mit den Personen auf dem Bild nicht zu funktionieren. Er stierte wie geistesabwesend auf den Erdboden.

Ich kannte ihn und seine Geschichte.

Joaquim Matthias John war zweiundzwanzig Jahre alt. Sein Vater war ein Moçambiquaner gewesen, der an die Naturgötter geglaubt hatte, seine Mutter eine Katholikin aus Simbabwe, damals Südrhodesien. Vor zehn Jahren, auf dem Nachhauseweg von der Schule, hatten drei FRELIMO-Kämpfer den Jungen im Busch angehalten, gefragt, ob er schreiben und lesen könnte, und weil er schreiben und lesen konnte, hatten sie ihn mit auf ihren langen Marsch genommen, in die schon befreiten Gebiete an die Grenze nach Sambia. In Fingue wurde einer von ihnen als Chef eingesetzt. Joaquim mußte ihn als Träger und Dolmetscher begleiten. Er unterrichtete in der Alphabetisierungsklasse und lehrte die Bauern das Bewässern der Felder. Damals war er dreizehn Jahre alte. Mit fünfzehn schickte ihn die FRELIMO nach Tansania, dort konnte er die sechste Klasse absolvieren. 1977 wurde er in die DDR zur Ausbildung als Baggerfahrer geschickt.

Für die CARBOMOC waren ausgebildete moçambiquanische Baggerfahrer so nötig wie die Regenzeit für die ausgedörrten Felder. Aber Joaquim wollte nun nach der Rückkehr aus der DDR seinen ersten Urlaub ausnutzen, um nach Simbabwe überzusiedeln.

Sein Vater war von südrhodesischen Soldaten erschossen worden, und die Mutter ging inzwischen mit den noch nicht verheirateten Töchtern in ihr Heimatdorf im heutigen Simbabwe zurück.

„Ich bin der einzige Junge. Und mein Vater hat mich drei Dinge gelehrt, die ich nie vergessen darf. Erstens: Soviel wie möglich zu lernen. Zweitens: Immer den Rat der Älteren anzunehmen. Drittens: Für die Eltern zu sorgen, wenn sie alt sind.“

Einige von Joaquims Freunden, die mit ihm in der DDR ausgebildet worden waren, nannten ihn Verräter.

Er zeigte auf das Bild. „Unser Land ist schön. Wenn genug Regen fällt, blüht und duftet es. Es ist nicht leicht, wegzugehen, aber ich kann meine Mutter und die Geschwister nicht allein in Simbabwe lassen. Ich muß für sie sorgen.“

Die Kinder rannten mit den eingetrockneten Farben hinüber in die Küche und rührten unter Anleitung der Köche Orange, Blau, Braun, Grün und Gelb frisch an. Kurz nach sechs Uhr – die Kumpel fuhren ein – begann auch Mankeus Schicht. Er malte und sang. Ich hielt ihm die Farbtöpfe. Erschrak, als ein Krüppel, ohne daß ich sein Kommen bemerkt hatte, auf seinem Gefährt neben mir saß. An zwei Achsen waren vier Fahrradfelgen ohne Bereifung befestigt. Auf den Achsen lagen zwei dicke Bretter. Und auf die Bretter geschraubt, der Sitz eines Traktors oder Baggers. Der etwa vierzigjährige beinlose Mann bewegte die vorderen Felgen mit den Händen. Sein Fahrstuhl sei vollkommen aus Beutegut gebaut, sagte er lachend.

Die Felgen von zwei alten Fahrrädern der Kolonialarmee. Die Achsen vom Kinderspielauto des Farmersohnes aus dem Nachbardorf. Der Sitz aus einem zerschossenen Panzerspähwagen. Nur die Bretter habe er sich mit der Holzhacke aus einem Schwarzholzstamm herausgehauen.

Er schaute sich Mankeus Bild lange an, dann sagte er: „Camarada Maler, auf deinem Bild fehlen die Flugzeuge, die mit Bomben und Raketen die Häuser und die Lesenden und die Singenden und die Arbeiter töten!"

Mankeu fragte, auf die Beinstummel des Mannes zeigend: „Kein Grubenunglück?"

„Nein", sagte der Krüppel, „Splitterbomben! 1980 an der Grenze zu Südrhodesien." Er habe damals als Koch in einem Krankenhaus gearbeitet, in dem Frauen, Kinder und Greise, Flüchtlinge aus Südrhodesien, untergebracht waren.

„Als frühmorgens um sechs Uhr die Flugzeuge aus Südrhodesien kamen und Bomben warfen, wollte ich die Kinder aus dem Schlafsaal holen, da zerfetzte mir die Bombe die Beine."

Auch Moatize und Tete wurden damals von der südrhodesischen Luftwaffe angegriffen.

In diesen Monaten arbeiteten die mineiros nicht in der Kohle, sondern bauten Erdbunker.

Die Frontlage war damals so: In Südrhodesien hatten sich die Afrikaner gegen das weiße Minderheitsregime erhoben. Die südrhodesischen Rassisten versuchten ihre Macht mit Hinrichtungen, Terror und Konzentrationslagern zu retten. Die UNO rief alle Länder zu Sanktionen gegen Südrhodesien auf: Kein Handel mit den Rassisten, Sperrung der Transportwege! Die moçambiquanische Regierung schloß ihre Grenze nach Südrhodesien. Sie zögerte mit dieser Solidaritätsaktion für die Befreiungskämpfer in Südrhodesien keinen Moment, obwohl rund 50 Prozent aller Waren von und nach Südrhodesien devisenbringend über Häfen und Eisenbahn Moçambiques transportiert worden waren. Zehntausende Moçambiquaner wurden arbeitslos. Weitere hunderttausend die vordem in Südrhodesien gearbeitet hatten und nun nach Moçambique zurückkehrten, mußten unterstützt werden. Dazu Zehntausende Flüchtlinge aus dem Nachbarland. In Dollar umgerechnet kostete Moçambique diese Solidarität jährlich rund 100 Millionen. 100 Millionen Dollar. Das wäre Mehl für viele Jahre gewesen, um das hungernde Land satt zu machen. Die Arbeiter, die Bauern, die Schriftsteller des Landes gaben nicht einfach eine Solispende in unserer Währung: Streit, ob acht Prozent der Jahresendprämie oder vielleicht fünf auch genügen. Sie bezahlten mit ihrem Hunger und mit ihrem Leben. 1978 fielen sechshundert Moçambiquaner dem Bombenterror, den Raketen der südrhodesischen Luftwaffe zum Opfer.

Wir sprechen oft von unserer Solidarität.

Wir sollten öfter auch über die Solidarität anderer Völker sprechen. Um unsere eigene realistischer bewerten zu können.

Mankeu verteidigte sein Bild. Nein, keine Bomben. Kunst könne nicht alles auf einmal darstellen.

„Ich habe viele tote moçambiquanische Arbeiter in den Gruben von Südafrika gesehen, eines Tages werde ich für sie ein Bild malen. Aber heute male ich für die mineiros in Moatize, für ihre Kinder, das neue Leben, die . . .“

Mitten im Satz brach Mankeu ab. Die Sirene heulte. Lokomotiven schrien. Die Kinder rannten fast die Farbtöpfe um. Der Krüppel fuhr zum Ausgang. Flugzeuge, dachte ich! Südafrikanische! Schaute zum blauen Himmel. Sah nichts. Grubenunglück? Nein, die Leute liefen zur Bahnschranke. Sie war geschlossen! Ein Zug war angekommen. Durchgekommen!

Fünf Winkende saßen auf dem Bauch der Lok, die unentwegt hupte und im Schrittempo eine Ehren„runde“ fuhr. Ein Kesselwagen mit Diesel. Unsere Lkws standen schon tagelang. Ein Waggon Zement. Wir werden also auch nächste Woche blocos machen können. Ein Waggon mit Mehl.

Dann ein offener, flacher Güterwagen mit fünfzehn Soldaten, die ihre Gewehre in die Luft warfen.

Seit vierzehn Tagen der erste Zug.

Ich suchte auf dem Bahnhof nach dem Lokführer. Er war schon verschwunden. Der junge Offizier erzählte, daß sie zwei Angriffe der Banditen ohne Verluste abgewehrt hätten. Dann ließ er die Soldaten, weil ein Vertreter der Kohlekumpel eine Rede halten wollte, antreten. Der Redner stellte sich vor die Soldaten und sagte: Canimambo camaradas! Danke, Genossen! Und die Soldaten antworteten: A luta continua! Der Kampf geht weiter! Und die zwei- oder dreihundert Drumherumstehenden klatschten. Die kürzeste Kundgebung, die ich je erlebt hatte.

Frauen brachten Wasser. Männer brachten bomba und Trommeln. Gesang. Dann Abmarsch in die Kaserne.

Mankeu klagte: „Die Zeit läuft uns davon, wie der Fluß in der Wüste." Für den Nachmittag war er zu einer Versammlung eingeladen, in vier Stunden mußte das Bild fertig sein.

Harald malte mit aus.

Auch mir drückte Mankeu, ohne zu fragen, ob ich könne, einen Pinsel in die Hand.

„Nimm Orange für die Blume. Die Blume muß leuchten."

Ich mühte mich wie in der Schulzeit. Ein Wandbild mit Mankeu in Afrika gemalt, das war was für die Ewigkeit!

Mankeu kontrollierte nicht, ob ich mit dem Orange über seine schwarzen Linien hinauswucherte, er lachte nur, weil ich mir fast die Unterlippe aufbiß.

„Du lachst und singst bei der Arbeit", sagte ich, „aber die Menschen, die du malst, sind immer todernst. Weshalb malst du sie nicht fröhlicher?"

„Weil es noch nicht die Zeit zum Fröhlichsein, weil jeder Tag noch ein Kampf gegen die Dummheit, die Krankheiten, die Banditen, den Hunger ist. Im Parteihaus in Maputo hängt ein Bild von mir. Meine Landsleute beim Essen. Und viele aus eurem Land, die das Bild sehen, fragen: ‚Weshalb gucken die Moçambiquaner beim Essen so finster?' Ich sage ihnen: ‚Weil sie wissen, wie schwer es ist, der Natur Früchte und Mehl und Fleisch abzuringen.' "

Mankeu hatte heute noch nichts gegessen. „Ich werde essen, wenn unsere Schicht zu Ende ist, genau wie die Bergleute", sagte er.

Was hatten sie zu essen, die Bergleute?

Zweitausendfünfhundert arbeiteten in Moatize.

Zusammen mit ihren Familien mußten etwa zehntausend Menschen von der CARBOMOC versorgt werden.

Alle vierzehn Tage schlachtete man vier oder fünf Ochsen, manchmal auch ein Schwein, für den Verkauf in der Kantine. Außerdem erhielten monatlich die Betriebsküche 20 Zentner und die DDR-Kooperanten 10 Zentner Fleisch.

Nur einmal schaute ich beim Schlachten zu. Zum Töten kam ich allerdings zu spät. Es geschieht folgendermaßen: Vier Arbeiter halten den Ochsen fest, einer schlägt ihm mit einer beilartigen Hacke in die Weichstelle zwischen den Hörnern und der sechste schneidet die Gurgel durch.

Ich war zu spät gekommen, weil ich in der Orangenbaumplantage der CARBOMOC, in der geschlachtet wurde, ein Schlachthaus gesucht hatte. Die weißen Sternblüten der Orangen dufteten süßlich. Ein paradiesischer Garten, nirgends ein Haus. Nur eine Betonfläche. Eine Tanzbühne? Aber schon aus einiger Entfernung roch es von dort nicht mehr nach Orangenblüten. Statt dessen: beißender Gestank gesengter Borsten und widerlicher Geruch nach frischem Blut, Fleisch und dem Inhalt der Därme und Mägen.

Sieben Moçambiquaner, einige mit Grubenhelmen auf den Köpfen, wateten auf der „Tanzfläche" im Fleisch herum, zerhackten Ochsenbeine, trennten die gehörnten Köpfe vom Rumpf, legten sie wie Trophäen an den Rand der Fläche, spülten die silageähnliche Masse aus den Därmen heraus. Einer kochte über einem kleinen Holzfeuer Därme und Blut – das Deputat für die Schlachter. Und einer brannte einer rappeldürren schwarzen Sau mit der Lötlampe die Borsten ab. Bosch hätte das malen sollen.

Das beste Fleisch teilte der Schlachtmeister, der dicke einäugige Brigadier der Viehherden, zuerst für die ausländischen Kooperanten auf. Für die Afrikaner blieb der Rest der Ochsen und das Schwein.

Ulli hatte mir noch dürrere Viecher gezeigt. Ulli, knapp dreißig, Diplomingenieur für Tierzucht, war mit einem Feldbauspezialisten aus der DDR nach Moatize geschickt worden, um der CARBOMOC zu helfen, die Erträge der machambas zu steigern und die Viehherden zu vergrößern.

Die meisten Schweine waren schwarz. Afrikanische Buschschweine. Sie bekamen auch bei sengender Hitze keinen Sonnenbrand und bei Streß keinen Herzinfarkt wie die hochgezüchteten weißen Rassetiere, von denen Ulli sich einige aus dem ehemaligen Kloster Boroma am Sambesi geholt hatte. Aus Busch- und Klostertieren hatte Ulli eine schwarz-weiß gesprenkelte Kreuzung erhalten. Allen Exemplaren war gemeinsam, daß sie sehr alt, sehr traurig und nicht schweinequietschvergnügt aussahen. Die Tiere hungerten. Am schlimmsten waren die Muttersauen daran, ihre Haut war schlaff, auf der Stirn hatten sie Falten. Ausgesaugt im wahrsten Sinne des Wortes. Ließ man die Ferkel zu lange dran, starb die Muttersau, und die Ferkel überlebten. Setzte man die Ferkel eher ab, konnte man die Muttersau retten, aber dann wuchsen die Ferkel nicht mehr.

Ulli hatte kein Kraftfutter, kein Eiweiß, keine Molke, keine Kartoffeln für sie. Er fütterte vergammelte, gekochte Bananen und Maismehl. Davon kriegten sie, genau wie die Kinder, nur geblähte Bäuche. Neuerdings ließ er die Schweine Strünke der Bananenstauden auskatschen. Das hatte er im Kloster gesehen. Eine Methode, die die Portugiesen anwendeten. Ulli sagte zornig: „Moçambique zahlt nicht monatlich 1 800 Dollar für uns, damit wir hier jeden Tag wie Anfänger erlernen, was die portugiesischen Farmer schon vor fünfzig Jahren praktiziert haben!“

Großviehanlagen, ähnlich denen in der DDR, waren unter diesen katastrophalen Futterbedingungen nicht möglich. Außerdem vernichtete die afrikanische Art der Schweinepest alle zwei Jahre fast die Hälfte der Tiere. Europäische Wissenschaftler versuchten, ein Gegenmittel zu finden wie für die europäische Form dieser Seuche, doch die Experimente hatten keinen Erfolg. Nach wie vor gilt die afrikanische Schweinepest als unheilbar.

„Um die zehntausend Leute der CARBOMOC einigermaßen mit Fleisch zu versorgen, brauchen wir rund 500 Schweine und eine Herde von 3 000 Rindern.“

Zur Zeit besaß die CARBOMOC 110 Schweine und 870 Rinder.

Ulli versuchte zwar, jede Kuh zu retten, aber immer wieder mußte er Muttertiere schlachten. An dem Tag, als er mir die Herde zeigte, hatten zwei Kühe gekalbt. Die Gebärmutter war nach außen gestülpt, kot- und blutbeschmiert; die Fliegen saßen daran. Ulli hatte keine Penicillinstäbchen, konnte die Gebärmutter nur mit Wasser abspülen und nach minutenlanger Anstrengung mit der Hand wieder in den Uterus hineinpressen. Dann schnitt er beiden Kühen ein Stück vom Ohr ab. Das Schlachtzeichen.

In dieser Gegend wurde vor allem das anspruchslose Teterind gehalten, eine Kreuzung des Alentejanerrindes aus dem südlichen Portugal mit einheimischen Wildrindern und dem Zeburind, das die Portugiesen aus Indien nach Afrika mitgebracht hatten.

Gemolken wurden die Kühe nicht. Ein Hirt, der Kühe molk, wurde sofort entlassen, denn jeder Tropfen Milch war lebenswichtig für die Kälberaufzucht.

Zur Stabilisierung der Fleischversorgung weideten auf den kargen Flächen um Tete und Moatize auch Tausende Ziegen. Doch nur 157 davon gehörten der CARBOMOC. Es war nicht möglich, größere, rentable Ziegenherden aufzubauen, denn kein erwachsener Moçambiquaner hütete – bei Strafe lebenslangen Spottes – eine Ziege. Das war Kinderarbeit. Aber nach dem neuen revolutionären moçambiquanischen Arbeitsgesetz durfte die CARBOMOC keine Arbeiter unter achtzehn Jahren einstellen!

Die Hirten und Landarbeiter der CARBOMOC lösten ihr Eiweißproblem auf andere, herkömmliche Weise. Fast alle hatten ein Katapult zum Vogelschießen einstecken. Und sie bauten Rattenfallen aus einem Stein, der mit einem Stöckchen gestützt wurde und beim Herunterfallen die Ratte erschlug.

Sie brieten die Ratte mit dem Fell.

Ulli und sein Kollege entwickelten eine zukunftsträchtigere Variante zur Eiweißbeschaffung. Sojabohnen anbauen!

Das hatte vor ihnen noch kein Portugiese versucht, denn sie hielten sich nur sehr wenige Schweine zur eigenen Versorgung. Für die Kohlekumpel und ihre Familien interessierten sie sich nicht. Deshalb waren Ulli und sein Kollege die ersten, die Sojabohnen säten. Sojabohnen sind sehr eiweißhaltig. Wenn es gelingt, sie auf großen Flächen anzubauen, könnte man den Eiweißgehalt im Futter der Schweine erhöhen und mit dem Fleisch die Eiweißmangelkrankheiten der Kinder – „wenigstens der Kinder", sagte Ulli – mindern.

„Wir müssen es schaffen", sagte Ulli, „weshalb sind wir sonst hergekommen?"

In der Nähe der neuesten, mit Hilfe der DDR angelegten CARBOMOC-machamba befand sich Benga, die frühere Distriktshauptstadt. Ulli sagte: „Die Trümmer der alten Fabrik von Benga mußt du gesehen haben, sonst verstehst du den Hunger nicht."

Jeep-Rallye. Staub hinter uns. Auch hinter der Kuhherde am Ufer des Sambesi. Der Kuhhirt hielt ein Fischernetz in der Hand. Vor Benga stiegen wir aus. Ein Damm zum Fluß. Hier war die Kohle auf Lastkähne verladen und den Sambesi hinunter zum Meer gefahren worden. Auch die Baumwolle. Von den Baumwoll-Lagerhallen existierten nur noch die Wände. Auch die aus Feldsteinen gemauerte Baumwollfabrik war eingefallen. Das Haus des portugiesischen Administrators stand noch. Neben dem Haus sah ich einen vergitterten Erdbunker – das Gefängnis für die Bauern, die nicht, wie befohlen, Baumwolle ablieferten.

Baumwolle. Baumwolle. Baumwolle. Weißes Gold für Portugal. Eiweißmangel für die Moçambiquaner.

In die Ruinen der Baumwollfabrik trieben die Hirten in der Nacht nun die Kuhherden der CARBOMOC. Am Haus des Administrators hatte man mit schwarzer Farbe Bilder gemalt: Weiße prügeln afrikanische Bauern, die nur kleine Säcke mit Baumwolle abliefern, und treten schwarze am Boden liegende Frauen mit ihren Stiefeln . . .

Mankeu fluchte gräßlich. Während wir über die Ernährungsprobleme in Moçambique diskutierten, hatten wir die schwarze Farbe aus allen Töpfen vermalt.

„Ich brauche das Schwarz", sagte Mankeu. „Alles kommt aus dem Schwarz, aus der Kohle, der Erde, der Arbeit."

Die untere Hälfte seines Bildes war schwarz – die Lesenden, die Singenden, die Lernenden wuchsen daraus.

Wir mischten Dunkelblau und Braun in den leeren schwarzen Büchsen.

„Das geht“, sagte Mankeu.

Und gleichsam sich für die Flüche entschuldigend, sagte er: „Alles ist aus der Erde gewachsen, aus dem Schwarz der Kohle, dem Schwarz unserer Hautfarbe: die Liebe zur Freiheit, der Haß auf die weißen Leuteschinder, die Hoffnung, daß die moçambiquanische Kohle das Leben in Moçambique reicher macht – alle unsere Wünsche sind in der Erde gewachsen, in der Erde, die für Tausende von uns zum Sarg wurde, in den Gruben am Witwatersrand in Südafrika.“

Und Mankeu erzählte von seinem Leben vor der Befreiung, von der Zeit, als er wie Hunderttausende andere Moçambiquaner in den Gold- und Kohlegruben von Südafrika schuftete. Die Menschenhändler kamen in jedes Dorf. Meist mit dem portugiesischen Steuereintreiber – jedem, der seine Steuer nicht bezahlen konnte, stundete der Beamte das Geld, wenn er seinen Daumen unter den Kontrakt setzte: 18 Monate Südafrika. Dann begann der Marsch durch die Savanne. Manche starben schon unterwegs . . .

„Ich war in der Goldgrube ‚Geduld‘ Nr. 7 in der Provinz Springs. Im Arbeitslager, dem Camp der Schwarzen, waren viertausend Afrikaner eingepfercht. Früh um fünf Uhr heulte die Sirene zum erstenmal. Wekken. Dann zum zweitenmal. Essenausgabe. Hartes Brot, Maismassa, gesüßter Tee; das war genau ausgerechnet von den weißen Doktoren. Jeder von uns erhielt so viele Kalorien, daß er die Arbeit durchstehen konnte, aber die Lebensmittelkosten für die Grubenbosse so gering wie möglich blieben. Drittes Heulen der Sirene – Einfahrt. Ich gab das Material aus: Hacken, Grubenlampen, Schaufeln. Manche zitterten schon vor Schwäche, wenn ich ihnen die Hacke in die Hand drückte. Wir schliefen in einem kleinen Barackenraum in Doppelstockbetten, die aus Beton gegossen waren. Um das Camp herum Stacheldraht. Nach der Schicht lagen wir wieder apathisch auf dem Beton . . .“

Mehr erzählte der schweigsame Mankeu nicht.

Mein Reporterkollege Jean Villain war etwa zur gleichen Zeit wie Mankeu in einer südafrikanischen Grube.

Er berichtet: „Die Hölle existiert, und ihr Zentrum befindet sich etliche tausend Fuß unter dem Asphalt von Johannesburg, genau unter den strahlend-weißen Wolkenkratzern, in denen tagaus, tagein mit elektronischen Rechenmaschinen die höchsten Dividendensätze und Nettogewinne der Welt berechnet werden. Zu ihren tobenden Tiefen hinab führen mehr als hundert endlose dunkle Schächte. Das verwirrende Labyrinth ihrer Gänge, Treppen und Galerien, ihrer winkligen Querschläge und Hallen mag tausend Meilen oder mehr messen. Der Verdammten aber, die in ihr schmachten, birgt sie annähernd eine halbe Million. Neun Zehntel davon sind Afrikaner ...

So markausdörrend, so hirnerweichend ist die schwülfeuchte Hitze dort unten, so entnervend, so herzbeklemmend die ewig staubgeschwängerte, sauerstoffarme Luft in den kaum meterhohen Abbaunischen, so tückisch betäubend der aus den Sprenglöchern entweichende Satansweihrauch der Dynamitgase, daß ich manchmal glaubte, ohnmächtig zu werden, daß ich dort unten keinen weißen Aufseher, keinen Antreiber, keinen Schießmeister und keinen Techniker europäischer Abkunft sah, der nicht auf Schritt und Tritt einen afrikanischen Boy mit sich geführt hätte. Einen Boy, der die schwere Akku-Lampe trug und seinem in dieser Unterwelt kraftlos wie ein Säugling gewordenen Herrn unaufgefordert jede halbe Stunde das klatschnaß geschwitzte Hemd wechselte.

Denjenigen, die er beaufsichtigt und bewacht, die nur mit Stiefeln und Helmen angetan, sonst aber nackt, wie sie geboren wurden, den pneumatischen Meißel handhaben, das Erz verladen, den Schutt verbauen, das Hängende abstützen, Gleise verlegen, Rohre verschrauben und dabei vor dampfender Vulkanhitze und Atemnot genauso an den Rand des Wahnsinns getrieben werden wie er, denen wird am Ende des Arbeitstages lediglich ein Stempel auf die Lohnkarte gedrückt, ein Stempel, der genau zwei Schilling und neun Pence wert ist. Mit anderen Worten: Um das zu verdienen, was ihr Boß in elf bis vierzehn Arbeitstagen macht, benötigen sie rund ein Jahr.

Was jedoch leisten die Afrikaner für zwei Schilling und neun Pence pro Tag? Ungeheures! Unter den mißtrauischen, von Staub und Whisky entzündeten Augen ihrer Antreiber entreißen sie dem Bauch der afrikanischen Erde – ihrer Erde – alle vierundzwanzig Stunden einen Berg von zweihundert Millionen Kilo Erz.

Von je tausend, die auszogen, ihre zwei Schilling und neun Pence pro Schicht zu erobern, werden mindestens deren fünf ihre Heimat nie wiedersehen, weil sie, von tödlichen Unfällen oder Bergarbeiterkrankheiten ereilt, auf der Strecke bleiben. Siebzehn weitere bezahlen ihre Einfahrt in die unterirdischen Opfertempel des Goldenen Kalbs mit einem vom schlecht abgesicherten Erzzug abgefahrenen Bein und anderen schweren Verletzungen, die sie für den Rest ihres Lebens zu Krüppeln machen . . ."

In der Mittagshitze malten wir die letzten Flächen farbig aus.

Mankeu sagte fast beschwörend: „Wir müssen das hier schaffen. Wir müssen das hier schaffen."

Wahrscheinlich meinte er nicht nur das Bild.

Um vierzehn Uhr heulte die Sirene.

Schichtschluß.

Auch wir waren fertig mit dem Wandbild. Gingen zum Essen.

Am nächsten Morgen würde Mankeu sein Bild offiziell an die Kumpel übergeben. Ich würde nicht dabei sein, mußte wieder blocos produzieren.

Mankeu, o meu camarada Mankeu, ich möchte dir noch sagen: Der Sitte wird staunen, daß du in fünfzehn Stunden ein zwölf Quadratmeter großes farbiges Wandbild für die Kohlekumpel in Moatize ohne Honorar gemalt hast. Vielleicht sagt er: Das ist eben so in revolutionären Zeiten.

Alles wächst aus dem Schwarz – ich werde mir den Satz merken, camarada Mankeu.

Schwarze Weisheiten (V)

Ein Wort ist wie Wasser, einmal ausgegossen,
kann man es nicht mehr aufnehmen.

Wer in der Sonne arbeitet, wird im Schatten essen.

Hat dich ein Weißer geschlagen;
beschwere dich nicht bei einem Weißen.

Die Stärke des Löwen besteht in der Furcht vor dem Löwen.

Der Feind des Häuptlings ist derjenige,
der mit ihm aufgewachsen ist.

Wenn man sich rühmt, daß der Elefant den Acker nicht verwüstet hat, dann hat man sicherlich nichts gepflanzt.

Eine Lüge kann tausend Wahrheiten töten.

Der brüllende Löwe frißt keine Menschen,
aber wenn der Löwe ruhig ist, dann will er Menschen fressen.

Geflüster macht den Fremden mißtrauisch.

Der Pfeil im Köcher tötet nicht,
töten kann nur der auf der Bogensehne.

Zwei Kluge gehen nicht den gleichen Weg.

Wenn du unter Fremden bist,
singe nicht allein, sondern im Chor.

Der Tod ist wie der Mond: Wer sah schon seinen Rücken?

*Das Feuer, das dich verbrennt, ist auch jenes,
an dem du dich wärmst.*

*Oft bewahrt die Weisheit anderer den Häuptling davor,
daß man ihn einen Dummkopf nennt.*

Wenn der Topf überkocht, besudelt er sich selbst.

Die Frau ist das Bier, der Mann ist die Hefe darin.

*Hat man den Finger im Mund eines anderen,
gibt man ihm keine Ohrfeige.*

Keine Meinung haben heißt auch eine Meinung haben.

Die Zunge ist die Fallgrube ihres Herrn.

*Man soll den Stock nicht wegwerfen,
bevor man den Sumpf hinter sich hat.*

Ein Fragender ist nie unwissend.

FRONTBERICHTE (V)

Der sichtbare Krieg

Vom 5. bis 14. Mai 1983 informierte sich die „Arbeitsgruppe des Komitees zur Untersuchung der Verbrechen des rassistischen Apartheid-Regimes im südlichen Afrika“ in verschiedenen Gebieten der Volksrepublik Moçambique über die Terrorakte der von Südafrika gelenkten und bewaffneten Banden.

„Die Befragung von Ärzten und Patienten des Zentralhospitals Maputo ergab, daß die Banditen ihre Angriffe in Moçambique gegen zivile Transportmittel und Verkehrsverbindungen sowie gegen die ländliche Bevölkerung richten; vorwiegend werden die Bauern auf dem Wege zu ihren Feldern oder bei der Jagd Opfer von Minen.

Nach Berichten der Ärzte und der Aussage eines bei diesem Überfall schwer verletzten Patienten erfolgte der letzte Angriff auf einen Personenzug am 29. 4. 1983 in der Nähe von Chinhanguanine auf der Strecke Magude–Moamba. Eine größere Zahl von Reisenden wurde getötet und zahlreiche verletzt, darunter die ebenfalls im Krankenhaus befragte 11jährige Schülerin Rosa José, der infolge der schweren Verletzung beide Unterschenkel amputiert werden mußten. Die Bäuerin Carlota Ubisse, 22 Jahre alt, wurde Anfang April 1983 im Distrikt Magude schwer verletzt, als der Traktor, auf dem sie mitgefahren war, durch die Explosion einer Mine zerstört wurde . . .

Bei dem Besuch des 3 km von der Grenze zu Südafrika entfernten Ortes Namaacha am 7. 5. 83 konnte sich die Arbeitsgruppe durch Befragung von Zeugen von einer Terroraktion überzeugen, die am 22. 8. 1982 direkt vom Territorium Südafrikas aus unternommen worden war.

An diesem Tag gegen 1 Uhr morgens überfiel eine Gruppe von ca. 40 bewaffneten uniformierten Männern, darunter vier Weiße mit dunkel eingefärbten Gesichtern, drei inmitten des Ortes gelegene Häuser, ermordete den 30jährigen Portugiesen António de Figueiredo, der als Experte im Auftrag des Landwirtschaftsministeriums tätig war, entführte drei Moçambiquaner, Félix Isaias Dimene, Jerónimo Vicente Simbine, beides Lehrer, und Ernesto Zandamela, Angestellter einer

Schule in Namaacha. Auf dem Rückweg in Richtung südafrikanische Grenze ermordete der Trupp zwei Moçambiquaner, Amaldo Mahamjane und Aurilis Manjate, die ihnen zufällig auf dem Weg begegneten ...

Zwischen dem 8. und 11. Mai besuchte die Arbeitsgruppe die Provinz Sofala, auf die sich ganz offenbar wegen ihrer ökonomischen Bedeutung und ihrer verkehrsstrategischen Lage in hohem Maße die Angriffe von bewaffneten Banden und Stoßtrupps konzentrieren. Der Hafen der Stadt Beira ist der Endpunkt von wichtigen Eisenbahnlinien nach Simbabwe und Malawi, diese Bahnlinien verbinden zugleich wichtige ökonomische. Zonen Moçambiques mit der Küste. Ferner ist Beira Ausgangspunkt der Ölpipeline nach Mutare/ Simbabwe.

Die Zerstörung der Bojen, die die Einfahrt zum Hafen Beira markieren, führte 1981 dazu, daß der Hafen etwa ein Jahr lang nur mit halber Kapazität ausgelastet werden konnte. Sprengungen der Hochspannungsleitung nach Beira bewirkten, daß die Stadt, das zweite industrielle Zentrum des Landes, allein 1982 über 100 Tage ohne Elektrizität war. Die Folge war eine totale Lähmung des wirtschaftlichen, sozialen und kulturellen Lebens, weil allein das Provinzkrankenhaus in der Stadt über ein Notstromaggregat verfügt. Zugleich zerstörten die bewaffneten Banden die Wasserleitung, die etwa 50 km nordwestlich der Stadt ihren Ursprung hat. Die Zerstörung der Wasserleitung und die Unterbrechung der Stromzufuhr gefährdeten das Leben und die Gesundheit der Bevölkerung. Die sanitären Verhältnisse haben sich außerordentlich verschlechtert, und es besteht akute Seuchengefahr.

Allein 1982 habe man 17 Angriffe auf Eisenbahnzüge und Omnibusse in der Provinz registriert. Erheblich sei der Schaden durch die Zerstörung landwirtschaftlicher Kulturen, vor allem in der Zeit vor der Ernte, sowie die Vernichtung landwirtschaftlicher Maschinen und Geräte ... Im Gebiet von Buzi seien in den letzten zwei Jahren ca. 20000 Rinder z. T. getötet oder in den Busch getrieben worden.

Bisher seien zerstört oder funktionsunfähig gemacht worden: 179 Alphabetisierungszentren, 186 Zentren der Erwachsenenbildung, 112 Grundschulen, 2 Oberschulen, 174 Handelseinrichtungen, die Kulturen von vier landwirtschaftlichen Großbetrieben, 9 Sägewerke und 11 Holzeinschlagplätze, 157 landwirtschaftliche Fahrzeuge und Maschinen.

Ebenfalls am 8. 5. 1983 besichtigte die Arbeitsgruppe das größtenteils zerstörte Tanklager Beira–Munhava in unmittelbarer Nähe des Hafens. Nach den Aussagen der Beschäftigten wurden in den ersten Stunden des 9. 12. 1982 alle 29 Tanks von British Petroleum und alle 6 Tanks von Petromoc, der staatlichen moçambiquanischen Erdölgesellschaft, durch Explosionen zerstört. Das Lager diente vor allem der Versorgung von Simbabwe und Malawi.

Die Explosionen dauerten fünf bis sechs Stunden und die Brände etwa eine Woche. Der Wert der vernichteten Treibstoffe allein wurde von dem Militärtribunal der VRM auf etwa 500 Millionen Meticais (ca. 14 Mill. US-Dollar) geschätzt.

... Ziel, Art und Umfang der Aktion lassen nur den Schluß zu, daß sie direkt von Südafrika geplant und realisiert wurde.

Seit dem ersten Überfall auf einen Personenzug im Jahre 1981 häuften sich diese Verbrechen. So wurde u. a. im Juli 1982 in der Nähe von Chimoio, Provinz Manica, ein Personenzug angegriffen. 28 Zivilpersonen wurden dabei getötet, viele verletzt, und die 6 Personenwagen brannten aus ... Die Banden gehen dabei fast immer in gleicher Art vor: Sie beschießen die Lokomotive mit Panzerfäusten, danach beschießen sie die Waggons und die Reisenden mit Handfeuerwaffen, um schließlich den Zug zu plündern.

Etwa 50 Mann des Streckenpersonals wurden von den Banden entführt.

Am 7. 2. 1983 wurde auf der Straße Manica–Chimoio, 70 km von Chimoio entfernt, ein Omnibus angegriffen. Der Bus kam mit zerschossenen Reifen von der Straße ab, stürzte um. Das Eigentum der Passagiere wurde geraubt und der Bus angezündet. Insgesamt 12 Personen wurden bei dem Überfall getötet, 3 davon, die verletzt waren, verbrannten in dem Bus ...“

Der „unsichtbare Krieg“

Die Zuwachsraten aller unterentwickelten Länder fielen von 4,8 Prozent im Jahre 1979 auf etwa 1 Prozent im Jahre 1981.

Der Anteil der nichterdölproduzierenden Länder der Dritten Welt am Weltexport sank von 23,6 Prozent (1950) auf 11,2 Prozent im Jahre 1980.

Die drastische Erhöhung der Zinssätze durch die Regierung der USA (1979 betrug der Zinssatz für langfristige Kredite noch 9,64 Prozent, 1981 bereits 13,72 Prozent) hat den Schuldenberg der Dritten Welt erhöht und zur Stagnation des Welthandels beigetragen.

Die Auslandsverschuldung der Dritten Welt erreichte 1982 die Summe von 626 Milliarden Dollar.

Durch die neokolonialistische Preispolitik der imperialistischen Staaten erlitten die Rohstoffexporteure (die meisten Entwicklungsländer exportieren hauptsächlich landwirtschaftliche und mineralische Rohstoffe) im Jahre 1981 einen Preisverlust von rund 11 Prozent. Von 1978 bis 1981 verschlechterten sich die Austauschbedingungen (Preisverhältnis von ausgeführten Rohstoffen und eingeführten Fertigwaren) für die nichterdölexportierenden Länder der Dritten Welt um rund 20 Prozent. Die Preisrückgänge 1981 und 1982 bedeuteten für die unterentwickelten Länder einen Verlust von 8 Milliarden Dollar.

In einer kürzlich angefertigten Studie untersuchte die Organisation für Ernährung und Landwirtschaft (FAO) die realen Preistendenzen von 15 landwirtschaftlichen Grundstoffen, deren Exportvolumen höher als 80 Milliarden Dollar im Jahr liegt.

Zucker: „Anfang September 1981 waren die laufenden Preise erneut unter 9 Centavos je Libra (460 Gramm) gesunken und die realen Preise waren auf das Niveau von vor 20 Jahren zurückgefallen."

Nach dem September 1982 verschlechterte sich die Preissituation für Zucker weiter. Laufende Preise betrugen teilweise weniger als 6 Centavos je Libra. In realer Kaufkraft entspricht das weniger als 2 Centavos nach dem Stand von 1960.

Kaffee: „Mitte 1981 waren die realen Preise auf den niedrigen Durchschnitt von Anfang der 70er Jahre abgesunken."

Hervorzuheben wäre, daß sich die Exporteure infolge der Preismisere gezwungen sahen, das Volumen des auf den Markt gebrachten Kaffees von 2,6 Millionen Tonnen im Zeitraum 1960 bis 1962 auf 3,6 Millionen in den Jahren 1978 bis 1980 zu erhöhen, um ihre Exporteinnahmen auf dem gleichen Stand zu halten.

Kakao: „Real ausgedrückt war der Rückgang übermäßig groß und permanent. Er führte dazu, daß die Preise Mitte 1981 auf den Stand Mitte der 60er Jahre und unter den vor 20 Jahren absanken."

Tee: „Die realen Preise der Teeversteigerung auf Jahresbasis werden voraussichtlich nur einen dritten Teil des Standes von 1960 ausmachen."

Bananen: „Obwohl sich die 70er Jahre durch eine steil ansteigende Tendenz der laufenden Preise auszeichneten, sind die realen Bananenpreise in den letzten 20 Jahren um 20 Prozent gesunken."

Reis: „Real ausgedrückt war die Tendenz in den letzten zwei Jahrzehnten sinkend: Die realen Preise für Reis waren in den letzten Jahren niedriger als in jeder anderen Periode der letzten beiden Jahrzehnte."

Um die Exporterlöse zu halten, war es notwendig, das auf den Markt gebrachte Volumen von 6 bis 7 Millionen Tonnen zu Beginn der 60er Jahre auf etwa 12 Millionen im Jahre 1981 zu erhöhen.

Die genannte Studie der FAO weist ein ähnliches Absinken bei Palmöl, Baumwolle und anderen Erzeugnissen aus.

Es zeigt sich, daß die Exportländer einer großen Zahl dieser Grundstoffe ihre realen Exporterlöse nur dann auf dem Stand von 1960 halten können, wenn sie ihre Lieferungen gegenüber 1960 bis zu 60 Prozent oder sogar noch mehr erhöhen.

1960 konnten mit dem Verkauf einer Tonne Kaffee 37,3 Tonnen Düngemittel bezahlt werden. 1982 ergab eine Tonne Kaffee nur noch 15,8 Tonnen Düngemittel.

1960 konnten aus dem Verkauf einer Tonne Bananen 13 Tonnen Erdöl bestritten werden, 1982 nur noch 1,6.

1959 ergaben die Erlöse aus dem Verkauf von 24 Tonnen Zucker den Preis eines 60-PS-Traktors. Ende 1982 benötigte man dafür 115 Tonnen Zucker.

1959 konnte man mit den Einnahmen aus 6 Tonnen Jutefasern einen Lkw von 7 bis 8 Tonnen bezahlen. Ende 1982 war der Gegenwert 26 Tonnen Jute.

1959 konnte man mit dem Erlös aus einer Tonne Kupferdraht 39 Röntgenröhren für medizinische Zwecke erwerben. Ende 1982 waren es nur noch drei.

„Die Jahre 1981 und 1982 waren für alle unterentwickelten Länder Katastrophenjahre für ihre wirtschaftliche Entwicklung zuzüglich zum wirtschaftlichen Ruin, der als Dauerzustand dieser Gruppe von Ländern gemein ist. Sie wurden von der von den entwickelten kapitalistischen Ländern ausgehenden Krise voll getroffen, und wie immer bezahlten sie, indem sie als Stoßdämpfer für die schwersten Auswirkungen der Krise benutzt wurden, den höchsten Preis für eine Situation, die sie nicht geschaffen haben. Das Zusammenfallen des Absinkens der Preise für ihre Exportprodukte und das extrem nachteilige Verhalten des Finanzsektors führten in diesen Jahren zu einer regelrechten Strangulierung unserer Länder, ausgehend von den steil abfallenden Exportpreisen und den hohen Zinssätzen, die den Schuldendienst äußerst hochgetrieben haben; verteuerten und blockierten die Aufnahme neuer Anleihen und verringerten die Investitionen in der Produktion. Die Verschlechterung der Austauschverhältnisse, der Rückgang des Exportvolumens, die Erhöhung der Zinssätze, die Handels- und Finanzbarrieren – Gewährung von Auslandsanleihen zu harten Bedingungen – bildeten die herausragendsten Merkmale der Wirtschaftslage der unterentwickelten Länder . . .“

Alle Fakten und das Zitat wurden dem Bericht Fidel Castros an die VII. Gipfelkonferenz der Nichtpaktgebundenen entnommen: Fidel Castro „Die ökonomische und soziale Krise in der Welt, ihre Auswirkungen auf die unterentwickelten Länder, ihre düsteren Perspektiven und die Notwendigkeit zu kämpfen, wenn wir überleben wollen“, Dresden 1983.

Man schöpft Wasser aus dem Bach, anderes Wasser fließt nach; man beendet ein Gespräch, und ein anderes beginnt ...

Maputo war in den fünf Monaten meiner Abwesenheit schöner geworden. Unzählige Bäume an den Straßen trugen leuchtend rote Feuerblumen und blaue Dolden. Weiße Blüten wuchsen wie Kerzen aus dickrindigen Palmenzweigen. Dezember. Sommeranfang. Trotzdem war ich nicht frohgestimmt, denn seit der Ankunft hatte ich meinen Freund Acácio vergeblich in der blumengeschmückten Stadt gesucht. Nur Elias, der alte Schuhputzer, stand noch neben der Laterne in der Avenida de Nduda und beschwatzte wie vor einem halben Jahr die schwarze Schuhe tragenden Kunden, daß seine braune Wichse vom schwarzen Markt ihren Schuhen sehr bekömmlich sei. Von Elias erfuhr ich, Acácio sei schon einen Monat lang nicht mehr mit dem Alphabetisierungsbuch unter die Laterne gekommen. Er habe inzwischen in seiner Hütte im caniço die Elektrizität. Auch arbeite er nicht mehr als Boy bei dem FRELIMO-Funktionär, mit dem er 1976 aus seinem Dorf nach Maputo gekommen war, sondern sei jetzt im Hafen beschäftigt. Aber wahrscheinlich, sinnierte Elias, wahrscheinlich habe er zur Zeit Urlaub. „Denn als ich ihn das letztemal traf, sagte er, daß er heiraten wolle, wenn die Feuerblumen brennen."

Ich suchte Acácio in der Schilfstadt, doch ich verlief mich in den namenlosen Gassen und fand seine Hütte nicht. Danach fuhr ich zum Hafen. Zwei Pförtner mit MPi standen vor dem Eingang, und es war auch in Begleitung des Hafenprotokollchefs, Sidik Jura Abdulas, nicht leicht, dort hineinzukommen. Aber das Herauskommen war offensichtlich genauso schwer, denn ein ganzer Trupp Arbeiter stand in gebührender Entfernung von den bewaffneten Wächtern. Die Männer aßen ihren in Leinensäckchen oder Papier gewickelten Zucker handvollweise auf. Erst dann passierten sie die Kontrollposten.

Sidik Jura Abdula, ein dreißigjähriger, sportlicher Mann, beteuerte sofort, daß wir Acácio finden würden, seit zehn Jahren arbeite er im Hafen und kenne jeden Kran, jedes Schiff und jeden camarada. Zum Beiweis seiner Kenntnis ratterte er mir die Eckdaten des Hafens herunter. Der Kai hier am Nordrand der Bucht sei 2436 Meter lang und das Wasserbecken an dieser Stelle 12,19 Meter tief. 18 Schiffe bis 60000 BRT können gleichzeitig am Kai festmachen.

Falls ich außerdem etwas über die Kräne wissen möchte, 91 Kräne haben sie hier, die stärksten könnten, vorausgesetzt, es würde so große Paletten geben, mit einem Hub 1600 Zentnersäcke Mehl hochhieven. Wenn ich einen Kran besichtigen möchte, müßten wir zum Ende des Kais gehen, dort stehe der Kran Nummer 65 . . .

Doch zuerst wollte ich Acácio finden.

„Wie lange ist er schon im Hafen?“ fragte Sidik.

„Keine drei Monate“, sagte ich.

„In der Kohleverladung hat man viele neue Leute eingestellt“, erinnerte sich Sidik.

Also liefen wir zur Kohleverladung.

Am Kai hatte kein Dampfer festgemacht, aber es lagen auch keine überdimensionalen Kohleberge auf Halde. Zwar waren Maschinen, Straßen und Transportbänder mit schwarzem Staub bedeckt, aber nirgendwo wirbelte er in der Luft. Er lag bewegungslos auf den gewaltigen, mit Eisenbahngleisen versehenen Hebebühnen und den leeren Güterwagen. Sidik mußte lange reden, bis ich das Prinzip der Kohleverladung begriffen hatte. Die an der Bühne festgeblockten Waggons würden bis zu fünf Meter hoch gehoben und dann wie von Geisterhand gekippt. Die Kohle poltere in Trichter und von dort auf das Fließband, das sie in den Bauch des Frachters transportiere.

„Bis 16000 Tonnen können mit dieser Anlage in einer Stunde verladen werden!“

Nur wenige Arbeiter standen zwischen den Gleisen herum. Sie lasen Kohlestücke auf und ölten die Wellen der Förderbänder. Einer ähnelte Acácio. Doch als ich ihm ins Gesicht schaute, guckte er mich fremd an.

Ich sagte ihm, wen ich suchte.

Ob ich nicht ein bißchen mehr von diesem Acácio wisse.

„Ja“, sagte ich, „er macht den Alphabetisierungskurs – die erste Klasse.“

Der Fremde winkte ab. „Hier sind 80 Prozent aller Arbeiter im Alphabetisierungskurs. Manche gehen schon bis zur siebenten Klasse, demnächst bis zur zehnten ...“

Auch der Protokollchef hatte vom Vorarbeiter nichts über einen neueingestellten Acácio Cavalho erfahren können.

Ich fragte Sidik, was für Kohle hier ansonsten verladen würde.

„Zu 80 Prozent Kohle aus Südafrika. Noch vor drei Jahren reichte die Kapazität der Anlage kaum aus, um alle südafrikanischen Kohletransporte umzuschlagen, ohne sie auf Halde fahren zu müssen. Aber heutzutage ...“

Sidik erinnerte sich an den Grund meines Besuchs und versicherte: „Was man nicht im Schwarz findet, findet man im Weiß – wenn dein Acácio nicht in der Kohle arbeitet, wird er im Zucker arbeiten.“

Also liefen wir zum Zucker.

Am Kai entlang, wo nur sechs Kräne arbeiteten. „Wir haben nichts zu tun“, klagte Sidik. Es sei jammerschade, diese starken Kräne. Und die Geschicklichkeit der Kranfahrer. Ich müsse mal sehen, wenn Apfelsinen verladen werden. Auf einer Palette 125 Kisten gestapelt, käme man da ins Wackeln, würden Tausende Apfelsinen auf dem Kai umherkullern. Wenn ich möchte, könnten wir zum Kran Nummer 65 gehen und ...

„Nein“, sagte ich, „gehen wir zum Zucker.“

Als ich den Zucker sah, mußte ich daran denken, daß meine Mutter mich als Kind einmal ohrfeigte, weil ich Zucker verschüttet hatte, und mir noch eine Maulschelle dazu gab, als ich den Zucker vom blitzsauberen Küchenfußboden aufgekehrt und wieder in die Blechdose zurückgeschüttet hatte. Das sei unhygienisch, gelinde gesagt, eine große Schweinerei, schimpfte sie.

Vor den drei Zuckerlagerhallen im Hafen von Maputo – insgesamt kann man hier 125 000 Tonnen (das wären zwölf Millionen und fünfhunderttausend Kilotüten) aufbewahren – standen lange Zuckerzüge aus Moçambique, Simbabwe und Swasiland. Unermüdlich luden die

Arbeiter den Zucker aus den Waggons und schütteten ihn auf große Rüttelsiebe. Dort tanzten und stampften barfüßige Afrikaner auf dem Haufen, damit der Zucker schneller durch das Sieb fiel. Acht Stunden im Zucker stampfen ...

Ich fragte die Zuckertreter, ob ein Acácio hier arbeite. Zwei sogar, sagten sie. Es waren ehrwürdige Familienväter.

Unter den Rüttelsieben liefen breite Förderbänder, eines davon schaffte stündlich fast 700 Zentner Zucker in das Lager. In den Hallen wuchsen die Zuckerberge schon bis an die zehn Meter hohen Decken, doch Hunderte beladene Waggons standen noch auf den Gleisen, aber kein Zuckerdampfer lag am Kai. Und zwei überschwere japanische Dieselraupen fuhren in den Hallen umher, mahlten sich in die Zuckerberge hinein, schoben mit ihren Planschildern das süße weiße Gold zu ägyptischen Pyramiden, quetschten es in die letzten freien Ecken.

Der Vergleich mit dem edlen Metall traf nicht mehr zu, denn die Lager im Hafen waren übervoll mit Zucker. Moçambiquanischer Zucker. Zucker aus Swasiland. Zucker aus Simbabwe ... Afrikanischer Rohrzucker. Mühsam in tropischer Hitze angebaut und geerntet. Zur Kolonialzeit für englische und andere Firmen ein gewinnbringendes Geschäft. Heute durch die Preismanipulationen der multinationalen Monopolgruppen auf dem Weltmarkt fast wertlos.

Vom Zucker liefen wir auf unserer Suche nach Acácio zum Fruchtkühlhaus.

„Schade“, sagte Sidik, „da kommen wir nicht mehr am Kran Nummer 65 vorbei.“

Am Kai lagen nur drei Schiffe: ein Frachter unter der Billigflagge von Panama, der Melasse lud, ein Brite, der Düngemittel aus der BRD gebracht hatte, und ein sowjetischer Frachter mit Werkzeugmaschinen für Moçambique.

Der Hafen von Maputo ist nicht leicht zu befahren. Die Einfahrrinne hat kaum 100 Meter Breite. Außerdem verändern die Ausläufer des unberechenbaren Agulhas-Stromes sehr oft und schnell ihre Lage. Der Strom durchzieht die Straße von Moçambique zwischen Madagaskar und dem Festland in südlicher Richtung. Ohne gute Lotsen haben auch erfahrene Kapitäne beim Einlaufen in den Hafen von Maputo große Schwierigkeiten.

Nach der Befreiung verließen 23 der 25 Lotsen ihren Posten, und Südafrika und Portugal konnten in den internationalen Schiffahrtsgesellschaften verkünden, daß der Hafen von Maputo ein toter Hafen sei.

Moçambique bat die Sowjetunion um Hilfe. Sie schickte Lotsen. Und die Freunde dirigierten nicht nur die Schiffe mit den lebensnotwendigen Frachten in den Hafen, sie begannen, was vordem kein portugiesischer Lotse bei Strafe seiner Entlassung getan hatte: sie bildeten moçambiquanische Lotsen aus.

Die Feinde der jungen Volksrepublik suchten nach einer neuen Verleumdung und behaupteten, im Hafen von Maputo sei die Beulenpest ausgebrochen. Die Folge war, daß viele Kapitäne sich trotz des Dementis der moçambiquanischen Regierung weigerten, im Hafen festzumachen. Erst 1979 wurde der Hafen von Maputo wieder zu einem der wichtigsten Umschlagplätze an der ostafrikanischen Küste ...

Und weshalb standen jetzt so viele Kräne, weshalb lagen so wenige Schiffe am Kai?

Auch in Südafrika, bisher Hauptnutznießer des Hafens, grassierte inzwischen die Weltwirtschaftskrise. Immer weniger Kohle und Frachtgutzüge aus Südafrika kamen in Maputo an, denn was noch exportiert wurde, das verschickte Südafrika lieber umständlich von eigenen, ungünstiger liegenden Häfen als von Maputo. Und die imperialistischen Konzerne drückten die Preise für afrikanische Exportrohstoffe, daß es kaum noch lohnte, die Baumwolle, den Zucker, das Eisenerz, die Kaffeebohnen der afrikanischen Entwicklungsländer auszuführen.

Dieser dritte Versuch, den Hafen von Maputo lahmzulegen, war der gefährlichste ...

Auch im Obstkühlhaus – hier wurden gerade die 100 Gefrierkammern geschrubbt und die Eisenbahngleise gesäubert, denn die sechs Monate dauernde Früchtesaison war zu Ende – fanden wir Acácio nicht.

„Wieviel Leute arbeiten im Hafen?“ fragte ich.

„Etwa zehntausend“, sagte Sidik.

„Sollten wir uns nicht lieber in der Kaderabteilung nach Acácio erkundigen?“ fragte ich und setzte hinzu, daß wir dann vielleicht noch Zeit hätten, um auf den Kran Nummer 65 zu klettern.

Doch Sidik schüttelte den Kopf, sie hätten noch keine Kaderkartei, hierher komme arbeiten, wer gerade Geld brauche.

„Wir sind jetzt erst dabei, alle Hafenarbeiter zu organisieren.“

Sie haben noch keine Kaderkartei, aber Alphabetisierungskurse, eine Großküche und Lehrgänge, in denen Lotsen und Kranfahrer ausgebildet werden. Und sie wollen den Hafen ausbaggern, damit künftig in Maputo auch 100 000-BRT-Schiffe festmachen können.

Sidik entschuldigte sich noch einmal, daß wir Acácio nicht gefunden hatten, wahrscheinlich sei er auch nur tageweise hier.

Als wir uns am Ausgang verabschiedeten, fragte ich ihn, weshalb er mir den Kran Nummer 65 habe zeigen wollen. Ob es ein besonderer sei?

„Nein, kein besonderer“, sagte Sidik Jura Abdula. „Aber ich kenne ihn so gut wie meinen Bruder. Bevor ich Protokollchef wurde, habe ich neun Jahre als Kranfahrer auf ihm gearbeitet.“

Vom Hafen aus spazierte ich durch enge Gassen, vorbei an Bars, Boutiquen und Restaurants – die Baixa, früher Amüsierviertel. Nur wenige der einst zahlreichen Lokale waren noch geöffnet. Hier saßen die Angestellten der umliegenden Büros, die in der Mittagspause nicht bis nach Hause laufen konnten. Vor einem der Schmuckgeschäfte, in denen Inder und Mulatten mit Gold, Silber und Elfenbein handelten, traf ich Maria, die ebenholzschwarze junge Moçambiquanerin. Zweimal schon war ich mit ihr im Café gewesen. Sie lächelte wie immer, wenn wir uns begegneten.

Der Sicherheitsbeauftragte der DDR-Botschaft hatte mich gewarnt, im Hafenviertel würden noch einige Prostituierte herumlaufen, abgewrackt und wieder aufgetakelt, die Fremde anlächelten. Maria sah nicht abgewrackt und auch nicht aufgetakelt aus. Ihre Zähne waren nicht gelb vom Zigarettenrauch. Sie trug den schmalgeformten Kopf hocherhoben. Als ich ihr das erste Mal begegnete, schaute sie mich, vor einem Schaufenster stehend, lächelnd an. Ging weiter, blieb stehen, wartete auf mich, lächelte wieder.

Ich fragte: „Quanto custa – wieviel kostet es?“

Sie zeigte auf einen Ring im Schaufenster und sagte: „Ich weiß nicht.“

Ging weiter. Blieb stehen. Lächelte ...

Geld hatte ich. Und nach fünf Monaten Matundo war die Versuchung groß. Und Maria außergewöhnlich schön.

Unser Dok in Moatize, den wir „nur informationshalber“ fragten (jeder DDR-Bürger, der mit einer Ausländerin schläft, wird sofort nach Hause geschickt!, hatte uns gesagt, daß in Moatize fast jeder dritte Moçambiquaner, wegen Gonorrhöe zur Sprechstunde kommt. Meist erfolglos, denn keiner bringt die Frau mit, und er ist auch nicht bereit, sie herzuschicken. Meldepflicht für Geschlechtskranke gibt es in Moçambique noch nicht, das wäre auch sinnlos, wer wüßte schon, wer hier wo im Busch wohnt. Tausende Frauen sterben jährlich an heilbarer, aber nicht behandelter Geschlechtskrankheit ...

Ich hatte die Schöne im Seidenkleid gefragt, ob wir zusammen einen Kaffee trinken gehen.

Sie lächelte und nickte. Führte mich durch Gassen, in denen die meisten Fenster und Türen mit Brettern vernagelt waren. Ehemalige Bordelle. Dann gingen wir die Bagamoe-Street entlang. Holzhäuser im Kolonialstil mit umlaufenden Galerien standen dort. „Dancing Alta-Roda“, wahrscheinlich ein seriöses Unternehmen – auf dem Reklameschild ein Tanzpaar im Biedermeierstil. Daneben die „Casablanca“-Bar. Vernagelt.

Maria wurde nicht verlegen, als ich sie fragte, ob diese verbretterte Gegend früher wirklich das Bordellviertel gewesen sei.

Ja, sagte sie, die weißen Südafrikaner, die sich zu Hause keine weiße Nutte leisten konnten, kamen hierher, um mit einer schwarzen Prostituierten zu schlafen. Das wurde in Südafrika mit Gefängnis bestraft ...

Maria und ich begrüßten uns nun schon wie alte Bekannte. Wieder das kleine Hinterzimmer-Café in der Bagamoe-Street. Winzige Tassen Mokka. Zwölfeinhalb Meticais. Billiger Nescafé. Teuer importiert. Die Portugiesen hatten durch Gesetz verboten, in Moçambique Kaffee anzubauen. Kaffeesträucher wurden in der portugiesischen Kolonie Angola gepflanzt, und Moçambique mußte den angolanischen Kaffee von Portugal kaufen.

Einen Schnaps hätte ich gern getrunken. Schnaps gab es im Hinterzimmercafé nicht. Staatliches Versorgungs- und Erziehungsproblem.

Maria erzählte auch ohne Schnaps.

Ihre Geschichte war fünf Tassen Mokka lang. Es sei die Geschichte von den Gummistiefeln ihres Mannes Arão, sagte Maria. Ohne diese stampfenden, schmatzenden Stiefel wäre vielleicht alles anders gekommen, hätten auch wir uns nie in Maputo getroffen.

Maria war dreizehn Jahre alt, als Arão sie heiratete. Er war der schönste Mann im Dorf, aber seine Sippe hatten die Dämonen gestraft, die Eltern bekamen nur Söhne, sieben Söhne und kein Mädchen. Deshalb weideten im Kraal von Arãos Familie nur dürre Ziegen. Die Eltern konnten kein Mädchen für einen Lobolo, einen Brautpreis, zum Beispiel für eine Kuh verkaufen. Und die Brüder Arãos gingen nach Südafrika, um Geld zu verdienen. Auch Arão wollte sich nach Südafrika verdingen, doch der Medizinmann sagte ihm: Deine Lunge ist zu schwach, der Atem der Goldgruben würde dich töten. Dieses Orakel brachte neues Unglück über Arão, denn er mußte nun mit den Frauen seiner Brüder Maniok pflanzen und Wasser holen, was sonst nur Frauenarbeit ist.

Trotzdem heiratete Maria den zwanzigjährigen Arão. Er hatte sie im Busch geliebt und ihrem Vater gesagt: „Man tötet das Wild nicht, um es liegen zu lassen, ich will sie heiraten."

Er konnte keinen Lobolo bezahlen. Da sagte die Mutter zu Maria: „Das Haus einer Frau, für die kein Lobolo bezahlt wurde, ist aus Rinde gebaut. Wenn er dich verläßt, werden wir dich nicht aufnehmen, denn er hat uns keine Kuh für dich gegeben, es gibt also nichts mehr im Haus, was uns an dich erinnert!"

Doch Arão tröstete Marias Kummer, er versprach, sie, wie es Sitte ist, bei seinem Tod einem der Brüder als zweite Frau zu übergeben, damit Maria und die Kinder immer versorgt seien. Er baute ihr eine Schilfhütte, Maria arbeitete auf der eigenen machamba und auf den Feldern seiner Brüder und der Eltern. In den ersten zwei Jahren ihrer Ehe bekamen drei der Schwägerinnen ihr erstes Kind. Das feierte die Familie noch freudiger als die Hochzeit, denn erst ein Kind besiegelt die Ehe. Als Maria nach drei Jahren noch nicht schwanger war, begann Arão, sie zu schlagen, die Familie beschimpfte Maria als unnützen Fresser, denn ihr Bauch sei nur ein Totensarg. Sie nahm den Schimpf und die Schläge mit gesenktem Blick hin. Hätte Arão einen Brautpreis bezahlt, wäre sie zu Hause wieder aufgenommen worden . . .

Damals sagte Arão, daß er in die große Stadt der weißen Männer gehen werde, um dort als Boy Geld zu verdienen und sich eine neue Frau kaufen zu können. Aber der Medizinmann sprach zu ihm: „Wenn deine Fußsohlen nicht von Schuhen bedeckt sind, dann mach dich nicht auf den Weg in die Stadt, das Feuer der Erdgeister wird dich sonst in der großen, reichen Stadt verbrennen."

1972 waren die Erde und der Regen und die Sonne Arão und Maria gut gesonnen, sie ernteten soviel Mais, daß sie zum ersten Mal Körner verkaufen konnten. An einem Abend nach der Ernte kam Arão wieder betrunken nach Hause. Er schlug Maria nicht, und sie erwartete Schlimmes, denn ihre Mutter hatte sie gelehrt: „Je mehr man Flachs und eine Frau schlägt, um so besser werden sie." Als Arão gegessen hatte, sagte er: „Maria, ich habe einen Sack Mais gegen ein Paar Gummistiefel getauscht, wenn der Mond wieder voll ist, machen wir uns auf den Marsch durch den Busch und die Savanne in die große Stadt."

Den Hausrat trugen sie auf dem Rücken. Um in den ungewohnten Gummistiefeln keine wunden Füße zu bekommen, hatte Arão – wie es ihm Bergleute rieten – Kohlestaub und Wasser in die Stiefel geschüttet. Den Brei wechselte er bis nach Lourenço Marques kein einziges Mal. Nur manchmal goß er Wasser nach. Er stapfte schmatzend wie ein Elefant, der durch den Sumpf läuft. Maria lief barfuß hinterher. Nach 63 Tagen erreichten sie die große Stadt.

Ein Bruder von Arão arbeitete in Lourenço Marques und vermittelte ihm bei einem alten portugiesischen Arzt eine Stelle als Saubermachboy. Der Senhor hatte noch vier Boys, einen für das Einkaufen, einen Koch, einen Gärtner und einen Chauffeur. Er schenkte Arão alte Holz- und Pappkisten, in denen Medizin transportiert worden war. Daraus baute er im caniço eine Hütte. Die Nachbarn nannten sie das „Hospital von Arão".

Ein Jahr später starb der Senhor, und weil er keine Frau und keine Kinder hatte, vererbte er sein Vermögen der Kirche und ließ auch 2000 Escudos an seine Boys verteilen. Von diesem Geld kaufte sich

Arão zwei Frauen und baute für jede eine Hütte. Maria blieb allein im caniço . . .

Bald besuchten viele Männer das „Hospital von Maria", denn die meisten waren ohne ihre Frauen zur Arbeitssuche nach Lourenço Marques gegangen. Von dem Mais und dem Geld, das sie Maria brachten, lebte sie nicht schlecht, und als sie sich Schuhe verdient hatte, ging sie auch in die Baixa, ins Hafenviertel.

Nach der Befreiung ließ die FRELIMO die Bordelle schließen. Maria wurde bei einer Razzia in der „Casablanca-Bar" verhaftet. Vier Jahre lang mußte sie im Norden des Landes mit Schwarzhändlern und Dieben und Drogensüchtigen in einem Umerziehungslager leben.

Maria erzählte auch von dieser Zeit: „Um das Lager herum war kein Stacheldraht gespannt, und vor meiner Entlassung bewachten uns auch keine Soldaten mehr. Wir Häftlinge hatten eine Dynamisatorengruppe gegründet, die sorgte für Ordnung im Lager. Zuerst mußten wir das Land roden, Holzhütten und einen Wachturm bauen und eine Wasserleitung legen. Die Arbeit war sehr schwer, wir schaufelten und hackten sogar in der Mittagshitze. Nach der Arbeit lehrten uns die Wachsoldaten das Schreiben und Lesen. Später erhielten wir von FRELIMO-Genossen Grundkenntnisse in einigen Berufen. Entlassen wurde nur, wer schreiben und lesen und arbeiten konnte. Ich begann nach der Lagerzeit als Näherin bei Soveste in Maputo."

Soveste ist die erste staatseigene Konfektionsfabrik der Hauptstadt. Am Tag nach unserem Gespräch besuchte ich Maria im Betrieb.

Als ich in den großen Saal kam, in dem Hunderte Nähmaschinen ratterten, mußte ich mir ein Lachen verkneifen. An vielen Maschinen saßen Männer und nähten im Schweiße ihres Angesichts Büstenhalter und Slips. Lohnarbeit, auch in Kleiderfabriken, war vor der Befreiung ein ausschließliches Privileg der Männer gewesen.

Maria nähte Männerhosen. Sie war mit ihren achtundzwanzig Jahren eine der ältesten Arbeiterinnen. Neben ihr saßen nur sehr junge Mädchen. 150 OJM-Brigadisten, sagte mir Maria, würden in Soveste jeweils für drei Monate mit der Fabrikarbeit vertraut gemacht. Manche blieben im Betrieb. Schon 90 Prozent aller Beschäftigten waren Mitglieder des moçambiquanischen Jugendverbandes.

Maria stellte mich dem OJM-Sekretär vor, es war einer der jungen

Männer, die Büstenhalter nähten. Als ich ihn fragte, ob er aus Maputo sei, versicherte er, daß schon seine Eltern und sogar Großeltern hier gewohnt hätten. Nein, er sei keiner von denen, die vom Lande nach Maputo gekommen seien, weil sie glaubten hier besser leben zu können, aber doch nur den Hunger vergrößert hätten, Arbeit suchten, wo es keine Arbeit gäbe . . .

Zwei Maschinen vor dem OJM-Sekretär nähte ein Mann, der sich während unseres Gesprächs immer wieder umdrehte. Er war pockennarbig, sah krank aus. Der OJM-Sekretär sagte: „Es sind nur noch die Narben. Jorge ist einer der wenigen, die vom Dorf hierher kamen und ohne Vermittlung der OJM eine Arbeit bei Soveste erhalten haben."

Jorge war von zu Hause weggegangen, als er ein Mädchen heiraten sollte, das er nicht liebte, und weil er für das Mädchen, das er liebte, den Brautpreis nicht zahlen konnte.

Der Pockennarbige erinnerte sich: „Aber hier hatte ich keine Hütte, keine Familie, die mir zu essen gab, ich wäre fast verhungert, weil ich nicht betteln und nicht stehlen wollte." Ehe ihn die Polizei aufgreifen konnte, lernte er Josina kennen.

Und Josina, die als Brigadistin bei Soveste arbeitete, besorgte Jorge die Anstellung.

Inzwischen hatten sie geheiratet, übrigens ohne Brautpreis.

Jorge lachte, seine Pockennarben glätteten sich dabei. Als er sah, daß ich mir Notizen machte, sagte er, seine Geschichte sei noch die Ausnahme von der Regel.

Zwar gibt es bei der OJM eine Kommission, die jungen Mädchen hilft, die von ihren Eltern gegen ihren Willen verheiratet werden sollen. Zwar können in OJM-Objekten wie Soveste und Matundo junge Leute, die aus ihren Stammesbindungen ausgebrochen sind, neue Bindungen eingehen, aber das sind nur wenige.

Bei meiner letzten Begegnung mit Maria fragte ich sie vorsichtig nach Arão. Ja, er lebe noch in Maputo, seine zwei Frauen hätten ihm schon sechs Kinder geboren, sein Geld wäre also nicht unnütz angelegt, denn die Kinder würden dafür sorgen, daß er im Alter nicht betteln müsse.

Ich fragte sie auch, ob sie noch einmal heiraten möchte.

„Ja, ich möchte wieder heiraten."

„Und würdest du nach der Hochzeit aufhören, in der Fabrik zu arbeiten, wenn es dein Mann verlangt?"

„Nein, die Arbeit im Betrieb, das ist die Freiheit für die moçambiquanische Frau."

„Und würdest du auch einen Mann heiraten, der schon eine oder zwei andere Frauen hat?"

„Wenn er mich gut und gleich den anderen behandelt, würde ich auch seine zweite oder dritte Frau werden. Ich bin nicht gegen die Polygamie . . ."

Polygamie.

Bei meiner Ankunft in Afrika hatte ich dieses Wort gedankenlos zu der Bemerkung gebraucht – die witzig klingen sollte –, daß die afrikanischen Männer nicht fremdgehen müssen, weil sie sich vorsorglich zwei oder drei Frauen anschaffen können.

Einige Wochen danach, als sich Pinto und José, o meu pai und Fernando für meine Familie zu interessieren begannen, saß ich mit Fernando, dem Volksvertreter seines Dorfes, nach dem mata-bicho allein im Schatten des blocos-Haufens. Er fragte mich, wieviel Frauen ich hätte.

„Uma – eine", sagte ich.

„Dann bist du ärmer als ich?" zweifelte Fernando. „Ich habe drei."

Jedesmal, wenn er aus Südafrika zurückgekommen sei, habe er sich eine neue, jüngere und – das unterstrich er, indem er die Fäuste auf seine nackten Schenkel schlug – eine kräftigere Frau dazugekauft. Nun habe er schon zwölf Kinder und sei erst 37 Jahre alt.

„Wieviel Kinder hast du?"

„Drei", sagte ich. Erklärte ihm, daß zwei noch aus meiner früheren Ehe stammten, ich mit meiner jetzigen Frau nur eins habe, und bereute diese detailhafte Erklärung sofort, denn danach fragte Fernando: „Weshalb hast du die erste Frau weggeschickt und nicht einfach die zweite dazugenommen? In schlechten Zeiten eine große Familie zu haben ist besser als eine kleine."

Ich versuchte umständlich zu erläutern.

Was die frühere Frau macht, wollte Fernando wissen, ob ich verurteilt worden sei, ihr ein neues Haus zu bauen oder ob ihre Eltern sie wieder zurückgenommen haben. Und weshalb sie meine Kinder nicht bei der neuen Frau gelassen habe . . .

Viele Tage war Verständnislosigkeit zwischen Fernando und mir.

Dann sagte er, ich sollte mit in das Dorf kommen, er möchte mir seine Frauen vorstellen.

Wir liefen nach der Arbeit zwanzig Minuten durch die ausgedörrte Savanne. Fernando ging wegen der Schlangen vorneweg. Neben einer Fächerakazie am Rande des Dorfes hatte er die Hütten für seine Familie gebaut: hatte Zweige verflochten, mit Lehm verschmiert und darüber dicke kegelförmige Dächer aus Elefantengras gesetzt. Hinter den vier Rundhütten stand einbeinig wie die Hütte der Baba-Jaga ein Hühnerhaus und neben dem Hühnerhaus ein viereckiger Vorratsraum mit einem leeren Trocknungsgestell. An den Schattenseiten der Hütten lagen Schilfmatten, auf denen die Frauen und die kleinsten Kinder saßen. Zwei der Frauen standen auf, um uns zu begrüßen.

Fernando stellte mir die jüngere, die zweiundzwanzigjährige Fortuna vor. Sie habe ihm schon vier Kinder geboren. Das jüngste nukkelte an ihrer Brust. Die zweite Frau, Luisa, vielleicht dreißig Jahre alt, bat uns auf ihre Matte. Sie habe Maisbrei gekocht. Ich wollte erst noch die dritte Frau begrüßen, eine grauhaarige, scheinbar schon sehr alte. Sie hatte frische Brandwunden am linken Arm. Fernando sagte entschuldigend, sie könne nicht aufstehen, sie sei beim letzten Malariaanfall, neben der Feuerstelle schlafend, in die Glut gerollt. Sie sei seine Mutter . . .

„Und deine dritte Frau?" fragte ich.

„Serina ist schon seit zwei Wochen im Hospital in Tete."

Ich fragte nach ihrer Krankheit.

Nein, nicht sie sei krank, sondern Manuel, ihr drittes Kind, spucke beim Husten Blut aus. Wie es hier üblich sei, bliebe sie im Hospital, schlafe neben dem Bett ihres Kindes auf der Matte (deshalb lag vor der vierten Hütte keine Matte), um es bis zur Entlassung pflegen zu können.

„Und die anderen Kinder von Serina?"

„Um die kümmern sich inzwischen Fortuna und Luisa", sagte Fernando.

Vor jeder der vier Rundhütten war eine Feuerstelle.

Fernando sagte, daß jede Frau allein koche, aber die Vorräte allen zusammen gehören.

Fernandos Wohnplatz benachbart standen drei viereckige Wohnhütten, deren Grasdächer undicht waren, vom Sturm zerzaust. Der Mann arbeite seit fünf Monaten in Beira, aber noch vor der Regenzeit werde er zurückkommen. Seine zwei Frauen hätten die Hirse im Mai gemeinsam geerntet und die kranke Mutter ihres Mannes gepflegt.

Ich wollte Fortuna und Luisa fragen, ob sie sich um die besondere Gunst Fernandos stritten, doch er kam mir zuvor und ließ sie die Geschenke, die er ihnen gemacht hatte, vorzeigen. Beide legten zwei bunte Baumwollkleider, ein Seidenkleid und drei capulana-Röcke auf ihre Matte.

Gibt es im Dorf mehr Männer, die nur eine Frau haben, oder gibt es mehr Männer, die zwei oder drei Frauen haben? Meia e meia – Hälfte – Hälfte, sagte Fernando. Viele junge Männer, die zu wenig Geld verdienten, um zwei Frauen ein Kleid kaufen zu können, heirateten nur eine. Aber diese Frauen hätten es sehr schwer, sie müßten allein das Feld bestellen, Wasser holen, Essen kochen, die Kinder erziehen, könnten die Arbeit nicht mit jemandem teilen, und wenn sie mit einem der Kinder in das Krankenhaus gingen, müßte sich der Mann um die anderen Kinder kümmern. (Felicibert, unser Vorarbeiter in Matundo, hatte aus diesem Grund zwei Wochen lang sein kleinstes, etwa zwei Jahre altes Kind mit auf die Baustelle gebracht. Er setzte es unter einen Affenbrotbaum, dort spielte es mit Steinchen und Zweigen. Sehr oft hustete es. Den Auswurf bedeckte er jedesmal sorgfältig mit Sand.)

Ich begann zu begreifen, daß Polygamie hier kein sexuelles Problem, kein legalisiertes Fremdgehen war.

Trotzdem fragte ich Fernando, wie es praktisch funktioniert, drei Frauen gleichzeitig zu haben und keine zu vernachlässigen . . .

„Eine Woche kocht Serina für mich, dann schlafe ich in ihrer Hütte, die nächste Woche bleibe ich bei Luisa, und in der dritten Woche kocht Fortuna für mich . . .“

Nein, mit Fortuna schlafe er zur Zeit nicht. „Ihr Kind ist erst zehn Wochen alt, sie muß es noch lange stillen. Ich werde sie über ein Jahr nicht berühren, damit sie nicht wieder schwanger wird und ihre Milch vorzeitig versiegt. Dann müßte ihr Kind verhungern.“

Und was macht der Mann, der nur eine Frau hat und sich in der Zwischenzeit zu keiner anderen legen kann?

Auch er darf die stillende Frau nicht berühren, bevor das Kind ein Jahr alt ist und massa essen kann.

Luisa brachte Maisbrei mit Erdnußsoße. (Wahrscheinlich hatte Fernando ihr gesagt, daß er mich mitbringen würde.)

Luisa kocht besser, sagte Fernando, aber Fortuna ist auf der machamba geschickter, und Serina erzieht die Kinder am fürsorglichsten ...

Nach dem Essen schenkte mir Luisa, sie lächelte dabei schalkhaft, zwei rot und blau gefärbte Hölzchen. Wenn ich doch einmal zwei Frauen hätte, würden die zwei Hölzchen helfen, daß immer Frieden ist zwischen ihnen ...

Bei meiner Rückkehr nach Maputo hatte ich mit Kupela, Generalsekretär der OJM, über die Polygamie gesprochen. Er bestätigte mir, daß sie in den Städten immer mehr an Bedeutung verliert. Wer könne hier schon zwei Frauen ernähren, außerdem hätten Partei, Jugendverband und Frauenorganisation der Polygamie, der Unterdrückung der Frau, den Kampf angesagt. „Wenn wir die ökonomischen und sozialen Bedingungen in den Dörfern verändern, wird auch diese alte Form des Zusammenlebens nicht weiter existieren. Je mehr Frauen in Genossenschaften und Betrieben arbeiten, also ökonomisch unabhängig werden, um so selbstbewußter und mutiger werden sie gegen die Polygamie rebellieren."

Die letzte Lektion, zugleich die praktischste, erhielt ich an einem Sonntag, als ich mit Carlos Trindade, dem Präsidenten der Volksgerichte, nach Hulene, einem Vorort von Maputo, gefahren war und dort – als einer der ersten Ausländer, wie Trindade sagte – an einer Verhandlung des Volksgerichtes teilnehmen konnte.

In Hulene sprach ich außerdem nach fünf erfolglosen Monaten doch noch mit einem curandeiro, einem afrikanischen Medizinmann. Er kam nicht aus eigenem Willen, sondern war – angeklagt von seiner dritten Frau – zu einer Verhandlung vor das Volkstribunal geladen ...

Gelesen hatte ich über diese traditionellen Heilkünstler, daß sie Geisterbeschwörer und weise Naturärzte seien, daß sie im Erschöpfungszustand nach ekstatischen Tänzen mit den Ahnengeistern sprechen können und daß sie ihre Geheimnisse über die Heilkräfte der Bäume, Pflanzen, Tiere und der Erde nicht an die von der neuen Regierung in den Busch geschickten „ordentlichen Mediziner" weitergeben. Gehört hatte ich am Sambesi von o meu pai und anderen einheimischen Arbeitern, daß ihnen der curandeiro mit Holzamuletten, geschnitzt aus den Splittern von blitzgefällten Bäumen, Kopfschmerzen heile, daß er Dämonen und Krankheiten mit dem Mund aus dem Körper des Patienten heraussauge, daß er mit glühenden Wurzeln die Schmerzen des Alters aus den Gliedern steche. Sie sagten mir auch, daß es jedem Fremden verboten sei, einen curandeiro beim Behandlungsritual zu beobachten.

Auf dem Markt in Tete, wo außer Maismehl keine Lebensmittel angeboten wurden, sah ich auch die übervollen Stände der Händler, die Zaubermedizin verkauften. Mit Hose, Hemd und Schuhen bekleidete schwarzhäutige Händler boten mir unbekannte Hölzer, Pülverchen, Steine, Gewölle, Knochen und Gewächse in großer Auswahl und scheinbar unbegrenzter Menge an. Stacheln vom Stachelschwein. Hautfetzen vom Büffel. Ausgetrocknete Hundeköpfe. Antilopenhörner. Elefantenschwänze. Getrocknetes Affensperma. Hyänenknochen.

Für den Hausgebrauch gegen Krankheiten und zum Vertreiben der bösen Geister.

Ich fragte einen der Händler, ob er ein Mittel gegen Malaria habe. Er bot mir rote Kugeln aus Termitenhügelerde an. Eine junge Frau kaufte sich ein Halsband, an dem kleine Rückgratwirbel aufgefädelt waren. 150 Meticais. Ich fragte, wofür sie die Knochenkette brauche. Für das neugeborene Kind ihrer Schwester, um es – wenn es aus der Klinik komme – vor Krankheiten zu schützen.

Als ich die Händler fragte, ob sie mich mit einem curandeiro bekanntmachen könnten, lachten sie. Und hoben dann die Hände.

Also hatte ich fünf Monate lang versucht, mir vorzustellen, wie ein Medizinmann aussieht: ein grauhaariger Afrikaner, der tiefe Falten der Weisheit im Gesicht und hypnotisch blickende Augen hat, von den Wurzeln, Pflanzen und Tieren lebt, die ihm die Stammesmitglieder als „Bezahlung" für seine Behandlung bringen; ein nur mit der Geister- und Ahnenwelt verbundener, jeglicher Zivilisation und jedem Konsum feindlich gesinnter Mann.

Der curandeiro, dem ich in Hulene begegnete, war jung, seine Gesichtshaut glatt und cremeglänzend. Er trug eine enge Jeanshose mit eingewebten glänzenden Goldfäden wie ein Zirkusartist. Seine schlanken Finger waren verunstaltet von dicken, protzigen Ringen. Dieser curandeiro saß auf der langen Bank vor den Richtern des tribunal do povo ...

In Hulene war Sonntagsruhe. Stiller Rauch über den Feuerstellen.

Kurz vor neun. Ein Milizionär mit MPi stand vor einem aus Hohlblocksteinen gemauerten, unverputzten, barackengroßen Haus.

Das Gerichtsgebäude?

Trindade nickte.

Durch das löchrige Wellblechdach lugte die Sonne, und durch die Fugen der Steine äugten nackte Kinder in das Innere des Gebäudes. Viel war nicht zu sehen. Auf dem Sandfußboden stand ein mit grünem Stoff bedeckter Tisch für die Richter. Akten, in abgegriffenen Schnellheftern, lagen darauf. Daneben eine rote Broschüre: die Verfassung der Volksrepublik Moçambique.

Für die Kläger, Angeklagten und Zeugen stand eine etwa acht Meter lange Bank im sonst leeren Raum. Lediglich eine Schultafel, durch Feldsteine erhöht, lehnte noch an der Wand. Das Gerichtsgebäude diente auch als Alphabetisierungs- und Versammlungssaal.

Die Kläger, Angeklagten und Zeugen saßen schweigend auf der langen Bank. Im Sand hockend, an die Wand gelehnt, warteten acht Frauen – die einzigen Zuschauer – auf den Beginn der Verhandlung.

Die Richter blätterten schon in den Akten.

Der erste trug eine dicke, schwarze, rutschende Hornbrille, die nur von dem wulstigen Nasenende aufgehalten wurde.

„Von Beruf ist er Eisenbahner", sagte Trindade.

Der zweite Richter, ein unscheinbarer kleiner Mann – schon zu alt, um noch zu arbeiten –, wurde von der dritten Person am Tisch fast erdrückt. Eine Frau, gewichtig und mit lauter Stimme.

„Sie ist Hausfrau und Vertreterin der OMM, der moçambiquanischen Frauenorganisation", sagte Trindade.

Volksrichter!

Afrikanische Volksrichter!

Während der Kolonialzeit gab es nicht einen moçambiquanischen

Angestellten im Justizapparat, geschweige denn einen Richter oder gar – Unmöglichstes des Unmöglichen – einen Volksrichter. Alle Gerichte wurden direkt von Lissabon aus verwaltet und angeleitet.

Nach der Befreiung bildete man im Schnellverfahren moçambiquanische Juristen aus, die nach zwei Studienjahren aufs Land geschickt wurden, um der FRELIMO zu helfen, die ersten Volksgerichte zu gründen und mit den Bauern die neuen Gesetze zu diskutieren. Seit 1978 wurden im Land über eintausend Volksgerichte gebildet. Mit Richtern, die sich die Bauern und Arbeiter aus ihren Reihen wählten ...

Unser Kommen verzögerte den Verhandlungsbeginn, denn es war nicht klar, wo man den Präsidenten aller Volksgerichte des Landes und seinen Gast plazieren sollte.

Am Richtertisch?

Das verstößt gegen die Gerichtsordnung, sagte der Eisenbahner.

Auf der langen Zeugen-, Kläger- und Angeklagtenbank?

Das wäre politisch falsch, sagte die Vertreterin der OMM.

In den Zuschauerraum, also auf den Sandfußboden?

Das entspräche nicht der Würde des Präsidenten und würde ein schlechtes Licht auf die Gastfreundschaft werfen, sagte der älteste Richter.

Mehr Möglichkeiten gab es nicht.

Die drei Richter berieten und entschieden: Es werden noch zwei Stühle geholt und zwischen Richtertisch und lange Bank gestellt. Die Stühle wackelten, denn die Stuhlbeine bohrten sich in den Sand. Ehrenplätze für den Präsidenten und den ausländischen Gast.

Neun Uhr zehn.

Der erste Richter putzte die Gläser seiner Brille. Dann hauchte er den Stempel an. Das war die Eröffnung der ersten Verhandlung.

Die Beteiligten auf der Bank: eine kleine, schüchterne Frau, an der das auffallendste ein grünes Kopftuch mit goldenen Sternen war, ihr Vater, der einen Regenschirm – wohl als Zeichen dafür, daß er nicht zu den völlig Mittellosen gehörte – mitgebracht hatte, dann sechs Familienmitglieder des Ehemannes und der Ehemann selbst. Er trug frischgeputzte Sandalen, neue Hose, weißes Hemd, Armbanduhr.

1. Richter: „Sage uns, weshalb du geschieden werden möchtest!“

Ehemann: „Weil jene Frau bei meiner Hochzeit dazwischenrief, ich sei schon mit ihr verheiratet, und ich deshalb keine offizielle staatliche Heiratsurkunde erhielt, sondern weggeschickt wurde."

1. Richter: „Und bist du mit ihr verheiratet?"

Ehemann: „Ich bin es. Aber nicht offiziell."

(Nur fünf Prozent aller Ehen in Moçambique sind standesamtlich, also offiziell geschlossen. Die übrigen sind durch die Familien oder durch den Kaufpreis besiegelte Verbindungen.)

2. Richter: „Jetzt willst du behördlich heiraten, weißt du auch, daß du dann entsprechend dem Gesetz nur noch eine Frau haben darfst?"

Der Ehemann nickte.

Die Richterin funkelte die Richter böse an. „Ihr sorgt euch um diesen Hahn, als sei er ein krankes Kind. Wann wollt ihr endlich die Frau fragen, ob sie geschieden werden möchte, ob sie noch eine Hütte zum Schlafen und Mais zum Kochen hat!"

Ehefrau: „Er hat mich aus der Hütte hinausgeprügelt und sich mit der anderen Frau hineingelegt. Vorher kam er nur noch zum Essen und Waschen zu mir."

Die Frauen, die auf dem Sandfußboden saßen und zu stricken begonnen hatten, legten das Strickzeug weg und schauten den ersten Richter an, der nervös seine Brille nach oben schob. Als ihm das nicht gelang, nahm er das rote Heftchen, die Verfassung, in die Hand, hielt sie dem Ehemann wie dem Teufel ein Kruzifix vor und sagte sehr streng: „Es ist eine neue Zeit, du kannst nicht mehr eine Frau schlagen, nur weil sie eine Frau ist, das müßtest du inzwischen gelernt haben. Wie alt bist du?"

Ehemann: „Dreiundzwanzig Jahre."

1. Richter: „Arbeitest du?"

Ehemann: „Ich bin Arbeiter in der Elektrofabrik."

Richterin: „Hast du sie geschlagen?"

Ehemann: „Als ich krank war, holte sie traditionelle Medizin vom curandeiro, bestimmt war es Gift. Und die Frau, die dem Mann vergiftete Medizin gibt, das Essen versalzt oder die Wäsche zerreißt, die soll man schlagen und sich von ihr trennen. Sie hat auch alle meine Hosen mit zu ihren Brüdern genommen und meine Papiere versteckt, damit ich keine andere heiraten kann."

1. Richter: „Ihr lebt seit April 1981 zusammen, du weißt, daß sie in drei Monaten dein Kind zur Welt bringen wird?“

Ehemann: „Ich bin schon vier Monate nicht in ihrer Hütte gewesen, wie soll ich mich da erinnern, was früher war, das habe ich vergessen.“

Richterin: „Erst dachte ich, du seist ein Hahn, aber du bist nicht einmal ein Hahn, der sorgt für seine Hennen. Du gleichst einem Esel, der einen Karren zieht, aber nie an sein Ziel kommt, weil er nur nach den Eselinnen rechts und links von der Straße schaut. Man müßte dich prügeln, damit du endlich richtig läufst. Du wirst ihr die Hütte geben . . .“

Ehemann: „Nichts werde ich ihr geben.“

1. Richter: „Wieviel verdienst du in der Elektrofabrik?“

Ehemann: „6 250 Meticais.“

1. Richter schreit: „Du wirst ihr die Hütte lassen und im Monat 1 500 Meticais an sie zahlen.“

Ehemann: „Das ist zuviel.“

Richterin: „Es sind zwei Personen zu ernähren.“

Ehemann: „Weshalb zwei?“

Richterin steht auf: „Hast du Esel das schon wieder vergessen?“

Der Ehemann hob die Hände vor sein Gesicht, als fürchte er, von der Richterin geschlagen zu werden. Er ging sehr schnell. Allein. Die anderen grüßten erst noch zum Richtertisch.

Anschließend ließ der Posten einen alten Mann herein. Die Frauen schauten neugierig, denn außer ihm kam niemand mehr. Der Alte war barfüßig, allerdings bedeckten seine einige Nummern zu großen Hosen die Füße, die er vor dem Gericht im Sand zu verstecken suchte. Sein Unterhemd verbarg er, indem er die dünne, knopflose Jacke mühsam mit beiden Händen vor der Brust zusammenhielt. So sah es aus, als stände er gefesselt vor den Richtern.

Der kleine alte Richter begrüßte ihn freundlich.

„Como está- wie geht es, Raúl?“

„Estou bem mir geht es gut, und wie geht es Ihnen?“

„Danke, auch mir geht es gut. Und wie geht es deinem ältesten Sohn?“

„Ich denke, es geht ihm gut, und wie geht es Ihren Kindern?“

„Meinen Kindern geht es gut, und wie geht es Deiner Schwester?“

„Ich denke, daß es ihr gut geht. Und wie geht es Ihrer Frau?"
„Danke, meiner Frau geht es gut, und wie geht es Deinem Bruder?"
„Ich denke, daß es ihm gut geht . . ."

Nach dieser hier nur auszugsweise wiedergegebenen Begrüßung blieb der kleine Mann vor dem Richtertisch stehen, bis der Eisenbahner seine Brille hochrückte und sagte: „Setzen Sie sich doch, Angeklagter Raúl."

Die Frauen, die wieder strickten, forderte er auf nachzuschauen, ob Senhor Cossa, der Kläger, draußen zu sehen sei.

Nein, der Kläger war nicht zu sehen.

Da ließ er dem Posten sagen, wenn der Cossa in fünf Minuten nicht hier sei, müsse er 50 Meticais Strafe bezahlen. Der Posten verhandelte mit den durch die Mauerfugen in das Gerichtsgebäude lugenden Kindern; die rannten mit Gebrüll davon, und in weniger als fünf Minuten lieferten sie den keuchenden, vielleicht vierzigjährigen, sehr schmuddlig aussehenden Senhor Cossa ab.

„Setzen Sie sich", herrschte ihn der Eisenbahner an, „und merken Sie sich gut, wir sind das gewählte Gericht des Volkes, und wer dieses Gericht des Volkes nicht achtet, indem er zu spät kommt, der mißachtet das Volk." Er verwarnte ihn und drohte, daß er, falls er noch einmal zu einer Verhandlung nicht pünktlich erscheinen würde und nicht krank oder tot sei, unweigerlich 50 Meticais bezahlen müßte.

„Sie klagen diesen Mann hier an, daß er Ihnen 1600 Meticais schuldet. Das ist viel Geld, was sind Sie von Beruf?"

Cossa: „Ich verkaufe mal dies und verkaufe mal das."

Die Richterin wandte sich an Raúl, der seine Hände zwischen den Knien eingeklemmt hatte und nun noch schmächtiger und hilfloser aussah: „Raúl, stimmt es, daß Sie Senhor Cossa 1600 Meticais schulden?"

Raúl schaute nicht auf, als er antwortete.

„Camarada Exzellenz – Genosse Exzellenz" – damit meinte er den 1. Richter –, „Sie kennen mich, seitdem ich vor fünf Jahren mit meinen Söhnen Mário und Eduardo nach Maputo kam, als einen ehrlichen Mann." Er schaute zum Richtertisch, als müßte er vor dem Weiterreden erst die Antwort abwarten. Der älteste Richter nickte. „Sie wissen auch, daß mein jüngster Sohn Mário mir viel Schande bereitet hat, weil er nach Südafrika ging und nicht zu mir zurückkam. Mein Sohn Eduardo wurde Soldat, kämpft gegen die Banditen, auch er war seit zwei Jahren nicht bei seinem Vater. Camarada Exzellenz, Sie wissen auch, daß ich immer ein fleißiger Mann war. Doch als der letzte Sturm meine Hütte niederwarf wie der Elefant das Gebüsch, konnte ich mit meinen wenigen Kräften keine neue mehr bauen. Zu Hause im Dorf hätten die Verwandten mir eine Hütte errichtet, aber hier mußte ich, so sehr ich mich deshalb auch grämte, fremde Leute darum bitten. Sie sagten, daß sie mir sogar ein Häuschen aus Lehmsteinen bauen könnten, aber sie verlangten dafür 8 000 Meticais. Ich ließ einen Brief an meinen Sohn Eduardo schreiben, und der antwortete, daß ich mir das Geld einstweilen borgen sollte, er würde es mir in wenigen Monaten schicken können. Da borgte ich mir von Senhor Cossa 8 000 Meticais. Wir vereinbarten, daß ich ihm das Geld bis zur Regenzeit zurückgeben sollte und für jede 100 Meticais noch einen Metical zusätzlich. Das Unglück wollte es, daß mein Sohn das Geld erst, nachdem die Regenzeit schon zu Ende war, schicken konnte. Da sagte Senhor Cossa, daß ich jetzt für jede 100 geborgte Meticais 20 zusätzlich zahlen müßte. Ich bat, daß er mir verzeihen möchte, doch er sagte, daß er mich vor dem Gericht verklagen werde, wenn ich nicht 1 600 Meticais zahle. Aber ich habe keine 1 600 Meticais, die ich ihm geben kann."

Dem alten Raúl perlte nach dieser Rede Schweiß auf der Stirn. Er stand auf, verneigte sich und setzte sich wieder.

Der Eisenbahner-Richter fragte Senhor Cossa, ob es Wahrheit sei, was der alte Raúl dem Gericht erzählt habe. Und als Cossa – zufrieden grinsend, als hätte er die 1 600 Meticais schon in der Tasche – bejahend mit dem Kopf nickte, sagte der 1. Richter: „Senhor Cossa, dann sind Sie hier nicht der Kläger, sondern der Verklagte!"

Die drei Richter blätterten lange in den Gesetzblättern, fanden dort aber nichts zu diesem Fall, flüsterten kurz miteinander und dann, nachdem er sich die Brille noch einmal geputzt hatte, verkündete der Eisenbahner, daß Raúl die 1 600 Meticais nicht zahlen müsse, er von der Anklage freigesprochen sei.

„Senhor Cossa wird verurteilt, dem alten Raúl ohne Entgelt drei Tage lang zu helfen, den Boden neben seiner Hütte zu hacken und dort Mais zu stecken. Das Saatgut hat er mitzubringen."

Und falls er noch einmal Geld gegen Zinsen verborgen würde, müsse man ihn an das Stadtgericht übergeben . . .

Ein dritter Fall.

Ein junger Mann, gekleidet in schwarze Strickjacke und goldfadenglänzende Hosen, dicke Ringe an den Fingern tragend. Dazu eine Frau, die ihr Kind stillte. Und ihr Vater – ein alter, böse dreinblickender Bauer.

1. Richter: „Name?“

Ehemann: „Francisco Chanque.“

1. Richter: „Beruf?“

Ehemann: „Curandeiro, Medizinmann.“

Die Richter schauten nicht auf, die alten Weiber strickten weiter.

1. Richter: „Was hast du uns zu sagen, Francisco Chanque?“

Ehemann: „Meine erste Ehefrau will von uns weggehen, sie weigert sich, weiter mit meinen anderen zwei Frauen in Eintracht zu leben.“

2. Richter: „Aus welchem Grund will sie die Familie verlassen?“

Ehefrau: „Er vernächlässigt mich, er kommt weniger zu mir als zu den anderen zwei Frauen, kauft mir weniger Kleider als ihnen und liebt mich nicht so häufig wie die anderen. Er hat zu wenig Geld, um für jede Frau Kleidung zu kaufen, und zu wenig Kraft, uns alle drei zu lieben.“

Ehemann: „Schweig, du Schlange. Deine Milch wird vergiftet, wenn ich dich berühre.“

Richterin: „Wieviel Kinder habt ihr zusammen?“

Ehefrau: „Sechs Kinder, doch ich habe auch für die Kinder der anderen zwei Frauen gesorgt, habe, wie es die Sitte verlangt, auch ihre Felder gehackt . . . Aber nun, da er mich schlechter behandelt, werde ich nicht mehr bei ihm bleiben.“

1. Richter: „Ihr habt beide in die Polygamie eingewilligt – also richtet euch gefälligst danach und beachtet ihre Gesetze – ich werde euch nicht scheiden.“

Dicker Rauch quoll direkt neben dem Richtertisch durch die Fugen der Hohlblocksteine in den Raum hinein. An der Mauer draußen kochte ein Junge seinen Mittags-Massa-Mais. Die Richterin erhob sich und lief mit einer Geschwindigkeit, die ich ihr nicht zugetraut hätte, hinaus. Donnerstimme. Der Milizionär schlug die Hacken zusammen. Danach rauchte es nicht mehr.

Präsident Trindade sagte mir inzwischen, daß der 1. Richter selbst noch drei Frauen habe und er deshalb den Medizinmann unterstütze und nicht, wie es nötig sei, der Frau helfe, sich aus der Polygamie zu befreien.

Der Ehemann zum Vater seiner Frau: „Ich habe Ihnen keinen Lobolo für die Tochter bezahlt, Sie nicht entschädigt für die verlorene Arbeitskraft, jetzt bin ich einverstanden, den Brautpreis nachträglich zu bezahlen, denn ich brauche alle drei Frauen, damit die Felder bestellt, die Kinder beaufsichtigt werden und immer warmes Essen im Haus ist.“

Der Vater, dessen Gesicht während der Rede des curandeiro immer freundlicher wurde: „Dann wären ja alle Fragen geklärt. Gehen wir – weshalb sitzen wir an solch einem schönen Tag noch hier drin?“

Ehefrau: „Ich will nicht, daß er einen Brautpreis für mich bezahlt. Ich will selbst entscheiden, ob ich bei ihm bleibe.“

Die Frau weinte. Ihr Kind schrie, sie ließ es wieder trinken, es wurde ruhig.

1. Richter: „Dein Mann hat versprochen, den Brautpreis zu zahlen, er wird dich in Zukunft gleich den anderen zwei Frauen behandeln, vielleicht sogar besser, denn du bist die erste Frau, die Hauptfrau, also sei zufrieden. Außerdem ist euer Fall kein gerichtliches, sondern ein sexuelles Problem. Aber der curandeiro wird doch ein Mittel kennen, um seine Manneskraft zu erhöhen.“

Da beugte sich die Richterin zu dem Eisenbahner, flüsterte mit ihm, zeigte auf Trindade. Der 1. Richter sagte laut, man müsse sich beraten. Zuerst redeten die drei sehr leise, aber je erregter sie diskutierten, um so lauter sprachen sie. Als wir ihren Disput – ob die Frau zu scheiden sei oder nicht – verfolgen konnten, wechselten sie von Portugiesisch in Stammessprache, die zumindest Trindade und ich nicht verstanden.

Nach zehn Minuten verkündete die Richterin: „Wir haben entschieden, die Verhandlung in vierzehn Tagen zu wiederholen. Wenn die Frau des curandeiro Francisco Chanque auch dann nicht mehr in seiner Familie leben will, wird das Gericht sie scheiden.“

Der Medizinmann ging mit eingezogenem Kopf. Er ähnelte jetzt einer Schildkröte.

Die Richterin lief seiner Frau hinterher und bot ihr an, eine Arbeitsstelle für sie zu besorgen, und fragte, ob sie in die OMM eintreten möchte.

Ich lief dem curandeiro hinterher, weil ich ihn, den ersten Medizinmann, dem ich begegnet war, um ein Interview bitten wollte.

Er war geschmeichelt.

„Wie wird man curandeiro?"

„Mein Vater war auch Medizinmann, ich arbeitete zuerst als Koch in einem Hotel, dann wies er mich in die Geheimnisse ein, und ich übernahm seine Stelle."

„Was können Sie heilen?"

„Ich töte das Asthma mit Tee und Tänzen. Schließe Brandwunden mit den Blättern der Papaya. Pockenpusteln steche ich aus und trockne sie mit Sand und Holzasche. Ruhr vertreibe ich mit der Rinde des Affenbrotbaumes."

„Wieviel kostet eine Behandlung?"

„100 Meticais."

„Haben Sie eine staatliche Lizenz für Ihre Arbeit?"

Er nickte.

„Kennen Sie ein Mittel zur Steigerung der Manneskraft?"

„Mein Vater hat mir das Rezept dafür gesagt, aber alle Kräfte der Götter wirken nur bei anderen und nie am eigenen Körper."

„Können Sie auch die Zukunft voraussehen?"

„Wenn ich so lange tanze, bis die Geister der Ahnen erscheinen, verraten sie mir auch das Schicksal der Menschen."

„Haben Sie die Geister schon über das Schicksal Ihrer ersten Frau befragt?"

„Ja, sie wird sterben müssen, wenn sie ihre Familie verläßt."

Als er zwei der Kinder, die um die Mutter herumstanden, mitnehmen wollte, schrien sie so lange, bis er sie wütend wieder zu ihr schickte.

Spaßeshalber sagte ich ihm zum Schluß, daß ich seit einer Woche meinen Freund Acácio vergeblich suchte, ob er nicht wüßte, wo ich ihn finden könnte.

„Nicht du wirst ihn finden, er wird dich finden – und das schon bald."

Es war inzwischen drei Uhr nachmittags.

Feierabend für die gewählten nebenamtlichen Volksrichter. Dienstag und Donnerstag abend werden sie wieder Klagen von den Bewohnern des Stadtteils Hulene entgegennehmen. Am kommenden Sonnabend die Fälle besprechen. Und am Sonntagvormittag öffentlich verhandeln ...

Ich entschuldigte mich beim Präsidenten Trindade, daß er seinen Sonntag für mich geopfert hatte.

Er winkte ab. Es gehöre zu seiner Arbeit, bei solchen Verhandlungen Erfahrungen für die neuen moçambiquanischen Familiengesetze zu sammeln. Auch in die Gefängnisse gehe er öfter, denn die FRELIMO wolle in Moçambique eine neue Strafvollzugsordnung einführen. Beispielsweise würde diskutiert, ob man die Häftlinge in gewissen Abständen für einen Tag zur Familie nach Hause lassen könnte, damit sie ihre Frau nicht nur in der Zelle treffen.

„Da seid ihr weiter, als wir in der DDR", sagte ich.

Camarada Trindade lächelte: „Wenn es funktioniert, werden wir euch unsere Erfahrungen mitteilen."

Als ich in der Avenida Nduda ausstieg, traute ich meinen Augen nicht.

Acácio saß unter der Straßenlaterne.

Unbeholfenes Umarmen.

„Woher weißt du, daß ich in Maputo bin?"

„Kein Puma schleicht so leise, daß ihn die Gazelle nicht hört."

Ich erzählte Acácio von meiner Suche in der Schilfstadt und im Hafen.

Er sei erst gestern zurückgekommen, vier Wochen nicht in Maputo gewesen.

„Hast du geheiratet?"

Nein, er habe zwei Tage in seinem Heimatdorf verbracht, um mit der Mutter über die Hochzeit zu sprechen und sich vom curandeiro gegen Unglücksfälle in der Fremde feien zu lassen. (Ohne den Aufenthalt am Sambesi hätte ich diese Geschichte nicht geglaubt, aber der Doktor in Moatize hatte mir Briefe von Kohlekumpeln gezeigt, in denen sie um vierzehn Tage Krankenurlaub baten, um nach Hause gehen zu können und sich vom Zauberer den Schutz gegen die Berggeister erneuern zu lassen. Ohne diesen Zauberschutz fuhren sie nicht ein.)

Ich fragte Acácio, wo er die restlichen drei Wochen war, wenn er doch nur zwei Tage zu Hause verbrachte.

„Ich bin einige hundert Kilometer durch den Busch gelaufen."

„Du hättest mit dem Flugzeug bis Beira fliegen können."

„Um das zu bezahlen, müßte ich zwei Jahre sparen. Ein oder zwei von hundert Menschen können in Moçambique mit dem Flugzeug fliegen. Alle anderen laufen wie vor drei oder vier Jahrhunderten ... Manche von ihnen verstecken sich auf ihrem Weg durch den Busch, wenn ein Flugzeug, wenn jenes Zeitalter, das über sie gekommen ist, am Himmel vorbeifliegt."

„Entschuldige", sagte ich. „Ich hatte immer ein Flugticket, gehörte nicht zu denen, die durch den Busch laufen müssen. – Und zu Hause war alles in Ordnung?"

„Ja", sagte Acácio. Und nach einer Pause: Aber viele Menschen aus der Umgebung sind verhungert. Es war lange Zeit Dürre, und dann stahlen die Banditen die letzten Nahrungsmittel. Im Dorf hat die FRELIMO ein Lager für diese Notleidenden eingerichtet. Einige schafften es, mit ihren Kindern bis ins Dorf zu kommen. Aber die meisten mußten die Kinder schon unterwegs begraben ...

Ich hatte dir einmal gesagt: Moçambique ist nach Jahrhunderten endlich wieder aufgewacht. Aber es ist als ein Schwerverwundeter aufgewacht, und die Feinde versuchen, ihm immer neue Wunden zu schlagen ... Du hast doch die leeren Kais im Hafen gesehen."

Wir schwiegen, dann wechselten wir das Thema.

„Hast du die erste Klasse schon beendet?"

Acácio nickte.

„Ich mache jetzt die zweite Stufe."

Er holte ein Papier aus der Hosentasche.

„Und bin Mitglied der OJM geworden."

„Elektrizität hast du jetzt in deiner Hütte?" fragte ich.

„Ja, die Elektrizität ist in meiner Hütte. Es geht aufwärts."

Wir liefen zum Café Tirol und bestellten schwarzen, starken Kaffee.

„Du bist wirklich nur noch zwei Tage in Maputo?"

„Ja“, sagte ich, „das Ticket ist bestätigt.“

„Was wirst du dir bei uns noch anschauen?“

„Ein Gemeinschaftsdorf“, sagte ich, „ein aldeia comunal.“

„Schau es dir gut an“, sagte Acácio, „das ist die Revolution, die Zukunft von Moçambique.“

Sérgio, Mitarbeiter beim OJM-Zentralrat, begleitete mich. Wir fuhren fast 100 Kilometer mit dem Pkw zum Gemeinschaftsdorf, das „3. Februar“ hieß. Doch weil auf meinem Marschbefehl ein Stempel fehlte, sagte der Dorfvorsitzende: „Nein, Genosse, ich kann dir das Dorf nicht zeigen und dir auch keine Fragen beantworten!“

Nichts also mit der Besichtigung der Revolution, der Zukunft in Moçambique?

Auf dem Weg zum Gemeinschaftsdorf hatten wir zuerst 25 Kilometer nördlich von Maputo in der Nähe des Dorfes Marracuene gehalten. Hinter Marracuene besänftigt der Fluß Incomati das wellige Land, er windet sich in weitem Bogen durch die parkähnliche Landschaft. Bald sahen wir einen mehrgeschossigen Gebäudekomplex, der harmonisch in den Park hineingebaut war. Eine Allee von Kokospalmen gab dem Ganzen etwas Repräsentatives. Papayabäume spendeten Schatten. Dazu Bananenstauden und Mangobäume, deren erste eierpflaumen- bis mandarinengroßen Früchte schon gelb wurden.

Ich hatte vor meiner Abreise aus Matundo gesehen, wie die Afrikaner die Mangobäume plünderten und sich die Bäuche gierig mit den erst halbreifen Früchten füllten. Nicht nur aus Hunger, sondern weil viele Moçambiquaner, die sich auch nachts ohne Laterne im Busch zurechtfinden müssen, an Nachtblindheit leiden. Die Mangos, die reichlich Vitamin A enthalten, geben ihnen das „Auge der Nacht“ zurück.

Zwischen den Mangobäumen am Rande von Marracuene befand sich ein, wie mir schien, dem Paradies gleichender Garten. Orangen, Bananen und Ananas wuchsen dort, und 30 oder 40 junge Afrikanerinnen hackten und jäteten säuberlich angeordnete Beete, auf denen Tomaten, Paprika, Kohl und Spinat prächtig gediehen. Als die Mädchen uns sahen, hörten sie auf zu singen und winkten einladend. Aber ein alter, grauhaariger Portier gab uns am Schlagbaum die Auskunft, nein, hier könnten wir nicht herein. Sérgio zeigte seinen Marschbefehl, doch der Petrus schien noch Götter über sich zu haben, er öffnete den Schlagbaum zum Paradies – obwohl oder gerade weil die Mädchen gestikulierend auf ihn einredeten – keinen Zentimeter, befahl uns, draußen zu bleiben, und schlurfte die nahezu 200 Meter lange Kokospalmenallee entlang bis zum Hauptgebäude.

Wir setzten uns an den Fluß.

Sérgio sagte: „Das ist die einzige moçambiquanische Schule für Hebammen und Säuglingsschwestern. Sie wurde vor zwei Jahren gegründet."

Zur Zeit der Portugiesen gab es weder eine Hebammenschule noch eine Kinderklinik im Land. Und auch heute arbeiten in der Provinz Niassa, die größer ist als die DDR, erst 16 Geburtshelferinnen, fehlt es überall im Land an Kinderärzten, Säuglingsschwestern . . .

Im Provinzkrankenhaus von Tete hatte ich die Kinderstation besucht, konnte an der Visite teilnehmen. Dr. Gisela (sie unterschreibt der Verständlichkeit wegen auch so) aus der DDR, eine junge Engländerin, die spanische Ordensschwester Maria, die schon seit 19 Jahren hier war, und ein junger moçambiquanischer Krankenpfleger – das war das ganze Personal für über 50 Kinder.

Über der Essenausgabe der Station zeigten bunte Plakate, was schwangere Frauen essen sollen – Ananas, Papaya, Mango, Paprika, Tomate, Brot, Öl, Butter, Trockenmilch, Fleisch, Fisch – und was sie meiden sollen – Tabak und Alkohol.

„Und was geben Sie hier aus?"

„Massa", sagte Dr. Gisela. „Manchmal noch Kraut dazu."

Im ersten Visitezimmer lagen die Kinder mit lebensbedrohlichem Eiweißmangel. In dem kleinen Raum standen 10 Betten eng nebeneinander. Über jedem Bett hing an der Wand ein kleines Erkennungsbild. Als wir kamen, standen die Mütter auf – sie lagen meist mit den kranken Kindern auf der Matte neben oder unter dem Bett –, packten die Kinder in die Betten. Neben den Betten standen Blechnäpfe, die massa-Töpfe. „Aber fast alle stillen außerdem", sagte Dr. Gisela. „Auch deshalb bleiben sie solange hier, denn zu Hause könnten sie die Milch nicht absaugen."

Das erste Kind. Francisco. 2200 Gramm. Drei Monate alt. Über dem Bett ein Elefant. Die Mutter nahm ihm vor der Visite das Amulett, eine Holzglocke, von der Brust. Dr. Gisela sagte, man solle verdünnte Trockenmilch mit Ölzusatz geben. Die Haare der unterernährten Kinder waren weich und grau, sahen aus, als wären sie gepudert. Ein Bett mit zwei Kindern darin. Chipini. 1 800 Gramm. Zwei Monate alt. Flugzeugbildchen. „Es wird nie ein Flugzeug sehen", sagte Dr. Gisela. „Weiß es die Mutter?" Nein, die Frau am Bett sei nicht die Mutter von Chipini, sondern von Constantino. 5 000 Gramm. Achtzehn Monate. Chipinis Mutter sei nach der Geburt gestorben. Man hatte sie auf einem Lkw hierhergebracht. Die Geburtsweiber – im Busch gebären die Frauen, an die Wand der Hütte gelehnt, im Hocken, unterstützt von alten Frauen – hatten ihr, als das Kind zu lange auf sich warten ließ, auf dem Bauch herumgetrampelt und dabei innere Organe verletzt. (Zu langer Geburtsvorgang gilt bei einigen Medizinmännern als Beweis dafür, daß die Frau untreu war, und die Geburtsweiber versuchen durch erzwungene Schuldbekenntnisse, Zerren und Drücken, durch Trampeln auf den Bauch das Kind herauszuholen.) Nun betreue die Mutter von Constantino das fremde Kind im Krankenhaus mit. Neben Chipini und Constantino lag Marko – ein Ballbild – an der Wand. Er hatte Wundstarrkrampf. Zwei Monate alt. Der Medizinmann hatte ihm, damit er schlau und flink wie eine Ratte würde, Rattenkot auf den noch nicht abgeheilten Nabel gerieben.

Im Flur der Kinderstation hing die von der moçambiquanischen Regierung nach der Befreiung erlassene Verordnung zum Schutz des Lebens der Kinder. Auch der Kampf gegen den Aberglauben ist darin aufgeführt.

Das Masernzimmer. Zuerst ein röchelndes, schwerkrankes Kind. Biala. Zwei Jahre alt. 40,4 Fieber. Ein Busbildchen. „Morgen werde ich den Totenschein ausstellen müssen", sagte Dr. Gisela. Der Körper zu schwach, die stärksten Antibiotika wirkungslos. Ein Bett im Masernzimmer war leer. Die Mutter war in der Nacht mit ihrem Kind weggerannt, sie mußte zurück in den Busch, um das Feld zu hacken. „Das Kind hätte gerettet werden können."

Im letzten Bett des Zimmers lagen vier Monate alte Zwillinge. Bebe und Sene. Ein Telefonbild. Die Mutter lachte uns freundlich und hoffnungsvoll an. „Vielleicht wäre es besser, es würde eins sterben, sie hat kaum noch Milch", sagte Dr. Gisela.

Am schlimmsten ist es für die Menschen im Busch, erklärte mir Dr. Gisela. Von dort bringe man die Frauen nur dann, wenn die Geburt drei Tage lang nicht vorangeht, die Schwangere im Sterben liegt, die Kinder kaum noch atmen. Nach der Befreiung habe man Gesundheitsposten auf die Dörfer geschickt, aber die meisten ohne Ausbildung. Manche geben Malariatabletten auch bei Schlüsselbeinbrüchen und Kindbettfieber . . .

Nach einer halben Stunde tauchte der Petrus wieder am Ende des Weges auf. Unterwegs las er heruntergefallene Mangofrüchte auf. Bot uns davon an. Sie waren süß und klebrig, Geschmacksmischung aus Möhren, Pfirsichen und Aprikosen. Als wir aufgegessen hatten, sagte er: „Ihr dürft passieren!"

Sérgio kannte viele Mädchen mit Namen. Eine sehr Füllige mit lustig zwinkernden Augen stellte er mir als „falta lua" vor. Das heißt „der Mond fehlt". Sie wurde in ihrem Dorf so genannt, weil sie sehr schweigsam war, und die Nachbarn behaupteten, ihre Mutter „hätte vergessen, das Kind dem Mond zu zeigen", was nach unserem Begriff bedeutet, man ist zu heiß gebadet worden.

„Fehlender Mond", mit richtigem Namen Isabella, sah allerdings weder wie ein Mond noch wie zu heiß gebadet aus. Und Sérgio bestätigte ihre Intelligenz mit der Bemerkung, daß sie an der Schule eine der besten Zwischenarbeiten geschrieben habe; übrigens zu einem Thema, das mich bestimmt interessieren würde: die Rituale vor, während und nach der Geburt, wie sie in Isabellas Heimatdorf noch gültig waren.

Ich hatte schon in Matundo etwas über die Geburtsrituale erfahren wollen und Felicibert besucht, unseren Vorarbeiter, zwei Tage, nachdem seine Frau einen Sohn geboren hatte. Ich hatte Seife mitgenommen. Er nahm sie dankbar an und entschuldigte sich dann, daß ich die Frau und das Kind nicht begrüßen könne. Sollte sie schon wieder auf dem Feld arbeiten? Nein, sie sei zu Hause. Sie hätte, wie es Brauch sei, die Nachgeburt hinter der Hütte vergraben und wäre dann mit dem Kind in ihre Hütte gegangen. Sie dürfe nun so lange mit niemand sprechen und von niemand besucht werden, bis der Nabel des Kindes geheilt sei. Erst dann würde sie die Hütte säubern, frischen Sand hineinstreuen, ein Feuer anzünden, um die Krankheitsdämonen zu vertreiben, und zuerst ihren Mann empfangen und dann die anderen Mitglieder der Familie ...

Das wußte ich aus Matundo.

„Fehlender Mond“ erzählte mir über die Bräuche, die man sie in der Mädchenschule des Dorfes gelehrt hatte: „Wenn das Kind noch nicht geboren ist, darf die Mutter nicht über das Kind reden oder das Lager oder Tragetuch fertigmachen, weil das Ungeborene dem Tode bis zum ersten Schrei noch näher ist als dem Leben. Aber sie hat schon die strengen Gebote unseres Stammes zu befolgen. Sie darf kein Fleisch vom Stachelschwein essen, sonst wird das Kind häßlich. Wenn sie in einem Bach badet, in dem ein Flußpferd schwimmt, wird ihr Kind keinen schmalen, schön geformten Kopf bekommen. Sie darf kein Vogelfleisch essen, denn dessen blutleeres Brustfleisch würde ihr die Milch in den Brüsten versiegen lassen. Sie muß bis zum Beginn der Wehen auf den Feldern arbeiten, sonst wird auch das Kind bei der Geburt trödeln. Wenn die Mutter das Neugeborene wäscht, nimmt sie das Wasser in den Mund und bespritzt damit den Körper des Kindes. Hat sie zuwenig Milch, spuckt sie dem Säugling auf die gleiche Weise flüssigen Maisbrei in den Mund. Ist das Kind drei Monate alt, zieht die Mutter ihr bestes Kleid an, entzündet eine Schnur am Feuer und geht damit zum Aschehaufen hinter dem Dorf. Sie läßt die Schnur wie ein Feuerzeichen kreisen und hält dann dem Mond das Kind entgegen, sagt zu ihm: Sieh, das ist der Mond. Anschließend setzt sie es nackt auf den Aschehaufen, um es vor Krankheiten zu schützen.

Ein zu früh geborenes Kind wird in einen Tontopf gelegt, der mit weichen Blättern gepolstert ist, und bekommt einen flaumigen Blütenbausch vor den Mund, der mehrmals am Tag angefeuchtet wird. Manche Kinder aus dem Tontopf überleben. Was sollen wir sonst tun im Busch? ...“

Außer der Mädchenschule im Wald, wo man sie das Singen, Tanzen, Kochen, die Gesetze und Rituale des Dorfes lehrte, konnte „Fehlender Mond“ auch die neue, von der FRELIMO eingerichtete Schule besuchen. Sie schaffte vier Klassen in einem Jahr, und der Lehrer überredete die Eltern, das Mädchen auf die Mittelschule nach Xai-Xai zu schicken. Dort fragten die Genossen, wer Hebamme oder Säuglingsschwester werden möchte. Und weil von den acht Geschwistern, die nach Isabella geboren wurden, schon zwei bei der Geburt starben und drei andere keine vier Jahre alt wurden, meldete sich Isabella.

Seit einem Jahr studierte sie in Marracuene. Natürlich sei die Gartenarbeit nicht das wichtigste. Aber sie müßten hier auch lernen, Gemüse anzubauen, denn sie würden später den Frauen nicht nur helfen, die Kinder zur Welt zu bringen, sondern ihnen auch helfen, die Kinder zu ernähren.

328 künftige Hebammen und Säuglingsschwestern werden an der Schule ausgebildet. Moçambiquanische Ärzte, Schwestern, Hebammen und ausländische Doktoren unterrichten sie in den wichtigsten medizinischen Grundfächern. – Denn sie werden später im Busch auch Beinbrüche behandeln, Ruhr und Fieber heilen müssen. Zwei Jahre dauert die Ausbildung. Während dieser Zeit arbeiten die Schülerinnen auch schon praktisch. Jeden Morgen fährt ein Bus einen Teil von ihnen in das Hospital nach Maputo ...

„Fehlender Mond“ gehörte zu dem ersten Durchgang. Wenn sie die Schule beendet hat, wird es im Land 328 in Moçambique ausgebildete Hebammen und Säuglingsschwestern geben.

Und sie sagte stolz: „Ich werde dann die Mütter in meinem Dorf lehren können, daß es gut ist, den Nabel, wenn keine Binden da sind, mit Asche zu bestreuen, aber niemals, mit schmutzigen Fingern zu berühren, denn darin stecken die tödlichen Dämonen des Fiebers. Ich werde sagen: Es ist gut, daß keiner die Hütte der Mutter betreten darf, bis der Nabel des Kindes getrocknet ist. Aber auch die Mutter kann die Krankheiten zum Kind bringen, wenn sie es nicht mit abgekochtem Wasser wäscht. Vielleicht werden die Verwandten dann zu meiner Mutter sagen: Entschuldige, wir haben uns geirrt, du hast deinem Kind den Mond gezeigt; er hat ihm Weisheit gegeben ... Und dann werde ich sagen: Nein, nicht der Mond hat mir die Weisheit gegeben, sondern die Schule der FRELIMO.“

Wenn die ersten Schülerinnen in Marracuene ausgebildet sind, werden in jeder Provinz von Moçambique mindestens 15 Hebammen und 15 Säuglingsschwestern arbeiten. Aber Hebammen und Säuglingsschwestern können keine Kinder vor dem Verhungern retten. (Bei meinem zweiten Besuch in der Kinderstation des Krankenhauses von Tete erzählte mir Dr. Gisela, daß Bebe – eines der Zwillingskinder – in der

Klinik an Schwäche gestorben sei. Die Mutter nahm das tote Kind und den schwerkranken Zwillingsbruder und ging zurück in das Dorf. „Sterben können die Kinder auch zu Hause“, hatte sie gesagt. Eine Woche danach erfuhr Dr. Gisela von einem Medizinposten, daß auch der Zwillingsbruder gestorben sei. Verhungert.)

Sérgio sagte mir nach dem Abschied von „Fehlender Mond“: „Wenn wir nicht den Hunger besiegen, brauchen wir auch keine Hebammen.“

Die Chance, den Hunger zu besiegen, ist in den neuen Gemeinschaftsdörfern des Landes größer als in den alten weit verstreuten Siedlungen. Aber es gibt erst 1350 aldeias comunais in Moçambique. Und manche davon nennen sich nur Gemeinschaftsdorf, aber alle Einwohner arbeiten wie früher allein auf ihrer machamba.

Ich hatte mir in der nächsten Umgebung von Matundo ein aldeia comunal anschauen wollen, es gab keins. Auch die Arbeiter der Baustelle kannten die aldeias comunais nur vom Hörensagen. Und die OJM-Brigadisten des Camps schrieben mir auf, wie sie sich ein Gemeinschaftsdorf vorstellen.

Pedro, neben Lázaro der schnellste blocos-Träger: „Der Dorfvorsitzende gibt nicht seinen Freunden, die ihm immer die Sandalen hinterhertragen, wenn er sie irgendwo vergessen hat, die besten Felder, sondern wir säen und ernten den Mais zusammen und verteilen ihn dann: ein Drittel an die Familien, ein Drittel für den Markt und ein Drittel als Vorrat und zur Versorgung der Alten. Weil jeder die gleiche Menge bekommen soll, müssen die Dorffaulen, damit sie sich schämen, mit den Fleißigsten auf einem Feld arbeiten. Wer sich nicht so sehr schämt, daß er danach besser arbeitet, der hackt am Sonntag, wenn alle im Dorf nach der nanga-Flöte und der Trommel tanzen, die Felder. Wer die Kunst des Rädermachens von seinen Vätern erlernt hat, baut Wagen für das Dorf, und die Hirten bringen den stärksten Stieren das Ziehen der Wagen bei. Und wer in der Woche am fleißigsten auf der machamba gearbeitet hat, der darf am Sonntag den Mais und den Maniok des Dorfes auf dem Markt in der Stadt verkaufen. Er bringt für das Geld Salz und Zucker und für die Frauen Tücher mit. Weil wir im Dorf schon immer Töpfe aus Ton machen, bauen wir eine kleine Fabrik, in der wir so viele Töpfe brennen, daß wir sie verkaufen können. Mit dem Geld für die Töpfe bauen wir eine Wasserleitung zum Fluß, damit die Frauen und Kinder das Wasser nicht mehr kilometerweit tragen müssen. Alle Männer schlagen im Wald Holz für eine neue Schule und ein Hospital. Wenn es sich herumspricht, daß wir im Dorf eine neue Schule, eine Wasserleitung, eine kleine Tonfabrik und ein Hospital haben, werden viele Fremde kommen und in unserem Dorf wohnen wollen. Zuerst werden wir einen Schuster und einen Schneider aufnehmen. Sie müßten für alle Schuhe und Hemden anfertigen und eine Schule für Schuster und Schneider gründen. Ich würde im Dorf die alten Schilfhütten abreißen lassen und den Männern zeigen, wie man Steinhäuser mauert. Abends würde ich in der großen Versammlungshütte kostenlos Filme zeigen (Pedro war bei den OJM-Brigadisten Filmvorführer, L. S.). Eines Tages hätten wir dann so viel Mais geerntet, daß wir auf einer machamba auch Blumen säen können. Sonnenblumen. Und wir würden unserem Dorf einen neuen Namen geben. Wir würden es ‚das Dorf, in dem die Sonne auf den Feldern blüht‘ nennen."

Während der Fahrt in das Gemeinschaftsdorf fragte ich Sérgio, weshalb es den Namen „3. Februar" bekommen habe.

„Am 3. Februar 1969 wurde Dr. Eduardo Mondlane, der erste Präsident der FRELIMO, der Führer des Befreiungskrieges, durch ein Attentat imperialistischer Geheimdienste in Dar es Salaam ermordet. Eine Bombe, in einem Bücherpaket gesandt, explodierte beim Lösen der Verpackung. Mondlane hat die Zeit der Freiheit in Moçambique nicht mehr erleben können. Aber er hat sie vorausgesehen . . ."

An den Straßenrändern standen kilometerweit gelb blühende, meterhohe, sehr stachlige Kakteen, die man hier in den Dörfern als Zäune oder Viehkoppeln wachsen läßt. Das Dorf „3. Februar" begann, als die Kakteen endeten. Wahrscheinlich hatte man das Gelände dafür planiert. An der linken Straßenseite stand ein großes Schild mit dem Dorfnamen, doch Hütten waren nur wie einzelne Pilzköpfe in weiter Entfernung zu sehen. Eine Sandpiste führte in diese Richtung, wir versuchten auf ihr entlangzufahren, vermutend, daß sich am Ende des Weges das Zentrum vom Gemeinschaftsdorf befinden würde, doch schon nach 50 Metern drehten die Räder durch, stand unser Auto bis zu den Achsen im Sand. Einen mit Reissäcken beladenen W 50 aus

Maputo hatte es fast an der gleichen Stelle erwischt. Jeweils acht Frauen schleppten vier bis fünf Säcke auf zwei Tragestangen den Sandweg entlang in das Dorf. Es war elf Uhr früh, die Sonne brannte, aber die Frauen lachten, riefen, ich solle sie fotografieren. Männer sah ich beim Säcketragen nicht. Sie standen in einiger Entfernung und schauten neugierig, wer angekommen sei. Einer fragte uns, wohin wir möchten. Sérgio zeigte das Papier und sagte: „Wir wollen uns euer Dorf anschauen und mit dem FRELIMO-Sekretär sprechen."

„Gut", sagte der Mann, „schaut euch um, ich bringe euch zum Dorfvorstand."

Die Hütten standen nicht in Reih und Glied, es war kein System in der Anordnung zu erkennen. Vielleicht, weil es keine Straßen gab.

Ich fragte unseren Begleiter, welche Arbeit er im Dorf verrichte.

Er blieb stehen, klopfte sich an die Brust: „Ich bin hier die Stimme des Volkes."

Ich schaute ungläubig.

„Da oben heraus kannst du mich hören." Er zeigte mir einen etwa acht Meter hohen Mast, an dem zwei Lautsprecher hingen.

Er verbreite Nachrichten und spiele Musik.

„Die Stimme des Volkes kann man weiter als die große Trommel hören – bis zu zwanzig Kilometer."

„Zwanzig Kilometer", fragte ich zweifelnd.

„Ja, zwanzig", sagte er.

Das Gehen im tiefen Sand fiel mir schwer, ich war schweißüberströmt. Vor dem Planieren hatte man die meisten Bäume gerodet und nun erst neue gepflanzt. Junge, schnellwachsende, aber noch schmalbrüstige, keinen Schatten spendende Akazien entlang des Sandweges. An einem der Bäume, vor einem Haufen Hausrat, stand eine Gruppe streitender Männer und mittendrin ein Mann in rotem Hemd, neben sich einen zottigen Hund, der genauso aufgeregt kläffte wie sein Herr.

Der Mann im roten Hemd sagte, so übersetzte uns die Stimme des Volkes die Stammessprache der hier lebenden Mowane, daß er zum FRELIMO-Dorfsekretär gehen werde, der möge entscheiden, wo der Platz für seine Hütte sei.

„Ein neuer Einwohner", fragte ich.

„Ja, fast ein neuer“, sagte die Stimme des Volkes.

Dann brachte er uns in eine große, kühle Schilfhütte.

Stühle standen darin, ein langer Tisch, Meßlatten und ein Nivelliergerät.

Wahrscheinlich Versammlungshütte und Baubude, dachte ich.

Die Stimme des Volkes plazierte uns am langen Tisch und versprach, den Gemeinderat zu holen.

Nach zehn Minuten erschienen die Dorfvorsitzende der Frauenorganisation, der 1. Richter des tribunal do povo, der OJM-Dorfvorsitzende, der Geldverwalter des Dorfes und der FRELIMO-Sekretär. Sie setzten sich auf die Publikumsstühle. Sérgio und ich saßen vor ihnen am langen Tisch. Wie bei einer Versammlung. Der FRELIMO-Sekretär, ein alter, abgearbeiteter Mann mit sehr wachen, freundlichen Augen, bat um unser Papier. Zeigte es den anderen. Alle schüttelten mit dem Kopf.

„Es fehlt ein Stempel!“

Sérgio sagte, hier sei doch der große Stempel der OJM, sogar von einem Sekretär der Zentrale unterschrieben.

Der FRELIMO-Vorsitzende bedauernd: „Ich brauche noch einen Stempel von der OJM-Kreisleitung. Die vom Kreis kenne ich, auf die kann ich mich verlassen, aber bei denen aus Maputo . . . was weiß ich, wer da alles einen Stempel hat.“

Ich sagte, daß ich ein Gast aus der DDR sei und die DDR mit Moçambique befreundet. „Der Lkw, der den Reis aus Maputo gebracht hat und jetzt im Sand steckt, der wurde aus der DDR nach Moçambique geschickt.“

Der Sekretär schüttelte den Kopf. Der Stempel vom Kreis fehlt, und er würde den Stuhl für den Gast erst zurechtrücken, wenn er den Stempel gesehen hätte. Sagte es und wollte sich erheben.

Ich sagte: „Camarada Vorsitzender, ich habe fünf Monate in eurem Land blocos produziert und geholfen, moçambiquanischen Arbeitern und Bauern Steinhäuser zu bauen. Heute werde ich zum ersten Mal, und das in einem neuen Gemeinschaftsdorf, nicht wie ein Freund behandelt.“

Die Rede half. Zumindest begann der Vorsitzende den Grund für sein Verhalten zu erklären.

Wenn wir vom Kreis kämen, auch ohne Stempel, wären wir willkommen, da kenne er jeden. Aber aus dieser Sündenstadt Maputo!...

In der Tür stand der Mann mit dem roten Hemd und dem zottigen Hund. Er müsse unbedingt den Vorsitzenden sprechen.

Doch der Vorsitzende hatte keine Zeit, er berichtete mir, als wollte er sich entschuldigen: „Vor einem Monat waren auch zwei aus Maputo gekommen. Sogar mit genau solch einem Auto wie ihr. Sie hatten einen Stempel auf dem Papier und sagten, sie kämen vom Volkstribunal in Maputo, ein Bewohner unseres Dorfes würde gegen ein Entgelt von 9000 Meticais aus dem Maputoer Gefängnis entlassen. Die Eltern zahlten und fuhren mit nach Maputo, um den Sohn nach Hause zu holen. Vor einem großen Haus sagten die zwei Beamten, sie würden noch eine Bestätigung unterschreiben lassen, die Eltern müßten warten. Der Vater und die Mutter warteten eine Stunde, zwei Stunden, drei Stunden – dann gingen sie in das Haus. Es war ein Möbellager. Die zwei Beamten fanden sie nirgends. Und im Gefängnis sagte man ihnen, daß der Sohn erst in einem Jahr entlassen werde."

Schweigen in der Hütte.

Da stand der Richter auf und sagte: „Zeig mir deine Hände!"

Er betrachtete sich lange die Innenflächen, dann sagte er: „Der Genosse spricht die Wahrheit, er hat wirklich blocos gemacht."

Dem FRELIMO-Sekretär schien ein Stein vom Herzen zu fallen, er gab mir die Hand und sagte: „Ich werde dir unser Dorf zeigen, camarada!"

Vor der Tür stand der Mann im roten Hemd, hielt den Sekretär an und schimpfte, daß es ihm zugesichert sei, die Hütte gleich neben der Straße bauen zu können.

Wütend schob ihn der FRELIMO-Chef beiseite und sagte: „Du hast dir mehr als zwei Jahre Zeit gelassen, also wirst du jetzt auch warten können!"

„Ein neuer?" fragte ich.

„Ein zurückgekehrter Deserteur, es gibt viele davon im Dorf. Kannst ihn ja selbst befragen."

Zuerst ging unsere Delegation, auch die Stimme des Volkes hatte sich wieder eingefunden, zu einem niedrigen, steinernen Flachbau.

Der FRELIMO-Sekretär lächelte, sah nicht mehr alt und müde aus, als er uns erzählte: „Bei uns sagen manche Männer noch: Wer seine Frau loswerden will, wird auch Läuse bei ihr finden, aber als die Partei sie beim Wort nahm und ihren Frauen anbot, nicht mehr auf der Familienmachamba arbeiten zu müssen, sondern in dieser Werkstatt hier, da wollte keiner seine Frau loswerden, da verprügelten sie die Maurer, die die Werkstatt bauten, und wir mußten einen Wachposten danebenstellen ..."

In dem Flachbau saßen vier Frauen auf dem Sandfußboden vor modernen südafrikanischen Strickmaschinen. In der Mitte des Raumes auf einem Tisch, unter dem ein Kofferradio dudelte, das die Frauen sofort ausschalteten, als wir sie begrüßten, lag ein großer Haufen bunter Kinderjäckchen und Kinderpullover. Fünf Stunden arbeiteten sie jeden Vormittag hier, sagte der FRELIMO-Sekretär; und nachmittags vier andere Frauen noch einmal fünf Stunden. Mit den Stricksachen hätten sie auf dem Markt in Maputo schon einige Zehntausende Meticais Gewinn erzielt. Der Finanzchef des Dorfes wollte sofort losrennen, um die Abrechnungen zu holen, doch der FRELIMO-Sekretär hielt ihn zurück. Uns würde doch bestimmt viel mehr interessieren, wie sie den Gewinn im Dorf verwenden. Ich nickte. Im Weggehen hörte ich, daß die Frauen ihre Kultur am Arbeitsplatz, das Kofferradio, wieder eingeschaltet hatten.

„Weshalb machst du keine Musik?" fragte ich die „Stimme des Volkes".

„Das Elektrizitätswerk arbeitet jetzt nicht", sagte er kleinlaut.

Nur fünf Minuten neben der Strickwerkstatt bauten Maurer kleine Steinhäuser.

„Dafür nehmen wir auch das Geld, das die Strickfrauen erarbeiten", sagte der Sekretär. Bis zum IV. FRELIMO-Kongreß würden schon über 50 Familien in solchen Häusern wohnen.

Die Lehmziegel formten die Maurer selbst, die rotbraunen Steine standen in langen Reihen zum Trocknen auf der Erde.

Und die blocos, die Hohlblocksteine?" fragte ich.

Dazu fehlten die Maschinen, man müsse sie kaufen.

Ich sagte, daß wir in Matundo auch blocos ohne Maschinen versuchsweise in Holzformen produziert hätten. Der Sekretär – selbst Maurer – nagelte unter meiner Anleitung eine durch Querbretter getrennte Form zusammen, dann mischten wir den Sand, den es hier so reichlich gab wie nichts anderes, mit Zement und Wasser und schütteten den dünnen Brei in die Form.

„In vier bis fünf Stunden könnt ihr den bloco herauskippen", sagte ich.

Die Maurer wollten wissen, ob ich in fünf Stunden noch hier sei.

„Nein", sagte ich.

„Deine Steine halten wohl nicht, verschwindest lieber vorher", sagten sie listig und verabschiedeten mich mit großem Hallo.

Der FRELIMO-Sekretär fragte, ob wir auch die Felder sehen möchten.

Er empfahl uns, wegen des Sandes die Schuhe auszuziehen.

Als ich sie tragen wollte, nahm sie mir die OMM-Vorsitzende ab. Ich sei schließlich ein Gast, und wenn man mich schon nicht mit dem Auto bis zu den Feldern fahren könne, müsse ich nicht auch noch die Schuhe selbst tragen.

Unterwegs zeigte uns der Sekretär die Schule, sie war traditionell gebaut und mit Elefantengras gedeckt. „Es ist besser für die Kinder, kühler als im Steinhaus, und ihre Köpfe sind schon vom Lernen heiß genug", sagte die OMM-Vorsitzende. Neben der Schule stand die kleine Station des posto médico. Sie war verschlossen, der Gesundheitshelfer nicht im Dorf. Er sei unterwegs, um Mullbinden zu organisieren.

Dann sahen wir eine kleine Gruppe Männer und viele Frauen. Die Männer rodeten. Sie fällten Akazien, Dornenbüsche und die mannshohen, gelb blühenden Kakteen. Die Frauen hackten den harten Boden, auf dem eine Art Puffbohnen wuchs. Auch einige Tomatenstauden standen auf den Feldern.

„Ihr müßt keinen Hunger mehr leiden?" fragte ich.

Doch, sagte der FRELIMO-Sekretär, die Dürre sei noch stärker als die gemeinsame Arbeit. Nur einmal hätten sie bisher so viel geerntet, daß sie Maniok und Mais auf dem Markt verkaufen konnten. Das sei im Jahre 1981 gewesen ...

1977 hatten sie das Gemeinschaftsdorf gegründet. Vorher standen die Hütten im Umkreis von rund 30 Kilometern verstreut. Die Dorfbewohner gingen zusammen Schritt für Schritt das Land ab. Hier fanden sie den besten Boden, außerdem war es nicht weit zur Hauptstraße und zur Elektrizitätsleitung. Zuerst waren sie nicht einmal hundert im Dorf, inzwischen schon 3271 ...

Ich fragte den FRELIMO-Sekretär, ob außer der großen gemeinsamen machamba jede Familie auch noch eine eigene machamba bearbeitet.

„Aber natürlich", sagte er, „man kann doch nicht von der primitivsten Familienwirtschaft gleich in den sozialistischen Kolchos springen. Hast du das nicht bei deinem Landsmann Marx gelesen?"

Ich nickte verlegen.

„Wir werden erst kleine Maschinen bauen müssen und Traktoren kaufen. Was nutzen uns riesige gemeinsame machambas, wenn wir sie wie vor 500 Jahren nur mit der Hacke und dem Pflanzstock bestellen können."

Als wir auf dem Rückweg am Kooperativladen vorbeikamen, verkaufte man dort schon den mit dem W 50 angekommenen Reis. „Jeder erhält den gleichen Anteil", bestätigte der FRELIMO-Sekretär.

Zum Schluß unseres Rundganges zeigte er mir ein großes Fundament.

„Das künftige Gemeindebüro?" fragte ich.

„Nein, wir haben beschlossen, ein Kulturhaus zu bauen. Weil wir nicht mehr so weit auseinander wohnen und weil wir zusammen arbeiten, haben wir mehr Zeit, die alten Lieder zu singen und die alten Tänze zu tanzen. Und fast jeden Abend gibt es ein großes Volkspalaver über die Arbeit vom nächsten Tag ..."

An der „Hauptstraße" hatte der Mann im roten Hemd die Pfähle für seine Hütte schon in den Boden geschlagen.

Ich fragte ihn, weil ich das Wort Deserteur vermeiden wollte, ob er fremd hier sei.

Nein, seine Hütte hätte schon von 1977 bis 1980 hier gestanden.

„Und danach?"

„Riß ich die Hütte ab und ging mit der Frau und den Kindern zurück in den Busch."

„Weshalb hast du das gemacht?"

„Es gefiel mir nicht, auf einem Feld zu arbeiten, das allen gehörte, den Mais nicht allein zu essen, sondern ihn zu teilen. Und es gefiel mir auch nicht, für andere Steinhäuser zu bauen und selbst in einer Schilfhütte zu wohnen. Und es war nicht gut, daß die Frauen nicht nur auf der machamba, sondern auch in der Werkstatt arbeiten sollten. Damals gingen mehr Leute mit mir von hier weg, als neue ankamen."

„Aber du bist zurückgekommen?"

„Die letzten Ernten waren schlecht, und allein ist der Hunger noch schwerer zu ertragen. Die Frau mußte jeden Tag wieder aus 10 Kilometer Entfernung das Wasser holen, die Kinder 15 Kilometer zur Schule laufen, denn zur Schule sollen sie gehen, sie müssen klüger werden als wir. Hier hat man Wasser, den Medizinposten, die Schule – und sogar die Alten lernen das Schreiben und Lesen. Außerdem ...", er machte eine lange Pause, „... im Dorf ist man den bandidos nicht wehrlos ausgeliefert, hier haben viele Milizionäre ein Gewehr. Auch ich werde bitten, daß man mir ein Gewehr gibt."

Wir verabschiedeten uns, und der Mann im roten Hemd begann, die Pfähle nach der Art der Väter mit dünnen Akazienzweigen zu verbinden.

Die „Stimme des Volkes" kam aufgeregt hinterhergerannt.

„Camaradas, das Elektrizitätswerk arbeitet wieder, gleich werdet ihr mich hören."

Fünf Minuten später krächzte und krachte es ganz fürchterlich. Doch nur wir schauten zu den Lautsprechern hinauf.

Musikfetzen. Danach: „Die Einwohner des Gemeinschaftsdorfes ‚3. Februar' begrüßen einen guten Freund aus der DDR. Bom dia, weißer Bruder ..." Musik. „Nach dem Mittagessen sendet die Stimme des Volkes einen Vortrag über das Düngen des Bodens mit chemischen Präparaten. Anschließend übermitteln wir Grüße an Verwandte." Musik.

Beim Abschied – die Reissäcke schleppenden Frauen hatten unser Auto aus dem Sand geschoben – fragte ich den FRELIMO-Vorsitzenden, ob die Stimme des Volkes wirklich im Umkreis von 20 Kilometern zu hören sei.

Er lächelte. „Zwei Kilometer weit kann man sie hören und mit Wind vielleicht acht. Aber das reicht aus. Die Hütten und die Menschen hier sind jetzt enger zusammengerückt."

Auf der Heimfahrt hielten wir an einer der gelb blühenden Kakteenzaunhecken. Ich suchte einen kleinen Ableger, um ihn mit nach Hause zu nehmen.

Am Abend stand Acácio wie verabredet unter der Laterne.

Abschied.

Ich fragte ihn, ob er im Hafen bleiben werde.

„Nein", sagte Acácio, „nach der Hochzeit werde ich mit der Frau in mein Dorf gehen."

„Aber du könntest hier in Maputo Kranfahrer werden."

„Ja, der Brigadier sagte, daß ich mich qualifizieren soll."

„Ein Kranfahrer verdient 10 000 Meticais, du wirst eine Familie haben."

„In meinem Dorf und in vielen anderen Dörfern leben Moçambiquaner, die wissen noch nicht einmal, daß es so etwas wie einen Kran gibt. Ich werde nach Hause gehen und sie das Schreiben und Lesen lehren . . ."

Er schaute mich forschend an.

Dann sagte er: „Du fragst nicht, weshalb ich das mache?"

„Nein", sagte ich.

Er lächelte.

„Dann hast du in den fünf Monaten doch schon etwas von Afrika gesehen."

Und Acácio ging, ohne sich umzudrehen.

Es war ein Abschied auf NIMMERWIEDERSEHEN!

Trotzdem werde ich ihm zu Hause näher sein als manchen, denen ich dann wieder Tag für Tag AUF WIEDERSEHEN sage.

Schwarze Weisheiten (VI)

Wer unbemerkt gelebt hat, stirbt auch unbemerkt.

In einem Land, wo jeder den Löwen nachahmt,
kannst du nicht wie eine Ziege meckern.

Der Mensch ist die Medizin des Menschen.

Brätst du zwei Rebhühner auf einmal, wird dir eins anbrennen.

Wer seine eigene Weisheit bewundert,
kennt nicht die des anderen.

Nicht der Dorn verletzt uns, wir verletzen uns am Dorn.

Erst wenn die Katze satt ist,
sagt sie, der Hintern der Maus stinkt.

Der Rücken der Mutter ist der Spielplatz des Kindes.

Einen alten Bullen kannst du mit Stroh anbinden.

Zu Hause ist es nie so dunkel wie in der Fremde.

Ein neugekauftes Schaf bringt man nicht in die Nähe seines alten Kraals.

Salz mit Wasser ist kein Salz mehr.

Drei Dinge erhalten das Leben: Säen, Ernten, Essen.

Wenn das Flußpferd stirbt, ist das Krokodil der Erbe.

Nicht das Sitzen auf einem großen Stuhl macht einen zum König.

Sich selbst erkennen ist besser,
als sich durch andere erkennen müssen.

Stirbst du nicht, dann hast du nicht gelebt.

Krieg kündigt sich durch Beschimpfungen an.

Hänge deine Türe nicht aus, wenn ein Leopard in der Nähe ist.

Alle Nasen schauen zur Erde.

Was klettert, kommt gewöhnlich auch wieder herunter.

Stürzt der Häuptling, stürzt auch sein Anhang.

Geschichten sind Speisen für das Ohr.

Bäume können sich nicht treffen, aber Menschen.

FRONTBERICHTE (VI)

Die gegenwärtige Lage

Die Bevölkerung der unterentwickelten Länder wird in diesem Vierteljahrhundert um 70 Prozent zunehmen, wohingegen sie in den entwickelten Ländern nur um 17 Prozent ansteigen wird. In dem kurzen Zeitraum bis zum Jahre 2000 wird man 90 Prozent des gesamten Bevölkerungswachstums in den unterentwickelten Ländern registrieren.

Nach Schätzungen belief sich das Bruttosozialprodukt pro Kopf der Bevölkerung bei einer Gruppe von 19 ausgewählten kapitalistischen Ländern im Jahre 1980 auf die Summe von 6658 Dollar, während es in Entwicklungsländern 1980 durchschnittlich noch nicht einmal 170 Dollar betrug.

Nach Angaben der FAO leiden 500 Millionen Menschen der Dritten Welt Hunger. 1975 wurde bei 22 Prozent der Bevölkerung Afrikas chronische Unterernährung festgestellt. Nach jüngsten Angaben der FAO sterben jährlich 40 Millionen Menschen – die Hälfte davon sind Kinder – an Hunger und Unterernährung. Wenn wir für jeden, der 1982 an den Folgen des Hungers gestorben ist, eine Schweigeminute einlegen wollten, könnten wir das Jahr 2000 nicht begrüßen, da wir immer noch in Schweigen verharren müßten.

In den ärmsten Ländern Afrikas war die tägliche Kalorienaufnahme pro Kopf der Bevölkerung im Jahre 1979 17 Prozent unter dem lebensnotwendigen Niveau. Bis zu 50 Prozent dieser Kalorien konnten nur durch Knollen- und Wurzelfrüchte aufgenommen werden. Im Vergleich zu den Industrieländern ist in den unterentwickelten Ländern der Pro-Kopf-Verbrauch an tierischem Eiweiß fast um 80 Prozent und der von Fett um 71 Prozent niedriger. Während in den Industrieländern die Lebenserwartung zwischen 72 und 74 Jahren liegt, schwankt sie in einigen Ländern Afrikas zwischen 42 und 44 Jahren.

1,5 Milliarden Menschen in der Dritten Welt müssen ohne jede Möglichkeit medizinischer Betreuung leben.

180–250 Millionen Menschen in den unterentwickelten Ländern leiden an Bilharziose, in 70 Ländern stellt diese Krankheit eine Gebietsseuche dar. Weitere 650 Millionen leiden an Spulwurmbefall, 20

Millionen an Onchoterkose oder Flußblindheit, von der bis zu 20 Prozent der Erwachsenen in einigen Gebieten Afrikas betroffen sind.

Die Malaria rafft jährlich eine Million Kinder auf dem afrikanischen Kontinent hinweg.

Von den 122 Millionen im Jahre 1980 geborenen Kindern – 1980 wurde zum „Internationalen Jahr des Kindes" erklärt! – starben 12 Millionen – jedes zehnte – vor Ablauf des Jahres 1981. 95 Prozent dieser Kinder starben in unterentwickelten Ländern.

Für die unterentwickelten Länder, in denen drei Viertel der Weltbevölkerung leben, stehen nur 15 Prozent der auf dem Weltmarkt vorhandenen Arzneimittel zur Verfügung.

Nahezu 200 Millionen Kinder haben in der Dritten Welt keine Möglichkeit, eine Schulbildung zu erhalten. Unter den Erwachsenen gibt es 814 Millionen Analphabeten.

Nach Angaben der IAO entfallen von den 52 Millionen Kindern unter 15 Jahren, die 1979 in den Arbeitsprozeß eingegliedert waren, fast 51 Millionen oder 98 Prozent auf die unterentwickelten Länder.

Nach Schätzung der WHO gibt es für mindestens 2 Milliarden Menschen keine ständige Trinkwasserversorgung. Weiter gab die WHO an, daß im Jahre 1976 78 Prozent der Landbevölkerung auf der ganzen Welt – und das betrifft in überwiegendem Maße die unterentwickelten Länder – über keine entsprechenden Mittel zur Wasserversorgung verfügten.

Monatlich sterben mindestens 750000 Menschen an Krankheiten, die durch den Genuß verschmutzten Wassers verursacht worden sind. Diesen Krankheiten sind in den unterentwickelten Ländern über 1,5 Milliarden Menschen ausgesetzt, und jährlich kommen Hunderte Millionen neue Fälle hinzu.

Aus einer im Auftrag der WHO angefertigten Studie geht hervor, daß eine Mutter in Ostafrika 12 bis 27 Prozent ihrer Energie für die tägliche Wasserversorgung ihres Haushalts und ihrer Familie aufbringen muß.

Die im Rahmen des von der UNO proklamierten „Jahrzehnts des Wassers" gestellten Ziele könnten alle erreicht werden, wenn die internationale Gemeinschaft jährlich 6 Milliarden Dollar zur Verfügung stellen würde. Dieser Betrag ist kleiner als die Summe, die die Menschheit jeden fünften Tag für militärische Zwecke aufwendet. Dieser Betrag ist ein kleiner Bruchteil dessen, was jährlich für alkoholische Getränke ausgegeben wird.

Es wurde errechnet, daß im Jahr 1983 alle Militärausgaben der Welt zusammengenommen fast 650 Milliarden Dollar betrugen. Mehr als 1,7 Milliarden Dollar pro Tag, 74 Millionen pro Stunde, mehr als eine Million Dollar pro Minute!

Die in der ganzen Welt aufgewendeten Mittel für das Gesundheitswesen betragen nur ungefähr 60 Prozent der Militärausgaben. Die Kosten für einen Prototyp eines modernen Bombers entsprechen den Jahresgehältern von 250000 Lehrern oder dem Bau und der Einrichtung von 75 Krankenhäusern mit je 100 Betten. Der Preis eines kernkraftgetriebenen U-Bootes vom Typ Trident entspricht den Kosten, die aufgebracht werden müßten, damit 16 Millionen Kinder in den unterentwikkelten Ländern ein Jahr zur Schule gehen können, oder den Kosten für den Bau von 400000 Wohnungen für 2 Millionen Menschen. Mit dem, was ein moderner Panzer kostet, könnte man 1000 Schulräume für 30000 Kinder in den Ländern der Dritten Welt bauen.

Fidel Castro: „... Uns, den unterentwickelten Ländern, sind vor allem gemein: unsere nationalen ökonomischen Interessen, die erdrükkenden Probleme des angestauten Elends und der Rückständigkeit, eine riesige und für die große Mehrheit nicht begleichbare Auslandsschuld, die schreckliche Gefahr eines Atomkrieges, die alle Völker bedroht und mit einer unglaublichen Vergeudung durch das absurde Wettrüsten einhergeht, und all das unter den Bedingungen der fürchterlichen Last der Ausbeutung in den verschiedensten Formen, deren Opfer unsere Völker sind, und des unheilvollen historischen Erbes, das jahrhundertelang koloniale und neokoloniale Ausplünderung unserer Völker hinterließ, bis zur Gegenwart, da diese Ausbeutung raffinierter, erbarmungsloser und grausamer denn je in der Geschichte geworden ist...

Die Realität und die Perspektiven sind insgesamt derartig düster, daß sie, wären wir unserer Ziele nicht sicher, Pessimismus und Mutlosigkeit hervorrufen könnten. Es ist wie eine bittere Medizin, die wir unvermeidlich schlucken müssen, denn es gibt keine andere Möglichkeit, sich gegen diese Realität aufzulehnen, als sich zuerst ihrer bewußt zu werden.

Wir haben kein Wundermittel – und wir glauben auch nicht, daß irgend jemand dieses besäße – für die Lösung dieser so schwierigen, komplizierten und scheinbar unlösbaren Probleme. Dennoch ist in der Geschichte niemals ein Problem gelöst worden, bevor dieses nicht zu einer greifbaren Realität für alle wurde und ins Bewußtsein aller drang. Heute sind wir mit den kompliziertesten, schwerwiegendsten und beängstigendsten Situationen konfrontiert, die es je in der Geschichte gegeben hat. Zum ersten Mal dringt die Frage in das Bewußtsein der Menschen ein, ob wir überleben werden oder nicht. Allein, so gigantisch die Schwierigkeit und Vielschichtigkeit der Aufgabe auch sein mag, eine pessimistische Haltung einzunehmen, hieße, von vornherein auf jegliche Hoffnung zu verzichten und die Niederlage – mit anderen Worten – das Ende resigniert hinzunehmen. Uns bleibt keine andere Wahl als zu kämpfen und dabei auf die gewaltige moralische und geistige Fähigkeit der Menschheit und auf ihren eigenen Erhaltungstrieb zu vertrauen, wenn wir die Hoffnung auf das Überleben hegen wollen.

Nur mit einer gigantischen Anstrengung und mit der moralischen und geistigen Unterstützung aller können wir einer Zukunft begegnen, die sich objektiv verzweifelt und düster abzeichnet, insbesondere für die Völker der Dritten Welt . . ."

Alle Angaben und das Castro-Zitat stammen aus: Fidel Castro „Die ökonomische und soziale Krise in der Welt . . .", Dresden 1983.

Die nächsten Aktionen

1969, noch mitten im Befreiungskampf, hatte Eduardo Mondlane schon die nächsten ökonomischen und politischen Aktionen für das künftig freie Moçambique beschrieben: „Das erklärte Ziel der Regierung eines jeden Entwicklungslandes ist der wirtschaftliche und gesellschaftliche Fortschritt auf breiter Basis. Eine größere Gefahr liegt in vielerlei Hinsicht in der Herausbildung neuer afrikanischer privilegierter Gruppen; in der Konfrontation von Gebildeten und Ungebildeten, von Fabrikarbeitern und Bauern. Paradoxerweise ist eine straffe zentrale Planung nötig, um die Konzentration von Reichtum und Leistungen in kleinen Gebieten des Landes und in den Händen einiger weniger zu verhindern. Eine solche Planung würde es ermöglichen, Lehrer und Ärzte überall im Land einzusetzen, indem man es ganz einfach nicht zuläßt, daß in einem bestimmten Gebiet zu viele Anstellungsmöglichkeiten vorhanden sind. Ebenso könnten Industrieplaner gezwungen werden, nicht nur den bequemen Materialtransport, sondern auch die vorhandenen Arbeitskräfte zu berücksichtigen; so würden neue Industriebetriebe überall dort im Lande, wo es Menschen gibt, die in ihnen arbeiten können, entstehen, statt in bereits vorhandenen Städten errichtet zu werden, die den ländlichen Gegenden ohnehin schon um Jahre voraus sind. Preise und Löhne könnten für das ganze Land festgesetzt werden, und schon allein diese Maßnahmen würden dazu beitragen, die Einkommensverteilung auszugleichen. Darüber hinaus wäre es notwendig, die Höchstgehälter niedrig zu halten. Dies ist besonders wichtig bei Regierungsangestellten, denn sobald sich diejenigen, die in einem Land die Macht ausüben, einer privilegierten ökonomischen Stellung erfreuen, hören sie auf, an den Problemen mitzutragen, für deren Lösung sie verantwortlich sind.

Eine rasche ökonomische Entwicklung wird notwendig sein, um jeden dieser gesellschaftlichen Pläne zu verwirklichen. Die Landwirtschaft muß verbessert und zahllose kleine verarbeitende Betriebe müssen geschaffen werden, damit wir unseren eigenen lebenswichtigen Bedarf selbst decken und die Importe einschränken können . . ."

Nach: Eduardo Mondlane „Kampf um Moçambique", Berlin 1973.

1983 berichtete Samora Machel dem IV. FRELIMO-Kongreß über die politisch-ökonomische Situation im Lande und die nächsten Aufgaben: „Von 1981 zu 1982 sind die durchschnittlichen Preise unserer Exportprodukte um 11 % gesunken. Ein Teil der Produktion konnte dadurch nicht verkauft werden oder mußte zu Schleuderpreisen weggegeben werden. Andererseits sind die durchschnittlichen Importpreise um ca. 3 % gestiegen. Die Schwierigkeiten bei der Krediterteilung sind gewachsen, und die Kreditbedingungen haben sich verschlechtert. Die Zinsraten für Anleihen, die wir aufnehmen mußten, haben sich erheblich erhöht. Die Gesamtheit der Folgen, die sich aus diesen Problemen ergeben, widerspiegelt sich besonders brutal in einer rückständigen und abhängigen Ökonomie wie der unsrigen, in welcher die Folgen des Zusammenbruchs der kolonial-kapitalistischen Wirtschaft andauern.

In den unterentwickelten Ländern wächst die Überzeugung, daß nur der Sozialismus die totale Unabhängigkeit und den ökonomischen und sozialen Fortschritt, welcher zu Gerechtigkeit, Freiheit und Wohlstand führt, bringen kann. Trotz der massiven Propagandakampagnen der Informationszentralen des Imperialismus steigen die Länder der sozialistischen Staatengemeinschaft ständig in den Augen der unterentwickelten Länder als natürliche Verbündete in diesem Kampf ums Überleben.

Unser Land steht schweren materiellen Problemen gegenüber. Die ständige ausgewogene Verbindung zwischen kleinen und großen Projekten wird uns die Lösung dieser Probleme ermöglichen und zu einer endgültigen Beseitigung der Unterentwicklung führen.

Die kleinen Projekte sind die örtlich vorhandenen Reserven und Produktionskapazitäten, die vollständig ausgenutzt werden müssen. Ihre Realisierung entwickelt das Vertrauen des Volkes in seine eigenen Fähigkeiten, bekämpft die Passivität und den Abhängigkeitsfatalismus, setzt die Schöpferkraft und den Initiativgeist der Menschen frei.

Der Kampf gegen den Hunger ist der wesentliche Aspekt der Grundlinien unserer kurz- und mittelfristigen Entwicklung. Für diesen Kampf müssen wir das ganze Volk, die staatlichen, genossenschaftlichen und privaten Betriebe mobilisieren. Der Familiensektor[1] auf dem Lande und die Produktionsstätten im grünen Gürtel der Städte müssen dabei die Priorität haben.

Auf dem Gebiet der Produktion ist es notwendig, die Aufmerksamkeit auf die Bereiche zu konzentrieren, die die Nahrungsmittelproduktion und den Export fördern, und auf die, welche eine Importablösung, ausgehend von der Nutzung der örtlichen Ressourcen und Rohstoffe, ermöglichen.

Auf dem Gebiet der Leitung und Planung der Ökonomie müssen wir

[1] *Familiensektor* – umfaßt 85 % der arbeitsfähigen Landbevölkerung und setzt sich in der Mehrzahl aus Familienwirtschaften zusammen, die nur kleine Flächen von ca. 1–2 ha pro Familie bewirtschaften.

die Teilnahme der Werktätigen und der örtlichen Machtorgane an der Wirtschaftsführung unseres Landes vorantreiben.

Über die Entwicklung der territorialen Pläne und Haushaltspläne muß der Prozeß der Dezentralisierung der Kompetenzen und Verantwortlichkeit zugunsten der örtlichen Machtorgane fortgesetzt werden.

Diese Dezentralisierung muß zur örtlichen Leitung der kleinen Projekte, zur Durchführung des Aufkaufs der landwirtschaftlichen Produkte von den Bauern, zum Bau eines Netzes von Lagern, zur Organisation der Versorgung des Volkes, zur Leitung der örtlichen Betriebe und zur Erhaltung des ländlichen Straßennetzes führen.

Auf diese Weise dehnen wir die Planung auf den Distrikt aus und beziehen das Volk, die örtlichen Machtorgane und die Werktätigen in die Wirtschaftsführung ein. Wir fördern damit die örtliche Selbstversorgung mit Nahrungsmitteln.

Was die Entwicklung der Sozialisierung auf dem Lande betrifft, ist es notwendig, die staatliche Unterstützung für die Genossenschaftsbewegung auf vorrangige, ausgewählte Distrikte zu konzentrieren, wobei die Rentabilität und das Funktionieren der Mustergenossenschaften zu sichern sind. Bei der Vergenossenschaftlichung ist es außerdem notwendig, den armen Bauern den Vorrang zu geben, welche daraus unmittelbaren Nutzen ziehen können. Die Vergenossenschaftlichung muß in Übereinstimmung mit den konkreten Bedingungen jeder Region durchgeführt werden.

Es ist sehr wichtig, bis zur Phase der sozialistischen Genossenschaft realistische Etappen festzulegen, wobei von einfachen Bauernvereinigungen ausgegangen wird und die Freiwilligkeit, die Erfahrungen und die Bedürfnisse der Bauern geachtet und beachtet werden.“

Nach einer unveröffentlichten Übersetzung von Gerd Aderhold, Dolmetscher während des IV. Kongresses der FRELIMO.

Inhalt

Fotonachweis

Landolf Scherzer: 113 bis 128
Herbert Sachse: 131 o, 132, 133, 135, 137, 138, 139, 143 o
Volker von Nordheim: 136, 140, 143 u, 144
Günter Giese: 129, 130 o, 134
Walter Hinghaus: 130 u, 131 u
Peter Gräfe: 141, 142

Die „Schwarzen Weisheiten“ entstammen teils mündlicher Überlieferung, teils schon vorhandenen Sammlungen und wurden vom Autor hier und da stilistisch bearbeitet.